KB214784

문과에서 공부하던 내가 자연과학에 관심을 기울이게 된 것은 대학교 1학년 때 교양과목으로 "과학사"라는 과목을 들으면서였다. 한국외국어대학교에 출강하던 박성래 선생에게서 과학사에 대한 풍성한 이해를 얻을 수 있었다. 그러다가 철학을 공부하던 대학교 4학년 시절 해직 교수에서 복직한 이명현 선생의 "과학철학"이라는 과목을 들었는데 목회 지망생으로서 강의실 한쪽에 다소 피해의식을 가지고 움츠려 있던 나는 속으로 쾌재를 불렀다. 나는 마음속으로 이 내용을 교회 다니는 성도들이 꼭 알았으면 좋겠다고 생각했다. 그 수업 내용을 한마디로 설명하자면, 과학이라고 하는 것이 절대적인 것이 아니라는 것이었다. 그렇다고 과학을 무시하라는 것이 아니다. 하지만 그럼에도 그 과목을 들으면서 나는 우리 그리스도인들이 보다 자신감을 회복하고 당당히 맞설 필요가 있다고 생각할 수 있었다.

많은 경우 그리스도인이 막연하게나마 자연과학에 대해 두려움을 가지는 이유는 기독교 신앙에 대한 자신감이 결여되어 있기 때문이다. 혹여 과학에 대한 무지가 과학에 대한 막연한 두려움의 원인이 되고 있지는 않은지 돌아보아야 한다. 갈릴레이 시절 일부 그리스도인들은 갈릴레이가 망원경을 통해 발견한 사실을 받아들일 수 없었다. 그래서 망원경을 들여다보는 것 자체를 거부하기도 했다. 그리스도인들은 그런 의미에서 과학의 연구 결과들에 대해 눈을 감고 귀를 막고 있으면 안 된다. 기독교 신앙에 대한 보다 큰 자신감을 가지고 눈과 귀를 열고 과학 이론에 대해 살펴볼 필요가 있다.

이상은 교수님을 통해 신학과 과학의 만남 시리즈의 1, 2권을 전달받았다. 대단한 기획이라고 생각했다. 여러 학자의 협업을 통해 정말 소중한 자료들을 제시해 주고 있는데 그리스도인들이 창조론과 관련된 논의의 지평을 넓히는 계기가 되면 좋겠다. 창조과학만이 기독교 창조론의 대안이 아닌데 우리나라의 교회들은 이 부분에서 너무나 경직되어 있다 못해 외골수처럼 공격적이기까지 하다. 그런 면에서 이번에 출간되는 『신학과 과학의 만남 3』뿐 아니라 1, 2권을 통해서도 전 세계적으로 자연과학과 적극적으로 대화하며 기독교 신앙을 개진하고 있는 사람들의 여러 주장을 접하는 기회를 가져보는 것은 여러모로 의미가 있을 것이다.

**박찬호** 백석대학교 신학대학원 조직신학 교수, 『창조 신학 특강』의 저자이 책은 한국의 저명한 학자들이 신학과 과학의 만남이라는 관점에서 21세기 기독교 자연신학을 논하는 책이다. 특히 이 책에 수록된 글들은 신학과 과학의 대화 가능성을 넘어, 21세기에 맞는 새로운 기독교 자연신학을 수립하고자 한다는 데 의미가 있다. 과학 신학을 전공한 추천자의 입장에서 볼 때, 과학 신학의 여러 주제 중 천문학, 물리학, 화학 등은 신학과 비교적 대화가 수월하지만, 진화론, 그중에서도 인간의 진화를 다루는 부분이 가장 난해한 부분이다. 하지만 이 책은 이런 주제들에 대한 진지한 성찰이 포함되어 있어 독자들에게 새로운 통찰을 제시한다. 과학과 신학의 만남이라는 주제로 3년의 연구 과정을 충실히 수행한 연구팀에 경의를 표하며, 『과학과 신학의 만남』 1-3권을 통해 한국 교회에 건전한 과학 신학적 담론이 자리 잡기를 기대한다.

**장재호** 감리교신학대학교 교수, 유튜브 채널 "과학과신학연구소" 운영자

과학과 종교는 문명을 새롭게 추동하는 강력한 두 힘이다. 이 둘은 열린 만남 속에서 인간의 기술, 생명, 문화, 영성의 미래를 함께 열어 나갈 수 있을 것이다. 특히 현대의 신학은 전통적인 계시와 이성, 은총과 자연, 초월과 내재의 이분법을 새롭게 재해석해야 할 과제가 있다. 『과학과 신학의 만남 3』에는 이러한 새로운 자연신학의 모색을 향한 다년간의 학제 간 협력과 연구가 잘 담겨 있다.

**전철** 한신대학교 신학대학원 원장, 한신대학교 종교와과학센터 센터장

신학과 과학의 만남 3

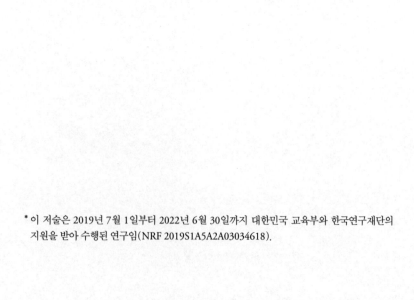

* 이 저술은 2019년 7월 1일부터 2022년 6월 30일까지 대한민국 교육부와 한국연구재단의 지원을 받아 수행된 연구임(NRF 2019S1A5A2A03034618).

21세기
기독교
자연신학

# 신학과
# 과학의
# 만남 3

책임편집

윤철호
김효석

새물결플러스

머리말 · 윤철호 **10**

### 폴킹혼과 맥그래스의 자연신학에 대한 소고
- 기포드 강연을 중심으로 · **박형국**                                    13

Ⅰ. 서론                                                                  15
Ⅱ. 왜 자연신학을 다시 공론화해야 하는가?                              17
Ⅲ. 18세기 과학적 자연신학에 대한 비판적 성찰                          24
Ⅳ. 폴킹혼과 맥그래스가 제시하는 자연신학의 존재론적 의미에 대한 신학적 성찰    29
Ⅴ. 결론                                                                  39

### 기포드 강좌에서의 새로운 자연관이 신학에 미치는 함의 연구
- 바버, 미즐리, 브룩 & 칸토어를 중심으로 · **백충현**                    43

Ⅰ. 서론                                                                  45
Ⅱ. 기포드 강좌에서의 새로운 자연관                                      46
Ⅲ. 기포드 강좌에서의 새로운 자연관이 신학에 미치는 함의                52
Ⅳ. 결론                                                                  59

### 자연주의 문제
- 플랜팅가의 비판과 이에 대한 데닛의 반박 · **안윤기**                    65

Ⅰ. 서론                                                                  67
Ⅱ. 플랜팅가의 "자연주의를 반박하는 진화론적 논증"                      71
  1. 자연주의는 무신론이며 (유사) 종교다                                72
  2. 자연주의와 진화론은 양립 불가능하다                                76
Ⅲ. 플랜팅가의 논증에 대한 데닛의 반론                                  84
  1. 자연주의는 귀무가설로서 모든 법정이나 과학적 탐구에서 암묵적으로 전제된다    85
  2. 진화의 산물이 진리이며, 우리는 그것을 신뢰할 수 있다              88
Ⅳ. 결론                                                                  95

기독교 자연신학에 대한 방법론적 고찰 · 윤철호                    101

 I. 서론                                                    103
 II. 구약성서의 창조신학                                     105
 III. 기독교 전통의 자연신학                                  109
 IV. 기독교 자연신학                                        113
 V. 창조신학과 과학신학으로서의 기독교 자연신학               117
    1. 창조신학으로서의 기독교 자연신학                       117
    2. 과학신학으로서의 기독교 자연신학                       119
 VI. 몰트만의 기독교 자연신학                                121
 VII. 포스트토대주의적 기독교 자연신학                        126
 VIII. 결론                                                 129


미래적 인간론 구성을 위한 현대 철학의 "탈-" 성격 성찰과
기독교 인간 이해의 모색
- 탈-주체 중심으로서의 타자 윤리학, 탈-남성 중심으로서의 에코페미니즘, 그리고
  탈-인간 (중심)주의로서의 포스트휴머니즘 인간 이해와 관련하여 · 이관표 135

 I. 서론                                                    137
 II. "탈"-주체 중심으로서의 타자 윤리학                       139
 III. "탈"-남성 중심으로서의 에코페미니즘                     144
 IV. "탈"-인간 중심주의로서의 포스트휴먼 주체                 148
 V. "탈-" 성격에 대한 비판과 뉴노멀 시대의 기독교 인간론       152
    1. 현대 철학의 "탈-" 성격에 대한 평가와 비판              153
    2. 뉴노멀 시대의 기독교 인간 이해                         158
 VI. 결론                                                   162

**자연과 대화하는 기독교 신앙**
- 존 햅구드의 신학적 자연관 연구 · **이상은**                                167

Ⅰ. 서론                                                                   169
Ⅱ. "자연"을 바라보는 기독교 신앙의 자세를 향한 질문                        171
  1. 자연이라는 수수께끼, 해답을 향한 모색                        171
  2. 자연을 향한 햅구드의 질문: 목적론과 인과율에 입각한 자연의 이해는 적절한가   176
  3. 객관적·합리적 탐구 방법은 자연을 연구하는 유일한 길인가       182
  4. 자연의 관찰, 과학적 지식 추구의 한계는 무엇인가               189
  5. 자연의 연구에서 추구해야 할 대상은 무엇인가                   192
Ⅲ. 결론: 햅구드의 자연 관찰은 어떤 시사점을 주는가                         198


**종교의 기원에 관한 진화인류학과 신학의 학제 간 연구 가능성 모색**
- 아구스틴 푸엔테스를 중심으로 · **정대경**                                 203

Ⅰ. 서론                                                                   205
Ⅱ. 인류의 진화                                                            208
  1. 인류 "진화"의 메커니즘                                       208
  2. 인류 진화의 개략적 연대기                                    210
Ⅲ. 인류의 진화 과정 안에서의 종교의 기원                                   217
  1. 진화인류학에서의 종교와 그 기원의 의미                        217
  2. 종교의 기원에 관한 진화인류학적 설명                          220
Ⅳ. 종교의 기원에 관한 진화인류학과 신학의 학제 간 연구 가능성               229
  1. 자연 과정을 통해 종교가 출현했다는 진화인류학적 설명은 신학적으로
    수용 가능한가?(진화인류학 → 신학)                   229
  2. 계시적 경험을 종교를 가능케 하는 근본 원인으로 상정하는 신학적 설명을
    진화인류학은 수용할 수 있는가?(진화인류학 ← 신학)    234
Ⅴ. 결론                                                                   238

**새라 코클리의 관상적 자연신학 연구 · 최유진**    **243**

Ⅰ. 서론    **245**
Ⅱ. 협력 현상으로 진화를 들여다보기    **247**
  1. 절대적 전제들을 확인해보기    **247**
  2. 유전자가 아니라 전체 진화 과정을 고려하기    **248**
  3. 초협력, 초정상    **252**
Ⅲ. 코클리의 관상적 자연신학    **256**
  1. 진화의 목적과 방향성    **256**
  2. 무로부터의 창조와 삼위일체 하나님    **261**
Ⅳ. 관상적인 "봄"과 은혜가 필요한 인식 주체    **268**
Ⅴ. 결론    **273**


필자 소개  **280**
편집자 소개  **282**

# 머리말

이 책은 한국연구재단의 지원을 받아 2019년 7월부터 2022년 6월까지 3년 동안 진행된 일반 공동 연구 "기포드 강연 연구를 통한 21세기 자연신학의 모색: 신학-철학-과학의 학제 간 연구"의 3년 차 연구 결과물이다. 이 연구는 영국의 아담 기포드 경이 1888년에 시작한 자연신학의 공론장인 기포드 강연(Gifford Lectures)을 과학 시대인 오늘날의 "빅 히스토리"(big history) 관점에서 신학, 철학, 과학의 학제 간 연구와 대화를 통해 새롭게 조명하고 심화·발전시킴으로써 21세기의 새로운 기독교 자연신학을 모색하고 수립하는 것을 목적으로 한다.

오늘날의 기포드 강연은 기독교 창조신학을 자연과학 및 철학과의 학제적 대화라는 열린 공론장 가운데로 끌어낸 최초의 공적 시도라고 할 수 있다. "빅 히스토리"란 유럽-인간 중심적인 지난 역사관의 편협성을 넘어서, 우주 및 지구 행성 역사와의 연속성 속에서 인간의 역사를 하나의 통일된 지식으로 통합하여 이해하고자 하는 시도다. 따라서 빅 히스토리 관점에서 기포드 강연을 심화·발전시키는 것은 기독교 교회와 신학이 사적 신념 체계로 왜소화되는 것을 방지하고, 세계와 인간에 대한 합리적 해명이라는 열린 공론장에 참여하게 한다는 점에서 매우 의미 있는 일이라고 할 수 있다.

이 연구는 다음 세 가지를 목표로 한다. (1) 기포드 강연 연구를 통해 과학과 종교의 학제 간 대화를 발전시킨다. (2) 이와 같은 학제 간 대화를 통해 과학과 인문학, 신학과 일반 학문 간의 갈등과 대립을 극복하고 공명의 가능성을 모색한다. (3) 과학 시대에 공적 신학으로서의 새로운 기독교 자연신학의 전망을 모색하고 수립한다. 또한 이 연구는 네 분과(신학, 철학, 과학신학/과학철학, 자연과학)로 나누어 수행된다. 각 분과(3명씩)에서 연구를 수행하는 12명의 연구 위원은 각기 신학, 철학, 과학을 전공하고 대학에서 가르치는 교수들로서 각 분야에서 탁월한 학문적 업적을 쌓은 학자들이다.

1년 차 연구가 2, 3년 차 연구의 토대가 되는 연구로서 1980년대 이후의 기포드 강연 중 대표적인 것을 분야별로 선별하여 연구함으로써 기포드 강연의 핵심 내용과 기조를 밝히는 것을 과제로 했다면, 2년 차 연구는 선택과 집중을 통해 개별 기포드 강연자들 혹은 여러 강연 주제를 빅히스토리의 관점에서 연구했다. 그리고 3년 차 연구는 선행하는 연구성과들을 바탕으로 신학 전통에서 오랫동안 고수되어온 계시와 이성, 은총과 자연의 이분법적 대립을 극복하는 21세기의 새로운 기독교 자연신학을 수립하고자 했다. 이 책에 실린 연구위원들의 연구 결과물들은 이미 국내외의 전문학술지에 게재된 논문들임을 밝힌다.

하나님께서 귀하게 쓰시는 일꾼들을 한데 불러주시고 한 팀이 되어 함께 연구함으로써 한국교회와 사회를 위해 미력하나마 작은 초석이 될 수 있는 유의미한 연구 결과물을 낼 수 있도록 은혜를 베풀어주신 하나님께 모든 감사와 영광을 올려드린다. 그동안 한마음으로 함께 연구를 수행한 모든 연구 위원에게 고마운 마음을 표한다. 그리고 어려운 상황 가운데서도 이 책의 출판을 허락해준 새물결플러스의 김요한 사장님에게 감사의 말씀을 드린다.

2023년 12월
연구 책임자 윤철호

# 폴킹혼과 맥그래스의
# 자연신학에 대한 소고

### - 기포드 강연을 중심으로*

## 박형국

* 이 논문은 2019년 7월 1일부터 2022년 6월 30일까지 대한민국 교육부와 한국연구재단의 지원을 받아 수행된 연구(NRF 2019S1A5A2A03034618)로서 다음과 같이 출판되었다. 박형국, "폴킹혼과 맥그래스의 자연신학에 대한 소고-〈기포드 강연〉을 중심으로",「신학사상」 199집(2022 겨울), 149-174.

# I. 서론

논자는 이 논문에서 이 시대의 대표적인 과학신학자인 존 폴킹혼(John Polkinghorne)과 앨리스터 맥그래스(Alister McGrath)가 유서 깊은 기포드 강연에서 제안한 "새로운"[1] 자연신학에 대한 존재론적 전망을 연구한다. 고대 아테네에서 기원하는 서구 사상에서 자연신학의 역사는 매우 길지만, 자연신학 논의는 20세기 전반기 양차 대전이 촉매가 되어 인간 내면의 어두운 그림자에 대한 성찰에 몰두한 실존주의 영향으로 심각하게 침식되었다. 그러나 최근에 이르러 과학이 삶에 미치는 영향력이 더욱 커지면서 자연의 신학이라는 이름으로 자연신학의 새로운 전망에 대한 논의가 과학신학자들을 중심으로 다시 활성화하고 있다.[2] 과학신학자들은 과학의 발판 위에서 신학을 중층적으로 연구하면서 기독교 신학과 과학의 대화와 융합을 적극적으로 펼치는 맥락에서 자연신학을 다시 공론화하고 있다. 과학신학자들의 새로운 자연신학은 특별히 근대 과학과의 적극

---

1  폴킹혼과 맥그래스는 13세기 토마스 아퀴나스(Thomas Aquinas)와 18세기 페일리 (William Paley)로 대표되는 전통적인 또는 고전적인 자연신학과 자신들의 자연신학을 구별하기 위해 "새로운"(new) 또는 "개정된"(revised)[Polkinghorne, *Science and Creation: The Search for Understanding* (London: SPCK, 1988), ix], "기독교적"[Cf. McGrath, *Re-Imagining Nature: The Promise of a Christian Natural Theology* (Oxford: Wiley Blackwell, 2017), 25-35] 또는 "삼위일체적"(Trinitarian)[참조. 맥그래스/박규태 옮김, 『정교하게 조율된 우주: 과학과 신학의 하나님 탐구』(서울: IVP, 2014), 89-90, 143-188], 그리고 때로는 "자연의 신학"(a theology of nature)[Polkinghorne, *Science and The Trinity: The Christian Encounter with Reality* (New Haven: Yale University Press, 2004), 60-87] 등 다양한 한정어를 사용한다.

2  판넨베르크(Wolfhart Pannenberg)는 폴킹혼이나 맥그래스와 같은 과학신학자는 아니지만, 신학자로서 신학과 과학의 공명의 관점에서 자연의 신학의 중요성을 제시하는 데 선구적 공헌을 수행했다. 참조. 이정배, "판넨베르그의 자연신학 연구-보편사의 얼개에서 본 과학과 종교의 공명론", 「신학사상」 119집(2022. 12), 150-176.

적인 대화를 통해서 자연신학 전통을 추구해온 영국을 중심으로 활발하게 전개되고 있다. 그동안 기포드 강연은 "가장 넓은 의미의 자연신학 연구—다시 말해 하나님을 아는 지식—를 장려하고 확산해야 한다"[3]라는 기치를 내세우며, 과학적 자연신학을 위한 공론장을 제공했다.

논자는 폴킹혼과 맥그래스가 기포드 강연에서 제시한 새로운 자연신학에 초점을 맞추어 성찰하여 그 담론의 존재론적 의미를 더욱 깊고 넓게 하려고 한다. 인류는 지금 기후 위기를 넘어 기후 재앙이 온 지구 영역에서 예측하기 어렵게 일어나는 생태계 재난의 현실에 직면하고 있다. 이 현실은 자연에 대한 이해와 삶의 실천을 근본적으로 새롭게 할 것을 요구하고 있다. 두 과학신학자가 제안하는 자연신학은 기독교 신학과 과학이 함께 협력하여 최상의 설명과 해석을 추구하는 점에서 우주와 사물들에 대한 존재론적 이해를 심화·확대하는 길잡이 역할을 할 것으로 기대된다. 오늘날의 과학주의는 우주와 사물들에 대한 환원적인 이해를 추구하는 경향이 있다. 논자는 새로운 자연신학이 지향하는 바와 같이 신, 세계, 그리고 인간을 포괄하는 존재론적 의미를 심화·확대하는 것이 환원적인 과학주의를 지양하고 현재 인류가 직면한 기후 위기 또는 기후 재앙을 포함한 생태계 재난의 현실을 새롭게 변화시킬 근본적인 삶의 실천으로 안내할 유망한 길임을 주장한다.

논자는 서론에서 문제 제기와 논제를 제시한 후 두 번째 부분에서 두 과학신학자가 제시하는 자연신학의 재공론화를, 세 번째 부분에서 근대

---

3    Cf. Larry Witham, *The Measure of God: Our Century-Long Struggle to Reconcile Science & Religion* (San Francisco: Harper Collins, 2005); Hendrika Vande Kemp, "The Gifford Lectures on Natural Theology: Historical Background to James's 'Varieties,'" *Streams of William James* 4 (2002), 2-8.

자연신학에 대한 비판을 고찰할 것이다. 이어서 네 번째 부분에서는 두 학자가 제시하는 새로운 자연신학의 핵심 제안 내용을 고찰한 다음 논제에 비추어 과학신학자들이 그리는 자연신학의 존재론적 의미와 전망을 심화하고 확대할 것이다.

## II. 왜 자연신학을 다시 공론화해야 하는가?

폴킹혼과 맥그래스는 각각 1993-1994년 에든버러 대학교와 2009년 애버딘 대학교에서 "한 물리학자의 신앙: 아래로부터의 사상가의 성찰"과 "정교하게 조율된 우주: 과학과 신학의 하나님 탐구"라는 제목으로 기포드 강연을 했다.[4] 두 강연자는 모두 강연뿐 아니라 이미 선행 연구에서 특별히 근대 자연신학을 비판적으로 성찰하면서 자연신학에 대한 재공론화의 필요성과 함께 새로운 전망을 제시한다. 여기서 근대 자연신학은 18세기 근대 과학 혁명과 함께 성장한 자연신학 전통, 즉 자연 또는 우주에 대한 경험적 사실과 관찰에 기초한 과학적 성격의 자연신학 전통을 가리킨다.

먼저 폴킹혼과 맥그래스는 모두 비슷한 논조로 자연신학의 논의가 공론장에서 침식된 이유를 밝혀준다. 두 강연자에 따르면, 자연신학에 대해 무관심하게 만든 두 가지 이유가 중요하다. 하나는 20세기 초반에 바

---

4    John Polkinghorne, *The Faith of a Physicist: Reflections of a Bottom-Up Thinker* (Princeton, NJ: Princeton University Press, 1994); 맥그래스, 『정교하게 조율된 우주』; 참조. 졸고, "아서 피콕, 존 폴킹혼, 앨리스터 맥그래스," 윤철호·김효석 책임 편집, 『신학과 과학의 만남: 기포드 강연을 중심으로』(서울: 새물결플러스, 2021), 91-112.

르트가 강력하게 수행한 자연신학 비판이 서구 신학의 방향과 성격에 끼친 부정적 영향이며,[5] 다른 하나는 18세기 자연신학이 그리스도인의 중심적인 신앙 경험에 대한 호소를 소홀히 하면서 합리적 논증에만 치중한 것이다.

폴킹혼은 하나님, 세계, 그리고 인간을 이해할 때 자연신학 자체가 지닌 취약성과 또 자연신학이 과격한 자연주의와 나란히 경쟁하는 하나의 가능성에만 머물 위험성을 동시에 경계하면서도 창조 신앙에 기초하여 자연신학을 하나님에 대한 신앙의 통로로 다시 공론화할 것을 주장한다. "자연신학 없는 신학은 물리적 창조세계에 대한 지식에서 잘린 채 게토에 머물 것이다."[6] 폴킹혼은 영국적 중용의 정신을 가지고 바르트가 수행한 것과 같은 자연신학의 과격한 거부와 18세기에 페일리가 수행한 자연신학에 대한 비판에서 교훈을 얻어야 한다고 본다. 나아가 그는 자연신학의 부흥을 맞이하여 새로운 자연신학에 대한 신학자들 편에서의 기여가 필요하다고 주장한다.

맥그래스 역시 자연신학 논의가 공론장에서 침식된 이유를 밝혀준다. 그에 따르면, 자연신학을 신앙과 지식의 창조적 결합 또는 수렴 작업으로서 일상 경험 세계와 초월 영역이 서로 연결되어 있다는 전제를 가지고 기독교 신앙과 인류 문화가 서로 대화를 나눌 수 있는 공통 지반을 발

---

5   맥그래스, 『정교하게 조율된 우주』, 56ff.; cf. McGrath, *A Scientific Theology*, vol. 1, *Nature* (London: Continuum, 2001), 241-286; McGrath, *the Science of God* (London: T & T Clark, 2004), 82-88; Polkinghorne, *The Faith of a Physicist*, 42-43; cf. Polkinghorne, *Science and Creation: The Search for Understanding*, 8-9; 폴킹혼/신익상 옮김, 『과학으로 신학하기』(서울: 모시는사람들, 2015), 47; 폴킹혼과 맥그래스가 제안하는 자연신학의 재개념화는 토런스의 영향을 받았다. Cf. Thomas F. Torrance, "The Problem of Natural Theology in the Thought of Karl Barth," *Religious Studies* 6 (1970), 121-135.

6   Polkinghorne, *The Faith of a Physicist*, 44.

견하려는 시도로 해석하는 것이 가장 적절하다.[7] 그러나 20세기 들어와 기독교 신학에서 자연신학은 소극적으로 논의되었고 그것이 수행하는 창조적 가교의 역할은 수그러들고 말았다. 그 이유는 부분적으로 신학이 "자연적인 것"이라는 개념과 진지하게 접촉하지 않기 때문이다.[8] 맥그래스는 자연신학이 20세기에 들어와 지적 정체에 빠져 계속되는 쇠퇴의 길을 걷고 소외된 가장 큰 요인으로 자연신학이 과거의 유물이고 폐물로서 과거가 지닌 양면성 때문에 손상을 입고 또 현재 자연신학에 덧붙여진 이미지들로 인해 오염된 점을 든다. 다른 요인으로는 과학적 설명의 영향력이 계속 커지는 데 반해 기독교 신학의 지위가 공적 영역에서 퇴보한 점을 들 수 있다.[9] 두 강연자의 견해에 따르면, 기독교 신학자들은 과학과의 적절한 관계를 복원하면서 자연신학을 다시 공론화하는 과제를 수행해야 한다.

그다음 폴킹혼과 맥그래스가 함께 자연신학을 다시 공론화할 것을 주장하는 심층적인 동기를 주목하는 것이 더욱 중요하다. 두 강연자는 모두 과학의 협소한 우주와 사물 이해의 문제를 지적하면서 그 밑바탕에 놓인 무신론적인 과학주의에 대해 비판적으로 성찰한다. 그들이 모두 공교롭게도 과학자로 출발한 점을 고려할 때, 그들이 세계에 대한 과학의 설명과 이해가 지닌 협소함을 비판적으로 성찰하는 점을 특히 주목할 필요가 있다.

---

7    맥그래스, 『정교하게 조율된 우주』, 31.
8    앞의 책, 32; cf. John Macquarrie, "The Idea of a Theology of Nature," *Union Seminary Quarterly Review 30* (1975), 69-75; Georgina Morley, *John Macquarrie's Natural Theology: The Grace of Being* (Aldershot: Ashgate, 2003), 97-120.
9    참조. 맥그래스, 『정교하게 조율된 우주』, 31ff.

폴킹혼은 현대 과학의 엄격한 탐구 방법이 가져다준 성공을 인정하면서도 그 협소한 전망이 실재를 바라보는 협소한 환원주의 개념과 긴밀한 관계를 맺고 있는 "빈곤한 형이상학적 전략"에서 기인한 것으로 보며, "세계의 존재하는 방식에 대한 보다 큰 전망을 구성"할 필요가 있음을 주장한다.[10] 우주와 그 안에 존재하는 만물을 연구할 때 과학자들에게는 과학의 좁은 경계를 넘어 해답을 찾아야 하는 "메타 질문들"이 있다. 우리가 이 세계에서 일어나고 있는 것을 참되게 이해하려면 과학의 실행 요강이 부여한 편협한 제약을 넘어서는 탐구를 통해 개념의 범위를 크게 확장해야 한다. 과학이 자기 제한적으로 설정해놓은 한계로 인해 많은 질문이 과학의 바깥에서 제기되기 때문이다.[11] 폴킹혼은 자연과 세계에 대한 탐구가 과학이 추구하는 사실의 설명으로만 축소되어서는 안 되며, 자연 현상에 대한 과학적 사실과 설명 못잖게 가치와 의미에 대한 탐구도 중요하다고 본다. 그는 과학도 결국 인간들의 활동, 즉 "인격적 지식"의 활동이라는 폴라니(Michael Polanyi)의 주장[12]을 수용하여, 과학의 실행을 위한 편협한 방법론적 제약을 넘어서는 탐구를 통해 개념의 범위를 확장하지 않으면 세계에서 일어나는 사건과 현상을 온전히 이해할 수 없다고 주장한다. "실재를 더욱 깊이 인격적으로 만나면 만날수록 그 의미는 더욱 심오하게 참여자가 실재에 부여한 해석에 의존한다."[13]

맥그래스 역시 뉴턴의 에피소드를 인용하면서 과학 연구는 종종 "경험할 수 있는 현상, 곧 겉으로 나타난 현상에 초점을 맞추다가 더욱 깊은

---

10    Polkinghorne, *The Faith of a Physicist*, 5.
11    폴킹혼, 『과학으로 신학하기』, 26, 27.
12    참조. 마이클 폴라니/표재명·김봉미 옮김, 『인격적 지식』(파주: 아카넷, 2001).
13    Polkinghorne, *The Faith of a Physicist*, 34.

곳에 자리한 구조와 세계의 의미"를 지나쳐버리는 문제를 지적한다.[14] 폴킹혼과 맥그래스가 제기하듯이, 과학 자체가 세계와 그 안에 있는 사물들의 진정한 깊이를 과연 제대로 읽어낼 수 있는지에 대한 의심은 정당하다고 평가할 수 있다. 과학자 편에서 과학의 협소한 해석과 이해를 극복하는 보다 심층적인 노력이 요청된다.

맥그래스와 폴킹혼은 과학적 탐구의 제약성에 대해 성찰한 후에 신학과 과학이 진리와 이해를 향한 인간의 위대한 탐구 여정을 공유하기 때문에 기독교 신학과 과학 분야 모두에서 최상의 설명으로 귀결되는 추론, 즉 귀추법(abduction)이야말로 추구해야 할 진정한 전략이라고 본다. 미국의 철학자 퍼스(Charles S. Peirce)가 제안한 것으로 알려진 귀추법은 역사적으로 주어진 가정들 가운데 단지 최선을 골라내는 규칙이라 할 수 있다.[15] 두 강연자는 모두 과학자로서 학문 활동을 시작한 것답게 선험적인 연역적 방법보다 귀납적인 경험적 방법을 선호한다.

폴킹혼과 맥그래스는 우주에 대한 과학의 협소한 이해의 바탕에는 무신론적인 과학주의가 도사리고 있다고 진단하면서 과학주의가 추구하는 환원론을 심도 있게 비판한다. 폴킹혼에 따르면, 과학주의가 "실재에 대해 건조하고 황량한 관점"으로서 "과학의 방법론적 맥락을 인간 사유의 존재론적 영역에 부여하게 될 때" 환원주의로 가두어 둘 수 없는 전일적

---

14    맥그래스, 『정교하게 조율된 우주』, 30.
15    앞의 책, 106-116; 참조. 폴킹혼, 『과학으로 신학하기』, 22. 길버트 하먼은 퍼스가 말한 "귀추법"을 "최선의 설명에 이르는 추론"이라는 다른 이름으로 바꾼 것으로 알려져 있다. 참조. Gilbert Harman, "The Inference to the Best Explanation," *Philosophical Review* 74 (1965), 88-95; Peter Lipton, *Inference to the Best Explanation*, 2nd ed. (London: Routledge, 2004).

인 세계의 풍성한 이해가 열리는 것을 막게 되는 오류를 범하게 된다.[16] 맥그래스도 마찬가지로 과학주의가 "공격적인 방법론적 자연주의에 입각하여 환원주의적이고 배타적인 총체적 존재론"을 추구함으로써 "빈곤한 세계상"을 보여준다고 말한다. 자연 세계는 과학의 설명보다 복잡하고 풍요로우며, 과학주의가 그리는 세계상 또는 실재상보다 더 크다. 그는 자연에 대한 미글리의 다면적인 접근[17]과 실재에 대한 다차원적이고 충화된 바스카의 설명을 소개하면서[18] 과학주의 세계상만으로 충분치 않다는 점을 역설한다.

폴킹혼과 맥그래스는 무신론적 물리주의보다는 기독교의 자연신학이 자연의 실재에 대한 더욱 전일적인 해석을 제공한다고 주장한다. 폴킹혼은 유물론적 무신론자들의 전략이 자연의 실재에 대한 빈곤한 환원주의적 견해에 불과하다고 비판하면서 유신론의 설명이야말로 통합적 온전성을 지니고 있기 때문에 무신론보다 실재를 더욱 심오하고 포괄적으로 이해할 수 있다고 본다.[19] 맥그래스 역시 도킨스와 피터 앳킨스의 무신론적 과학주의가 끼친 문화적 영향력에 주목하면서 종교적 근본주의와 과학주의 극단을 동시에 비판하며[20] 기독교의 자연신학이 실재에 대한 보다 나은 그림을 제공한다고 주장한다.

폴킹혼은 과학도 고차원적인 의식을 지닌 인간이 수행하는 인격적

---

16  폴킹혼, 『과학으로 신학하기』, 124-125.
17  Cf. McGrath, *Re-Imagining Nature*, 160; cf. Mary Midgley, *The Myths We Live By* (London: Routledge, 2004); McGrath, *Science and Poetry* (London: Routledge, 2001).
18  맥그래스/박세혁 옮김, 『과학신학: 자연과학과 신학의 대화』(서울: IVP, 2011), 183-198; cf. Roy Bhaskar, *A Realist Theory of Science*, 2nd ed. (London: Verso, 1997).
19  Polkinghorne, *The Faith of a Physicist*, 56f.; 참조. 졸고, "아서 피콕, 존 폴킹혼, 앨리스터 맥그래스", 102.
20  McGrath, *Re-Imagining Nature*, 157.

학문이기 때문에 근본적으로는 형이상학으로부터 자유롭지 않은 것으로 여기면서, 기독교 신학과 과학의 접촉점으로서 자연신학의 역할을 강조한다. 그에 의하면, 자연신학은 과학의 힘으로 대답할 수 없는 과학 너머에 있는 근본 문제들에 대해 더욱 깊은 설명을 제공해주며,[21] 과학은 하나님을 믿을 때 얻게 되는 이해 가능성의 더욱 넓고 깊은 맥락 속에서 고려될 필요가 있다.[22]

맥그래스는 자연신학이 자연과학과 기독교 신학 사이를 개념적으로 이어주는 접촉점 또는 가교 역할을 할 수 있다고 본다. 자연신학은 실재를 풍성하게 상상해볼 수 있도록 고무하고 또 그 자원을 제공할 수 있는 개념적인 만남의 공간이다.[23] 자연신학은 본래적인 학제적 성격, 즉 신학, 철학, 문학, 예술, 그리고 자연과학 사이의 지적인 대화와 개념적인 풍성함을 제공할 수 있다. 그에 따르면, 신학과 과학의 상보적인 대화에 기초한 자연신학은 자연 질서를 설명하는 토대를 마련해주는 자연의 존재론(an ontology of nature)을 해명함으로써 환경 윤리를 위한 중요한 플랫폼도 제공할 수 있다.[24] 이런 성찰은 현재 지구촌이 직면하고 있는 기후 재앙과 직결된 자연 세계 이해와 생태학적 삶의 실천을 위해 자연신학이 지닌 적실한 의미를 밝혀준다.

---

21     Polkinghorne, *Science and Creation*, 23.
22     폴킹혼, 『과학으로 신학하기』, 156.
23     맥그래스, 『정교하게 조율된 우주』, 31.
24     McGrath, *Re-Imagining Nature*, 172f.

## III. 18세기 과학적 자연신학에 대한 비판적 성찰

폴킹혼과 맥그래스는 페일리로 상징되는 18세기 영국의 자연신학이 지닌 문제들에 대한 비판적 성찰을 디딤돌로 삼아 새로운 자연신학을 제안한다. 두 강연자는 기포드 강연뿐 아니라 여러 저술을 통해 기존의 자연신학의 문제를 반복적으로 논의하면서 근대 계몽주의 과제와 관심사에 대응해서 나온 18세기 자연신학 전통을 상세하게 비판적으로 검토한다.[25] 근대 과학이 부상하는 맥락에서 등장한 이 자연신학 전통에서 설계 논증 (argument from design)에 기초한 자연신학을 가장 인상적으로 제시한 사람은 페일리라고 할 수 있다. 맥그래스는 이 시기 자연신학의 영역에서 가장 두드러진 인물인 페일리의 논증을 비판적으로 검토하면서 그의 논증이 지닌 논리적 결함을 밝혀준다.

페일리가 설계 논증을 통하여 보여준 자연신학은 18세기 기독교와 과학 간의 창조적 대화의 대표적인 사례라는 점에서 기독교와 과학의 대화에 매우 중요한 의미를 지닌다. 근대 과학 혁명의 완성자로 평가받는[26] 뉴턴이 우주의 창조자이자 자연법칙의 부여자인 신의 존재를 인정하는 자연신학을 제시한 이후 자연신학은 18세기와 19세기로 계승되면서 기독교와 과학의 상호 의존 관계에 대한 전망을 보여주었다. 자연신학은 신학이 과학적 방법론과 실증적 증거를 사용하고 과학은 신적 설계자에 대한 신앙적 경외심을 가지고 자연을 탐구하는 상호 협력의 길을 보여주는 이정표를 제시했다.

---

25    Cf. Polkinghorne, *Science and The Trinity*, 60-87; McGrath, *The Open Secret: A New Vision for Natural Theology* (Oxford: Blackwell, 2008), 140-170.

26    리처드 도킨스/이용철 옮김, 『에덴의 강』(서울: 사이언스북스, 2005), 9.

익히 알려진 대로 페일리는 18세기 자연신학이 제공하는 설계 논증에 관한 가장 대표적인 고전이라 할 수 있는『자연신학』(1802)[27]에서 자연계를 관찰한 경험적 자료를 근거로 하여 하나님의 존재를 증명하려고 한다. 이 책은 모두 27장으로 이루어져 있고 내용상 두 부분으로 나뉜다. 첫 부분은 1장에서 23장까지로 우주의 설계자로서 "신성의 존재"에 대한 증명을 담고 있으며, 두 번째 부분은 24장에서 27장까지로 설계자로서 "신의 속성"에 대한 증명을 담고 있다.

자연계에서 설계의 증거를 찾을 수 있다고 가정하면서 페일리 이전에 이미 설계 논증을 제시한 이들이 있다.[28] 예컨대 존 레이와 같은 사람은 페일리보다 한 세기 앞서 시계를 설계의 증거로 들면서 설계 논증을 제시한 바 있다. 페일리는 자연을 관찰해서 신의 존재와 속성을 설명하고 증명하는 이 시기 자연신학 전통을 충실하게 따른다. 그가『자연신학』에서 보여준 가장 큰 공헌은 당시 최고 수준의 실증적인 생물학적 지식을 탁월한 수사를 활용하여 신학과 연결해 논증을 제시한 것이라 할 수 있다.[29] 그는 자연계, 특히 생물계에서 관찰할 수 있는 설계의 증거로 볼 수밖에 없는 구체적인 사례들을 통하여 설계 논증을 펼친다.[30] 대표적인 사례로 눈을

---

27    William Paley, *Natural Theology or Evidences of the Existence and Attributes of the Deity, collected from the appearances of nature*, edited with an Introduction and Notes by Matthew D. Eddy and David Knight (Oxford: Oxford University Press, 2006). 페일리의 자연신학과 설계 논증에 대한 설명을 제공하는 소개서는 신재식,『예수와 다윈의 동행』(서울: 사이언스북스, 2013), 175-196을 참조하라.
28    이 시기 영국에서 페일리 말고도 기독교 변증의 입장에서 설계 논증을 펼친 사상가들로는 존 레이(John Ray), 새뮤얼 클라크(Samuel Clarke), 토마스 맬서스(Thomas R. Malthus), 토마스 찰머스(Thomas Chalmers), 윌리엄 더럼(William Durham) 등이 있다.
29    신재식,『예수와 다윈의 동행』, 183.
30    페일리는 당시 생물학과 해부학 지식의 도움을 받아 인간의 신체 기관들인 뼈와 근육, 혈관, 피의 순환, 심장 박동, 식도 등뿐 아니라 다양한 동물의 사례를 설계의 증거로 제시

들 수 있는데, 눈은 인간이 만든 그 어떤 기계 장치, 예컨대 망원경보다 훨씬 더 복잡하고 정교하게 설계되어 있다. 그 두 가지를 비교해 살펴볼 때 눈은 우연의 산물이 아니라 지적 설계자의 작품으로 볼 수밖에 없다.

페일리의 설계 논증에서 가장 유명한 것은 "시계 제조공"의 유비라 할 수 있는데, 그는 시계 제조공의 유비를 사용해 설계자로서 신의 존재를 증명하고자 한다. 자연신학 전통에서 전통적으로 신의 존재를 증명하는 여러 가지 길이 있다. 잘 알려진 대로 존재론적 논증, 우주론적 논증, 도덕적 논증 등이 있지만, 이 시기 근대 과학의 발전으로 인해 설계 논증이 특별히 부각된 이유가 있다. 설계 논증은 자연신학에서 신의 존재를 증명하는 하나의 방법이다. 페일리에 따르면 하나님은 자연계의 수수께끼들에 대한 합리적 해답이다. 페일리가 전개한 논증을 간단하게 정리하자면 다음과 같다. 즉 시계나 다른 장치(contrivance)를 설계한 설계자의 존재를 정확하게 증명하는 같은 특징들이 자연에서 발견될 때, 우주의 설계자로서 신의 존재를 확신하는 것이 합리적이라고 간주할 수 있다는 것이다. 그가 제시하는 유비 논증을 다음과 같이 간략하게 정리할 수 있다.[31]

> 1단계: 시계는 돌과 달리 정교한 장치들이 모여 특정한 기능을 수행하는 복잡한 기계다.
>
> 2단계: 복잡한 기계는 저절로 생겨날 수 없으며 지적 설계자가 만든 것이다.
>
> 3단계: 따라서 시계도 지적 설계자가 만든 것이다.

———
한다.

31    신재식, 『예수와 다윈의 동행』, 189을 참조하라.

4단계: (눈을 비롯한) 자연은 시계보다 더욱 복잡한 기계라 할 수 있다.

5단계: 따라서 자연도 지적 설계자가 만든 것이다.

6단계: 그 설계자가 신, 바로 기독교가 말하는 신이다.

물론 페일리가 자연에서 매우 복잡한 설계의 실증적인 사례들이 발견되고 설계자의 존재를 증명한다고 해서 그 설계자를 기독교의 신이라 단순히 논증하지는 않는다. 그는 자연에서 설계자의 속성을 발견할 수 있고 그 속성들이 일반적으로 기독교의 신에 대한 술어와 일치하는 것을 보여주면 그 설계자가 바로 기독교의 신이라고 증명할 수 있다고 본다. 그러나 페일리가 전개한 자연신학은 신학적으로나 과학적으로나 심각한 문제를 안고 있는 것으로 평가된다.

맥그래스는 특히 페일리가 전개한 자연신학에 대해 상세한 비판적 성찰을 수행했다. 그는 페일리가 전개한 자연신학이 자연 세계를 통해 하나님의 존재를 변증하는 데 새로운 지적 열정과 에너지를 불어넣는 긍정적인 역할을 하기도 했지만,[32] 기독교 신학뿐 아니라 과학으로부터 모두 비판을 받은 심각한 문제를 밝혀준다. 무엇보다 페일리의 설계 논증은 하나님의 본질에 대한 이해를 심각하게 왜곡해버렸다. 즉 페일리가 논증한 시계공으로서의 하나님은 전통적인 깊이를 지닌 삼위일체 하나님이 아닐 뿐더러, 결국에는 우주 안에서 하나님의 자리를 없애고 이신론으로 귀결되는 결과를 낳고 말았다.[33] 기계론의 관점에서 세계를 만든 장인으로서의

---

32    맥그래스, 『정교하게 조율된 우주』, 52.
33    앞의 책, 53, 259; cf. John Hedley Brooke and Ian Mcclean eds., *Heterodoxy in Early Modern Science and Religion* (Oxford: Oxford University Press, 2005).

하나님 이미지는 하나님의 초월이나 신비에 대한 감수성을 상실하고[34] 자연을 합리적으로 분석하는 차원을 넘어 자연이 지닌 진선미를 인식하는 데로 나아가지 못했다. 페일리의 설계 논증은 계몽주의가 실재의 본질과 관련해 제시한 빈곤하고 축소적인 설명들을 토대로 자연에 대한 진리를 성찰하는 경향을 보였다.

페일리가 자연에서 존재하는 것으로 관찰했다고 간주하는 "설계"는 경험으로 뒷받침될 수 있는 데이터가 아니라 관찰에 대한 추론이나 해석을 반영하는 것일 뿐이다. 다시 말하면, 설계라는 개념은 자연 속에 "주어진" 것이 아니라 실재를 바라보는 기독교의 시각으로 자연을 관찰하고 해석함으로써 얻어진 것이라고 볼 수 있다.[35]

맥그래스에 따르면, 페일리가 제시한 자연신학은 계몽주의가 제시한 기준, 즉 성서와 기독교 교리의 신빙성을 합리성의 잣대로 평가해야 한다는 문화적 압력에 응답하려고 한 결과, 하나님의 계시에 의존하지 않거나 기독교 신학 전통과 단절된 채 하나님의 존재를 실증하고 그 성품을 해명하려고 했다. 이 자연신학 전통은 과학적 세계관의 결함을 찾은 후에 그 토대 위에서 하나님의 존재를 증명하려고 한다. 말하자면 자연 안에서 설명이 필요한 빈틈을 찾아내려고 애쓰면서, 이런 빈틈을 하나님의 존재나 활동을 보여주는 증거로 내세워 그 빈틈을 메우려고 한다. 과학이 당대에 설명할 수 없는 현상, 더 정확히 말해 과학이 원리상 설명할 수 없는 것이라고 주장할 수 있는 것은 무엇이든 모두 하나님이 하시는 특별한 활동으

---

34    Cf. John H. Newman, *The Idea of a University* (London: Longman, Green & Co., 1907), 454.

35    맥그래스, 『정교하게 조율된 우주』, 80-81.

로 간주한다.[36] 자연신학에 대한 이러한 접근은 기껏해야 신을 합리적 존재자와 결실 있는 과정의 근거로서 이해하는 제한된 신학적 통찰로 인도할 뿐이다.

그러나 페일리가 추구한 것처럼 과학이 제공하는 실증적 사례를 통해 전개한 설계 논증은 과학의 측면에서도 심각한 논리적 문제를 드러낸다는 비판을 받고 있다. 일찍이 다윈은 『종의 기원』에서 생물 세계가 설계된 것처럼 보이는 현상을 다르게 해석함으로써 페일리의 논증과 설명에 엄청난 타격을 가했다.[37] 맥그래스는 18세기 자연신학을 비판적으로 성찰하면서 진정한 기독교 자연신학은 과학적 세계관 안에서 당장 설명이 필요한 틈들을 찾는 데 결코 관심을 기울여서는 안 된다는 점을 분명하게 밝혀준다.

## IV. 폴킹혼과 맥그래스가 제시하는 자연신학의
## 존재론적 의미에 대한 신학적 성찰

폴킹혼과 맥그래스는 페일리로 상징되는 18세기 자연신학의 취약점들을 신학과 과학의 관점에서 비판적으로 성찰한 후에 18세기 자연신학과 비교해 훨씬 새로운 방식의 자연신학으로 삼위일체 존재론에 기반한 자연신학을 제시한다. 즉 이것은 삼위일체 신학이 제공하는 틀의 맥락에서 자

---

36    앞의 책, 78.
37    앞의 책, 80; Richard Dawkins, *The Blind Watchmaker: Why the Evidence of Evolution Reveals a Universe without Design* (New York: W. W. Norton, 1986). 『눈먼 시계공』(사이언스북스 역간, 2004).

연 현상들을 밝혀내고 설명하고자 하는 자연신학 접근법이라 할 수 있다. 두 강연자는 모두 영국의 자연신학 전통에 확고하게 기여한 토런스의 주장을 받아들여 삼위일체 교리에 기반한 자연신학을 갱신된 자연신학으로 제안한다.[38]

폴킹혼에 따르면, 전통적인 자연신학은 창조주 신의 존재를 우주의 질서와 풍요에 대한 최선의 설명으로 추론하는 것을 목표로 삼았지만, 자연에서 삼위일체의 흔적들을 관찰함으로써 삼위일체를 추론하는 것이 아니라 삼위일체의 존재론에 비추어볼 때 더욱 깊이 이해할 수 있는 우주에 대한 과학적 이해의 양상들이 있다. 삼위일체 존재론에 기초한 자연신학은 전통적인 자연신학과 달리 자연의 실재에 대한 존재론적 이해에 집중한다.[39] 이러한 접근은 신학과 과학의 관계에 대한 새로운 입장과 맞물려 있다. 즉 새로운 자연신학은 우주에 대한 통일적인 이해를 추구하는 형이상학적 관심으로 인해 자신만의 고유한 설명적 기초 위에서 과학과 경쟁하려고 하지 않고 과학의 발견을 훨씬 더 포괄적인 이해의 맥락 속에 놓음으로써 과학의 설명을 존재론적으로 심화·확대하는 것으로 평가할 수 있다.

폴킹혼이 스스로 새로운 자연신학의 공헌과 한계에 대한 평가를 제시한다. 즉 새로운 자연신학은 과학의 자기 제한적인 능력을 벗어나기 마련인 설명적 통찰을 제공할 수 있다. 새로운 자연신학이 드러내는 신은 폐

---

38    T. F. Torrance, *The Ground and Grammar of Theology* (Charlottesville, VA: University of Virginia Press, 1980), 89. 토런스는 재구성된 자연신학은 창조 교리에 대한 분명한 삼위일체적 해석을 그 토대로 삼아야 한다고 주장한다. 그에 따르면, 삼위일체 교리를 그 토대로 삼지 않는다면 자연신학이 이신론으로 나아가는 문이 열린다.

39    앞의 책, 61.

일리가 제시한 물리 과정에 개입하는 솜씨 좋은 기능공이 아니라 모든 과정에 열려 있는 다양한 결과를 내는 존재론적인 질서의 토대로 이해될 수 있다. 여기서 지적 설계 운동 진영에서 주장하는 틈새들을 자연 과정에서 찾아내려는 신학적 노력은 불필요해진다. 자연신학이 지닌 가능성은 과학의 맥락이 그 본성상 과학 자체가 제공할 수 있는 것보다 더욱 많은 설명을 요구하며, 그리하여 유신론적 이해에 더욱 결실 있는 통찰을 제공할 기회를 준다는 사실을 깨닫는 데서 자라나기 시작한다. 물론 새로운 자연신학 자체만으로는 우주의 설계자나 위대한 수학자라는 관념을 넘어서는 심오한 신성 개념에 도달할 수는 없지만 말이다.[40]

이렇게 과학적 세계 설명을 전일적인 존재론적 이해의 지평에 놓음으로써 열리는 우주의 실재에 대한 심층적 이해 가능성은 자연신학에 새로운 방식으로 접근할 수 있게 해준다. 새로운 자연신학은 과학과 경쟁하는 것이 아니라 상보적 관계를 맺으며, 과학이 단지 맹목적 사실로 다루던 것에 대한 이해에 관심을 기울인다. 새로운 자연신학의 가치는 증명이 아니라 통찰을 충족하는 데 있다. 이성적인 논증과 설명에 기초한 전통적인 자연신학의 특성을 비판적으로 성찰하는 이러한 관점은 과학철학자 폴라니가 제안하는 인격적 지식 논제에 영향을 크게 받은 것이다.[41] 폴라니는 과학적인 세계 이해가 추구하는 합리적인 논증과 설명 방법이 의미 파악에 보탬이 되지만, 전부를 좌지우지할 수 없다고 보면서 암묵적 지식의 차원을 강조함으로써[42] 과학 지식은 가치 중립적이라는 생각을 재고하는 데

---

40    폴킹혼, 『과학으로 신학하기』, 150-151.
41    Cf. Michael Polanyi, "Science and Reality," *British Journal for the Philosophy of Science* 18 (1967), 177-196.
42    앞의 논문, 191.

커다란 영향을 끼쳤다. 이렇게 하여 새로운 자연신학은 과학의 좁은 경계를 넘어 보다 통전적인 해답을 찾는 메타 질문들을 다룰 수 있는 전망을 얻게 된다.[43] 아울러 새로운 자연신학은 기독교 신학과 과학의 교류가 가져다주는 결실을 입증할 수 있는 접근 방식으로 드러나게 된다.[44]

폴킹혼은 자연 세계와 만물들의 포괄적이고 통전적인 이해를 위해서 물리학과 형이상학의 연결과 종합을 적극적으로 고려하는 새로운 자연신학을 제안한다.[45] 그가 보기에 근대 과학의 발견들은 결실 있는 형이상학적 구성을 위한 중요한 가능성을 향한 문을 활짝 열어주었다. 따라서 기독교 신학에는 과학이 발견한 사실들 또는 현상들에 의미와 가치의 깊이와 너비를 더해줄 통전적인 존재론이 필요하다. 오랜 역사를 통해서 형성되어온 삼위일체 신학은 과학의 발견들과 수렴하면서도 세계와 만물을 전일적으로 이해할 수 있는 심오한 존재론을 발견할 수 있다. 오랜 시간 신앙 경험을 통해서 축적된 심오한 사유와 성찰을 담은 삼위일체 신학은 통전적인 세계와 만물에 대한 이해에 풍성한 존재론적 자원을 제공해준다.

폴킹혼에 따르면, 현대 과학 연구를 통해서 드러나는 우주의 특징들, 즉 "심오한 이해 가능성", "풍성한 결실을 보여주는 역사", "관계성", "은폐된 실재", "개방된 과정", "정보 창발" 그리고 "사건적인 풍요성" 등은 무신론적인 물리주의 관점보다는 삼위일체 존재론의 관점에서 더욱 탁월하게 설명될 수 있다.[46] 그는 기포드 강연에서 이러한 새로운 자연신학, 즉 자연

---

43    폴킹혼, 『과학으로 신학하기』, 27-28.
44    앞의 책, 47.
45    Polkinghorne, *Science and The Trinity*, 60-61.
46    Cf. 앞의 책, 62-87.

신학의 전망에서 니케아 신조의 핵심적인 교리 항목들을 현대의 과학적 통찰들과 대화시키면서 전일적인 실재 이해를 제시하고자 했다. 그는 니케아 신조를 마치 갈릴레이의 망원경처럼 하나님, 세계, 그리고 인간에 대한 포괄적이고 심층적인 이해와 설명을 제공하는 압축된 "데이터 목록"으로, 성서와 교회 전통을 기독교 신학을 위한 경험적 데이터로 간주한다.[47] 폴킹혼은 과학자인 동시에 신학자로서 관찰과 경험을 통해 주어지는 귀납적인 과학의 데이터와 계시와 신앙을 통해 주어지는 신학의 존재론을 통합하는 연결고리로서 새로운 자연신학, 즉 자연의 신학의 가능성을 전망하고 있다.

맥그래스는 "기독교 신앙의 풍성한 삼위일체 존재론이 권위를 부여하고 자원을 제공하는 지적 활동"[48]을 삼위일체 자연신학이라 부른다. 그는 근대 계몽주의에 대응해서 나타난 자연신학이 역사적 조건의 제약 아래 놓여 있다고 평가한다. 계몽주의에 대한 응답으로 나타난 자연신학이 자연과 사물들을 단순히 논리적으로 설명하는 데 머물렀다면, 맥그래스는 계몽주의의 문화적 주도권이 비판되는 국면에서 자연 세계와 풍성하고 충실한 사귐을 제공하는 자연신학을 제안한다.

맥그래스에 따르면, 18세기 자연신학의 일차 목표가 자연에서 관찰된 발견들에서 하나님의 존재를 논증하고 설명하는 데 있다면, 자연의 신학은 하나님의 계시로부터 출발해서 자연을 설명하는 것을 주된 목표로 삼는다. 아울러 이러한 일차 목표는 신학과 과학의 관계 측면에서 "신학과 과학이 서로 이해하고 상호 대화를 촉진하며, 서로를 풍성하게 해줄 것

---

47    참조. 졸고, "아서 피콕, 존 폴킹혼, 앨리스터 맥그래스", 97.
48    맥그래스, 『정교하게 조율된 우주』, 12.

이라는 희망을 제공하는 더욱 넓은 틀 속에서 과학의 세계상을 조망함으로써 더욱 온전한 세계 이해에 이르는 것"[49]을 수반해야 할 것이다. 이렇게 해서 자연의 신학은 자연 또는 세계 이해, 더 정확히 표현해서 자연 또는 세계의 의미와 더욱 심오한 사물의 질서를 이해하는 것을 목표로 삼는다. 기독교 자연신학은 자연을 하나님의 피조물로 이해하기 때문에 마땅히 기독교 창조 신앙은 자연이 제공하는 인상을 수동적으로 받아들이지 않고 능동적으로 해석하고 이해한다.[50]

그러나 기독교의 창조 신앙과 신학은 자연 또는 세계에 대한 심오한 이해를 제공함에도 근대 과학의 발흥과 더불어 자연이나 세계 이해에 있어서 심각한 도전을 받아왔다. 이런 현실에서 기독교 자연신학은 과연 어떻게 자연 또는 세계를 설명할 수 있는 능력을 강화할 수 있을까? 두 가지 과제를 제시할 수 있는데, 하나는 하나님의 존재 해명에 대한 지적 토대를 강화하는 것이고, 다른 하나는 자연을 해석하고 이해하는 방법을 제공해서 자연의 참된 가치를 인식하고 존중할 수 있도록 인도하는 것이다. 즉 기독교 자연신학은 자연의 실재에 대한 이해를 풍성하게 하기 위한 대안을 제시한다.

맥그래스는 자연신학이 세계를 해석하는 통찰을 증진하기 위해 기독교 신학의 정당한 일부로서 더욱 폭넓은 문화 토론에 기여하도록 새롭게 하고 그 효력을 재확인하는 기초를 놓고자 한다. 새로운 자연신학은 자연과학과 지적 소통을 나누는 데 적합해야 할 뿐만 아니라 단지 세계를 이성적으로 이해하는 좁은 의미를 넘어 전통적인 진선미의 탐구까지 확장

---

49    앞의 책, 88.
50    McGrath, *A Scientific Theology*, vol. 1. *Nature*, 295.

할 필요가 있다. 자연신학이 신학으로서 정당할 뿐 아니라 유용함을 확인하고 그것을 견고한 신학의 기초 위에 세울 방안을 제시하는 것이 중요하다.[51] 자연신학의 새로운 비전을 구현하기 위한 노력으로서 전통적인 접근법들을 재구성하여 더욱 든든한 지적 기초 위에 세움으로써 자연신학에 대한 독특한 기독교의 접근법을 개발할 필요가 있다. 기독교의 독특한 접근법은 자연 자체가 하나님을 드러내 보여줄 수 있게 해주는, 자연에 대한 특수한 해석 방식을 제공할 것이다.[52]

맥그래스는 새로운 접근의 자연신학이 지닌 가장 중요한 신학적 요소들로 여섯 가지를 제시한다. 첫째, 자연 개념은 확정되지 않은 것으로 인식된다. 자연은 해석된 실체이며 자율성을 지니지 않는다. 이런 자연 개념은 자연을 특별히 기독교의 시각으로 "볼" 길을 연다. 이것은 자연을 객관적 실체로서 보편적 판단의 근거로 행위할 수 있다는 계몽주의 관점을 재고하게 한다.[53] 둘째, 맥그래스는 하나님의 존재와 속성을 자연 세계에 호소해서 실증하려고 하는 계몽주의적 자연신학을 비판하면서 자연신학을 특히 기독교의 시각에서 자연을 "보는" 활동으로 이해한다. 그는 자연을 하나님과 자연과 인간 매개자라는 독특한 관념을 지닌 기독교 전통의 시각에서 이해한다.[54] 셋째, 맥그래스는 자연신학의 인식 측면을 강조한다. 자연신학은 자연에 대한 경험을 이해하는 것과 분명히 관련이 있지만, 새로운 자연신학은 자연을 관찰한 결과에서 하나님의 존재를 추론해내는

---

51  Cf. 앞의 책, 241-305; McGrath, *The Order of Things: Explorations in Scientific Theology* (Oxford: Blackwell, 2006).
52  McGrath, *The Open Secret*, 115-216.
53  앞의 책, 7-10, 147-156.
54  앞의 책, 1-7, 12-14, 171-216.

활동으로 이해할 것이 아니라 기독교 신앙이 자연에 대한 관찰을 설명할 수 있음을 보여주는 활동으로 이해한다. 즉 그것은 자연에 호소해서 기독교 신앙의 핵심 주장을 증명하려고 하지 않는다.[55] 넷째, 새로운 자연신학은 계몽주의의 협소한 인식 개념을 넘어서 자연에 대한 인식의 존재론적 의미를 깊이 생각한다. 즉 그것은 세계와 능동적 상호작용의 의미를 깨닫게 한다.[56] 다섯째, 새로운 자연신학은 자연에 대해 오직 인식의 측면만 강조하는 접근을 반대한다. 자연을 대하고 연구함에 있어 단순한 인식을 넘어서 진선미라는 합리적·도덕적·심미적 덕목이 자연신학에 도움이 되고 통찰 있는 틀을 제공한다.[57] 마지막으로 새로운 자연신학은 기독교와 자연과학과 법과 예술과 문학을 포함한 문화 활동 사이의 접점을 제공할 수 있다.[58] 위에 제시한 여섯 가지 신학적 요소들은 새로운 자연신학이 지향하는 방향과 특성을 보여준다.

맥그래스는 폴킹혼과 마찬가지로 여섯 가지 신학적 요소들을 고려하면서 삼위일체 자연신학을 새로운 자연신학으로 제시한다. 그는 삼위일체론에 입각한 존재론을, 실재를 바라보는 기독교의 시각에서 본질을 이루고 있고 위대한 설명 능력을 지닌 풍성한 존재론으로 간주한다.[59] 삼위일체 존재론은 자연 실재의 표면 아래 자리한 "더욱 심오한 구조", 말하자면 "사물들이 지니는 참 의미"를 분별하도록 인도한다. 달리 표현하면, 삼위일체 자연신학은 자연 세계에 대한 "더욱 큰 그림"과 "풍성한 설명"을

---

55   앞의 책, 15-18, 232-260.
56   앞의 책, 80-110.
57   앞의 책, 221-231. 진선미 관련 설명을 위해서는 232-312을 참조하라.
58   앞의 책, 23-40, 255-260, 282-290.
59   참조, 맥그래스, 『정교하게 조율된 우주』, 126, 11, 73.

제공한다고 할 수 있다.[60] 이렇게 삼위일체 존재론은 자연이라는 실재가 과학적 설명만으로 이해될 수 없는 심오한 차원의 의미 질서를 지니고 있다는 점을 밝히 알려준다.

　마지막으로 맥그래스는 삼위일체 자연신학이 기여할 수 있는 점들을 제시한다. 곧 기독교 신앙, 예술과 문학, 그리고 자연과학을 하나로 모아주는 수렴 지점 역할을 함으로써 학제 간 대화와 상호 융합을 통해서 서로 풍성하게 해줄 가능성을 열어줄 수 있다. 삼위일체 자연신학 접근법에 따르면 기독교 신앙은 광대하게 펼쳐진 현실 세계를 독특한 지적인 빛으로 밝혀줌으로써 자기 내면으로만 파고드는 자아도취(집착)에서 인류를 구해내고 자연계 연구에 깨우침과 영감을 불어넣어줄 수 있다. 아울러 기독교 신학이 자연신학의 정당성과 의미를 놓고 오랫동안 벌여온 논쟁에 기여할 것이다.[61] 삼위일체 자연신학이 지닌 존재론적 의미와 가치를 이론과 실천의 측면으로 심화하고 확대하는 노력이 매우 중요한 것으로 평가될 수 있다.

　폴킹혼과 맥그래스는 세계 또는 우주의 실재에 대한 전일적인 이해가 중요하다고 판단하여 과학주의 또는 과학적 환원주의와 18세기 자연신학의 문제를 비판적으로 성찰하면서 존재론의 중요성과 함께 자연신학을 다시 공론화하고자 한다. 두 강연자가 새로운 자연신학으로서 삼위일체 자연신학을 제시하며 과학의 세계 설명을 더욱 포괄적이고 전일적인 존재론의 틀 속에서 다루어야 한다고 주장하는 것은 대단히 중요한 제안으로 간주할 수 있다. 최근 빅 히스토리[62]에 대한 관심은 세계와 만물의 실

---

60　참조. 앞의 책, "들어가는 글", 9-22.
61　앞의 책, 18.
62　빅 히스토리에 대한 개관을 위해서는 다음을 참조하라. 데이비드 크리스천·밥 베인/조

재를 전일적으로 이해하는 노력이 필요하다는 공감대의 표현일 수 있다. 인류는 세계와 사물의 실재에 대한 보다 심오한 비전을 형성해야 하는 국면으로 나아가고 있고 최선의 설명을 도출하는 추론이야말로 이런 비전의 형성에 시급하게 중요하다. 이런 의미에서 하나님의 삼위일체 비전의 더욱 깊은 실재 안에 토대를 둔 기독교 자연신학은 전일적인 세계상(big picture)을 그리는 데 중요한 플랫폼을 제공할 것으로 기대할 수 있다.

특별히 포괄적인 존재론에 기초하여 전일적인 세계상을 모색하는 것이 중요한 이유는 매우 실제적이다. 점차 심각해지는 지구 온난화와 그것이 일으키는 기후 환경 재앙이 연출하는 묵시적인 현실 속에서 인류가 온 우주 역사 속에서 자신의 위치를 조망하고 성찰하며, 근본적인 회심(metanoia)으로 나아가야 할 시간이 무르익는 듯하다. 세계와 그 안의 사물에 대한 존재론적 이해를 강화하는 노력은 생명과 생태계 보전을 향한 인류의 회심을 심층적인 차원에서 고무할 것이다. 이런 의미에서 창조와 종말의 전망에서 자연의 실재에 대한 이해를 심화하고 확대하며 삶의 실천을 독려할 기독교 자연신학을 공론화하는 노력을 더욱 힘차게 모색해야 할 것이다.

---

지형 옮김, 『빅 히스토리: 한 권으로 읽는 모든 것의 역사』(서울: 해나무, 2013); 빅 히스토리 연구소/윤신영 외 옮김, 『빅 히스토리: 138억 년 거대사 대백과사전』(서울: 사이언스북스, 2017).

# V. 결론

앞서 우리는 폴킹혼과 맥그래스가 기포드 강연에서 제시한 새로운 자연 신학의 존재론적 함의를 고찰했다. 두 강연자는 한편으로는 구체적 현실에 닻을 내리지 않은 추상적이고 사변적인 존재론과 다른 한편으로는 일체의 존재론을 배제하는 환원주의적 과학주의라는 양극단을 피하고 신학과 과학의 수렴을 추구하는 새로운 자연신학을 제시한다. 나아가 그들은 과학의 구체적이고 귀납적인 발견 사례를 통해서 하나님의 존재를 합리적으로 논증하고 설명하고자 한 18세기의 변증적 자연신학이 지닌 협소한 자연 세계 이해의 문제를 비판적으로 성찰한 후에 고전적인 삼위일체 신학의 전망에서 자연이 지닌 심층적인 존재론적 의미를 해명한다.

두 과학신학자가 제안하는 자연신학은 기독교 신학과 과학이 함께 협력하여 최상의 설명과 해석을 추구하는 점에서 우주와 사물들에 대한 존재론적 이해를 심화·확대하는 길잡이 역할을 크게 수행할 것으로 평가할 수 있다. 오늘날의 과학주의는 우주와 사물들에 대한 환원적인 이해를 추구하는 경향이 있다. 새로운 자연신학이 지향하는 바와 같이 신, 세계, 그리고 인간을 포괄하는 존재론적 의미를 심화·확대하는 것은 환원적인 과학주의를 지양하고 현재 인류가 직면한 기후 위기 또는 기후 재앙을 포함한 생태계 재난의 현실을 새롭게 변화시킬 근본적인 삶의 실천으로 안내할 수 있는 길이 될 것이다. 세계와 그 안의 사물에 대한 존재론적 이해를 강화하는 노력은 점차 심각해지는 지구 온난화와 그로 인해 기후 환경 재앙이 연출하는 묵시적인 현실에서 인류가 우주 역사 속에서 자신의 위치를 조망하고 성찰하여 생명과 생태계 보전을 향해 회심케 하는 것을 심층적인 차원에서 고무할 것이다.

# 참고문헌

도킨스, 리처드/이용철 옮김.『에덴의 강』. 서울: 사이언스북스, 2005.

맥그래스, 알리스터/박세혁 옮김.『과학신학: 자연과학과 신학의 대화』. 서울: IVP, 2011.

_____/박규태 옮김.『정교하게 조율된 우주: 과학과 신학의 하나님 탐구』. 서울: IVP, 2014.

박형국. "아서 피콕, 존 폴킹혼, 앨리스터 맥그래스." 윤철호·김효석 책임편집.『신학과 과학의 만남: 기포드 강연을 중심으로』, 96-112. 서울: 새물결플러스, 2021.

빅 히스토리 연구소/윤신영 외 옮김.『빅 히스토리: 138억 년 거대사 대백과사전』. 서울: 사이언스북스, 2017.

신재식.『예수와 다윈의 동행』. 서울: 사이언스북스, 2013.

이정배. "판넨베르그의 자연신학 연구-보편사의 얼개에서 본 과학과 종교의 공명론." 「신학사상」 119집(2022. 12), 150-176.

크리스천, 데이비드·밥 베인/조지형 옮김.『빅 히스토리: 한 권으로 읽는 모든 것의 역사』. 서울: 해나무, 2013.

폴라니, 마이클/표재명·김봉미 옮김.『인격적 지식』. 파주: 아카넷, 2001.

폴킹혼, 존/신익상 옮김.『과학으로 신학하기』. 서울: 모시는사람들, 2015.

Bhaskar, Roy. *A Realist Theory of Science*. 2nd ed. London: Verso, 1997.

Brooke, John Hedley and Ian Mcclean eds. *Heterodoxy in Early Modern Science and Religion*. Oxford: Oxford University Press, 2005.

Dawkins, Richard. *The Blind Watchmaker: Why the Evidence of Evolution Reveals a Universe without Design*. New York: W. W. Norton, 1986.

Harman, Gilbert. "The Inference to the Best Explanation." *Philosophical Review* 74 (1965), 88-95.

Lipton, Peter. *Inference to the Best Explanation*. 2nd ed. London: Routledge, 2004.

Macquarrie, John. "The Idea of a Theology of Nature." *Union Seminary Quarterly Review* 30 (1975), 69-75.

McGrath, A. *A Fine-Tuned Universe: The Quest for God in Science and Theology*.

Louisville, KY: Westminster John Knox Press, 2009.

_____. *The Open Secret: A New Vision for Natural Theology*. Oxford: Blackwell, 2008.

_____. *The Order of Things: Explorations in Scientific Theology*. Oxford: Blackwell, 2006.

_____. *Re-Imagining Nature: The Promise of a Christian Natural Theology*. Oxford: Wiley Blackwell, 2017.

_____. *The Science of God*. London: T & T Clark, 2004.

_____. *A Scientific Theology*. Vol. 1, *Nature*. London: Continuum, 2001.

Midgley, Mary. *Science and Poetry*. London: Routledge, 2001.

_____. *The Myths We Live By*. London: Routledge, 2004.

Morley, Georgina. *John Macquarrie's Natural Theology: The Grace of Being*. Aldershot: Ashgate, 2003.

Newman, John H. *The Idea of a University*. London: Longman, Green & Co., 1907.

Paley, William. *Natural Theology or Evidences of the Existence and Attributes of the Deity, collected from the appearances of nature*. Edited with an Introduction and Notes by Matthew D. Eddy and David Knight. Oxford: Oxford University Press, 2006.

Polanyi, Michael. "Science and Reality." *British Journal for the Philosophy of Science* 18 (1967), 177-196.

Polkinghorne, John. *The Faith of a Physicist: Reflections of a Bottom-Up Thinker*. Princeton, NJ: Princeton University Press, 1994.

_____. *Science and Creation: The Search for Understanding*. London: SPCK, 1988.

_____. *Science and The Trinity: The Christian Encounter with Reality*. New Haven: Yale University Press, 2004.

Torrance, Thomas F. *The Ground and Grammar of Theology*. Charlottesville, VA: University of Virginia Press, 1980.

_____. "The Problem of Natural Theology in the Thought of Karl Barth." *Religious Studies* 6 (1970). 121-135.

Vande Kemp, Hendrika. "The Giford Lectures on Natural Theology: Historical Background to James's 'Varieties.'" *Streams of William James* 4 (2002). 2-8.

Witham, Larry. *The Measure of God: Our Century-Long Struggle to Reconcile Science & Religion*. San Francisco: Harper Collins, 2005.

# 기포드 강좌에서의
# 새로운 자연관이
# 신학에 미치는 함의 연구

- 바버, 미즐리, 브룩 & 칸토어를 중심으로*

백충현

* 이 논문은 2019년 7월 1일부터 2022년 6월 30일까지 대한민국 교육부와 한국연구재단의 지원을 받아 수행된 연구(NRF 2019S1A5A2A03034618)로서 다음과 같이 출판되었다. 백충현, "기포드 강좌에서의 새로운 자연관이 신학에 미치는 함의 연구- 바버, 미즐리, 브룩 & 칸토어를 중심으로", 「신학과 사회」 36권 3호(2022. 08), 97-120.

# I. 서론

본 논문은 2019년 7월 1일부터 2022년 6월 30일까지 3년 동안 진행된 한국연구재단 일반 공동 연구 "기포드 강연 연구를 통한 21세기 자연신학의 모색: 신학-철학-과학의 학제 간 연구"의 일환으로 전체 네 분과들, 즉 신학, 철학, 자연과학, 과학신학/과학철학 분과 중 과학신학/과학철학 분과에서 진행된 연구의 3년 차 결과물로 작성된 것이다. 지난 1년 차 연구의 결과물[1]과 2년 차 연구의 결과물[2]은 각각 논문으로 출간되었다. 그리고 공동연구원의 1년 차 연구의 결과물이 합쳐져 대중적인 목적을 지닌 책으로 출간되었고,[3] 아울러 2년 차 연구의 결과물도 책으로 출간되었다.[4]

　　본 논문에서는 먼저 기포드 강좌에서의 자연에 관한 새로운 이해들을 시도했던 이안 바버(Ian G. Barbour, 1923-2013), 메리 미즐리(Mary Midgley, 1919-2018), 존 헤들리 브룩(John Hedley Brooke, 1944-현재) 및 제프리 칸토어(Jeffrey Cantor, 1943-현재)에 관한 기존의 연구들을 본 논문의 취지에 맞게 정리하면서 그들의 자연관의 두드러진 공통점들에 주목할 것이다. 그런 다음에 본 논문은 자연에 관한 새로운 이해들이 신학에 미치는 함의들을 탐색하면서 오늘날 자연과학과 대화하는 신학적인 자연관이 어떻게 되어야 하는지를 개괄적으로 제시할 것이다. 이를 통해 본 논문은 신

---

1　백충현, "종교/신학과 과학과의 풍성한 만남에 기여하는 기포드 강좌의 시도들 바버, 미즐리, 브룩 & 칸토어를 중심으로",「대학과 선교」45권(2020. 09), 293-316.

2　백충현, "기포드 강좌에서의 '자연'의 재구성을 위한 시도들- 바버, 미즐리, 브룩 & 칸토어를 중심으로",「대학과 선교」49권(2021. 09), 7-29.

3　윤철호·김효석 책임편집,『신학과 과학의 만남: 기포드 강연을 중심으로』(서울: 새물결플러스, 2021).

4　윤철호·김효석 책임편집,『신학과 과학의 만남 2: 빅 히스토리 관점에서 본 기포드 강연』(서울: 새물결플러스, 2022).

학과 자연과학의 대화와 만남에서 오늘날 한국 사회와 한국 교회에 많은
도움과 통찰을 제공해줄 것이다.

## Ⅱ. 기포드 강좌에서의 새로운 자연관

영국 스코틀랜드에서 1888년부터 시작되어 오늘날까지 거의 매년 개최
되는 기포드 강좌(The Gifford Lectures)의 주제는 자연신학(natural theology)
이다. 다만, 여기서의 자연신학 개념은 자연 계시 또는 일반 계시를 통한
구원의 가능성을 다루는 기존의 자연신학 개념보다 훨씬 더 폭넓다. 기포
드 강좌에서 다루는 자연신학 개념은 자연과학에서의 새로운 발견들과
성과들 및 대화하면서 이를 바탕으로 하나님에 관한 이해를 새롭게 하는
것이다.[5] 이런 점에서 기포드 강좌는 자연에 대한 새로운 이해들을 파악
하면서 동시에 이를 바탕으로 하나님에 관한 새로운 이해들을 탐색한다.

　본 논문의 연구는 공동 연구의 전체 네 분과 중 과학신학/과학철학

---

5　백충현, "종교/신학과 과학과의 풍성한 만남에 기여하는 기포드 강좌의 시도들", 295.
　　기포드 강좌 홈페이지는 강좌의 목적을 "to promote and diffuse the study of Natural
　　Theology in the widest sense of the term - in other words, the knowledge of God"이라고
　　기술한다. "The Gifford Lectures," https://www.giffordlectures.org (2022. 4. 20. 접속).

분과에 속하기에 이 분과와 연관된 학자들로 바버,[6] 미즐리,[7] 브룩 및 칸토어를[8] 선정했다. 그동안 기포드 강좌에서 강연했던 학자는 250명 이상이므로 이 연구에서 선정한 학자들이 유일한 대표자들이라고 규정할 수는 없다. 다만 우리는 근래에 강연했던 학자 중 자연에 대해 새로운 이해를 좀 더 직접적으로 시도했던 이들로 선정했다. 바버는 물리학자이면서 신학을 공부한 학자로서 1989-1990년과 1990-1991년 두 번에 걸쳐 강연했다. 미즐리는 철학자의 관점에서 자연과학을 비평하는 학자로서 1990년 봄에 강연했다. 그리고 브룩 및 칸토어는 자연과학의 역사를 연구하는 과학사가로서 1995-1996년에 함께 강연했다.[9]

---

6   바버의 대표적인 저서들은 다음과 같다. Ian G. Barbour. *Religion in an Age of Science* (New York: HarperCollins, 1990); *Ethics in an Age of Technology* (New York: HarperCollins, 1993); *Issues in Science and Religion* (London: SCM, 1966); *Myths, Models and Paradigms: The Nature of Scientific and Religious Language* (London: SCM, 1974); *Nature, Human Nature, and God* (Minneapolis: Fortress Press, 2002); *Religion and Science: Historical and Contemporary Issues* (San Francisco: HarperSanFrancisco, 1997); *Technology, Environment, and Human Values* (New York: Praeger, 1980); 이안 바버/이철우 옮김, 『과학이 종교를 만날 때』(서울: 김영사, 2002).

7   미즐리의 대표적인 저서들은 다음과 같다. Mary Midgley, *Science as Salvation: A Modern Myth and its Meaning* (London: Routledge, 1992); *Evolution as a Religion: Strange Hopes and Stranger Fears* (London: Methuen, 1985); *Heart and Mind: The Varieties of Moral Experience* (London: Methuen, 1985); *Science and Poetry* (London: Routledge, 2002); *The Solitary Self: Darwin and the Selfish Gene* (London: Routledge, 2010).

8   브룩 및 칸토어의 대표적인 저서들은 다음과 같다. John Hedley Brooke, *Science & Religion: Some Historical Perspectives* (Cambridge: Cambridge University Press, 1991); Brooke, *Heterodoxy in Early Modern Science and Religion* (New York: Oxford University Press, 2005); Geoffrey Cantor, *Michael Faraday: Sandemanian and Scientist. A Study of Science and Religion in the Nineteenth Century* (London: Macmillan, 1991); Cantor, *Jewish Tradition and the Challenge of Darwinism* (Chicago: University of Chicago Press, 2006).

9   여기서 다루는 학자들 외에도 기포드 강좌에서 자연의 개념을 직접적으로 다루는 이들이 있는데 공동 연구의 다른 분과에서 함께 연구한다. 다음의 책을 참조하라. John Habgood, *The Concept of Nature* (London: Darton, Longman and Todd, 2002).

이러한 점을 고려하면서 본 논문의 연구는 지난 3년 동안 연구 주제를 연차별로 다음과 같이 설정했다. 첫째, 1년 차 연구 주제는 "종교/신학과 과학의 풍성한 만남에 기여하는 기포드 강좌의 시도들"이며 연구 내용은 다음과 같다.

이안 바버(1989-1991/애버딘), 메리 미즐리(1989-1990/에든버러), 지오프리 칸토어 및 존 브룩(1995-1996/글래스고)의 기포드 강연을 분석한다. 바버가 과학신학자로서 자신의 강연에서 자연의 전체 영역을 하나님의 지속적인 창조(*creatio continua*)로 이해할 것을 제안한다면, 영국 철학자인 메리 미즐리는 영미 철학의 언어  분석철학의 협소성과 과학적 환원주의의 폐쇄성을 극복하면서 실재 세계를 보다 통전적으로 반영하는 과학철학적 관점과 그 대중화를 제안한다. 칸토어와 브룩은 과학사가이자 과학철학자의 입장에서 자연이라는 개념이 관념화의 과정을 통해 "구성" 혹은 "재구성"된다는 점을 제시하면서 자연의 개념화 과정에서 과학, 종교, 미학이 상호 협력하는 방안을 보인다. 그들의 기포드 강연에 대한 개별/비교 연구를 통해 "자연" 개념에 대한 과학신학·과학철학적 이해가 상호 보완적일 수 있음을 제시한다.[10]

둘째, 2년 차 연구 주제는 "빅 히스토리의 관점에서 '자연'의 재구성을 위한 시도"이며 연구 내용은 다음과 같다.

이안 바버, 메리 미즐리, 지오프리 칸토어 및 존 브룩에 대한 연구에서 얻은 통찰을 바탕으로 그동안 개념화되어온 "자연"을 탈개념화하면서 동시에 오늘날 빅 히스토리의 관점에서 "자연"에 대한 이해를 어떻게 새롭게 하고 풍성하게 할 수 있는지를 연구한다. 예를 들어 신과 자연의 관

---

10    윤철호 외, "2019년 한국연구재단 일반 공동 연구 연구계획서", 15.

계에 대한 이원론적인 이해와 인간 중심적인 자연 이해를 벗어나서 신과 자연의 관계에 대한 통합적인 이해와 자연(우주) 중심적인 인간 이해를 추구하며 그 특성들을 규명하고자 한다. 특히 "자연"의 탈개념화와 재구성화의 과정에서 "자연"의 미학적 요소, 예술적 요소, 종교적 요소를 온전하게 드러내고 포괄할 수 있는 통합적인 방식을 탐구한다.[11]

마지막으로, 3년 차 연구 주제는 "21세기 자연신학의 모색을 위한 시도로서 '자연'에 대한 삼위일체적 이해 및 재구성을 위한 탐구"이며 연구 내용은 다음과 같다.

1년 차와 2년 차에서 축적된 연구 결과를 바탕으로 21세기 자연신학을 모색하기 위한 시도로서, "자연"의 재구성에 관한 논의를 더욱 심화 및 확장시키기 위해 현대 삼위일체 신학에서 이루어지는 "세계"를 이해하고자 대화를 추구한다. 20세기 초중반부터 시작해서 오늘날 르네상스를 맞이한 현대 삼위일체 신학에서는 신, 인간, 세계에 관하여 기존의 신학보다 더 통합적인 이해를 제시해오고 있다. 특히 세계와 신의 밀접한 관계에 관하여, 그리고 인간 및 인간 사회와 신의 밀접한 관계에 관하여 기존의 신학보다 더 통합적인 이해를 제시해오고 있다. 그래서 양자 간의 대화를 통하여 공통점과 차이점을 분석하면서 상호적인 비판과 영향을 받도록 한다. 그러면서 "자연"에 대한 삼위일체적 이해 및 재구성을 위한 탐구를 시도한다. 이러한 과정에서 "자연"에 대한 삼위일체적 이해와 재구성이 "자연"에 대한 과학적 이해, 철학적 이해, 신학적 이해, 종교적 이해, 예술적 이해, 미학적 이해 등등과 더욱 유기적으로 연관될 수 있도록 탐구함으로

---

11    앞의 글, 16.

써 21세기 새로운 자연신학의 모색에 기여하고자 한다.[12]

그러면 그동안의 연구를 통해 파악된 바버, 미즐리, 브룩 및 칸토어가 제시하는 자연에 대한 새로운 이해들은 어떤 공통점들을 지니는가? 이들이 하나의 획일적인 입장인 것은 아니더라도, 자연에 관한 그들의 논의들에서 공통적으로 수렴되는 점들은 무엇인가? 앞서 언급한 기존의 연구논문들의 내용을 본 논문의 의도에 맞춰 다시 정리한다면 다음 네 가지 점들이 두드러지게 나타난다.[13]

첫째, 바버, 미즐리, 브룩 및 칸토어에게서 가장 두드러진 공통점은 자연이 있는 그대로의 자연이 아니라는 점이다. 달리 표현하면, 자연은 항상 인식된 자연이다. 즉, 자연은 늘 자연에 대한 이해이고 자연에 관한 관념이며 이론에 준거한 자연상이다. 자연이 인식되고 이해되며 관념화되는 과정에서 자연에 관한 모델, 모형, 패러다임이 작동한다. 이러한 입장은 고전적 실재론이라기보다는 비판적 실재론의 자연관이며 또한 관념적인 비판적 실재론의 자연관이라고 규정할 수 있다. 따라서 있는 그대로의 자연은 불가능하다. 순수하게 객관화된 자연이나 자연의 순수 객관성은 실제로 가능하지 않다.

그러기에 근대 과학에서 객관적이라고 주장되는 자연관, 즉 자연을 하나의 객관적 물질로 여기는 물질주의적 또는 유물론적 자연관이, 게다가 여기서 더 나아가 자연을 하나의 기계로 여기는 기계주의적 자연관이

---

12  앞의 글, 17.

13  바버, 미즐리, 브룩 및 칸토어 각각이 자연에 관하여 어떤 이해를 하고 있는지에 관해서는 기존의 연구 논문들을 참조하라. 백충현, "종교/신학과 과학과의 풍성한 만남에 기여하는 기포드 강좌의 시도들", 293-316; 백충현, "기포드 강좌에서의 '자연'의 재구성을 위한 시도들", 7-29.

대중에게는 객관적이고 과학적이며 학문적인 것으로 여겨졌다고 하더라도, 이제 엄밀하게 따져보자면 잘못된 자연관이라고 할 수 있다. 그러기에 자연에 대한 새로운 이해를 위해서는 기존의 이러한 자연관에 대한 과감한 비판적 작업이 오늘날 필수적으로 요청된다.

둘째, 위의 공통점과 함께 더 자세히 주목할 점은 자연에 대한 이해 및 관념화의 과정에서 주관적인 측면이 작동하는 것을 인정하는 자연관이다. 주관적인 측면은 개인의 심리적이고 공상적이며 상상적이고 미학적인 것과 연관되기도 하지만, 더 근본적으로는 사회적이고 문화적이며 역사적이고 때로는 종교적인 것과도 연관된다. 그렇게 작동하는 주관적인 측면은 하나의 모형이나 모델로 기능하기도 하고 또는 패러다임으로 기능하기도 한다.

셋째, 앞의 점들을 고려하자면, 자연에 대한 이해는 개인 삶의 통전성이나 세계의 총체성과 따로 떨어져서는 온전하지 못하다고 할 수 있다. 그러기에 온전한 자연관을 추구하고자 한다면 세계의 전체성과 더욱 밀접하게 연결해서 추구해야 한다. 여기서 통전성이나 총체성이나 전체성은 세계의 모든 것이 서로 연결되어 있으며 관계를 맺고 있다는 점을 알려준다. 즉 그것은 관계적 존재로서의 자연관이다. 자연의 모든 것이 상호 연결되어 있으며 상호관계되어 있다는 점을 인정해야 온전한 자연관이 가능해진다고 할 수 있다.

넷째, 더 나아가서 20세기 후반 이후 오늘날 우리에게 요청되는 자연관은 단순히 유물론적 또는 기계주의적 자연관이 아니라 자연에 대한 경외와 경탄과 존경이 결부되는 자연관이다. 자연에 대한 생기와 아름다움과 숭고가 회복한 자연관이다. 기존의 자연관이 한편으로는 자연에 대한 학문을 발전시키고 최첨단의 기술 문명 사회를 이룩하는 데 크게 기여했던 것은 사실이지만, 역설적이게도 자연은 그동안 심각하게 훼손되거나 파괴되어왔다. 그 결과로 오늘날 수많은 환경 문제, 생태 파괴, 기후 위기 등이 초래되었다. 그러므로 오늘날 자연을 바라보는 새롭고도 온전한 이해가 더욱 절실하게 요청된다.

## III. 기포드 강좌에서의 새로운 자연관이 신학에 미치는 함의

신을 다루는 학문으로서의 신학은 하나님에 관한 학문이다. 더 근본적으로 보자면, 하나님은 자신을 계시하시는 분이시기에 그 자기계시 안에서 인간이 하나님을 알아갈 수 있다는 의미에서 신학은 하나님에 관한 학문이다. 그러나 신학이라고 해서 하나님만을 다루지는 않는다. 오히려 신학은 하나님을 다루기에 하나님이 만드신 세계 또는 자연을 다룰 수 있고 또한 다루어야 한다. 그러므로 신학은 하나님을 다루는 학문이면서 동시에 세계를 다루는 학문이며 또한 자연을 다루는 학문이다. 하나님과 세계 및 하나님과 자연은 긴밀하게 연결되어 있고, 따라서 신학과 자연에 관한 연구 역시 긴밀하게 연결되어 있다.

그동안 신학이 자연에 대한 이해와 연구에 많은 기여를 했던 때가 있었다. 성서를 바탕으로 신학은 자연이 그 자체로 영원히 존재하는 신적인 어떤 것이라고 여기지 않았다. 그 대신에 자연은 하나님에 의해 창조된 피조물로서 여겨졌다. 자연을 피조물로 여기는 자연관은 자연이 하나님에 의해 창조되었음을 전제한다. 자연을 하나님의 피조물로 여기기 때문에 자연 자체를 신적인 것으로 여기지 않는 탈신화 또는 탈신성화의 작업이 가능하게 되었고, 그래서 자연을 더 면밀하게 연구할 수 있는 토대가 마련되었다. 또한 자연을 하나님의 피조물로 여기기 때문에 자연을 아름다운 것으로 여기는 심미적 또는 미학적 자연관이 생겨났고, 또한 이것이 자연의 아름다움을 연구하도록 추동하는 강력한 동기를 제공했다.

신학이 자연에 대한 이해와 연구에 많은 기여를 했음에도 불구하고, 정반대로 신학이 자연에 대한 이해와 연구를 가로막거나 억누르는 때도 있었다. 더 정확하게 말하자면, 신학이라기보다는 당대의 교회 권력이 그렇게 했다. 그러나 자연에 관한 온전한 이해를 제시하는 신학의 부재가 더 근본적인 문제였다. 이러한 과정에서 자연에 관한 연구는 이제 신학에서 분리되었고 더 나아가서 자연에 관한 연구가 신학을 압도하거나 억누르는 현상까지 초래되었다. 그래서 자연에 관한 연구로 설명이 되지 않거나 이해가 되지 않으면 신학은 적실성을 결여했거나 무의미한 것으로 간주되었다. 그렇지만 이러한 현상의 결과로 자연 자체가 파괴되고 인간의 삶이 더 황폐해지는 일들이 생겨났다.

그러기에 이제 신학은 자연에 관한 연구와의 관계를 새롭게 설정해야 하고, 신학은 자연에 대한 온전한 이해를 제공할 수 있어야 한다.[14] 그러나 이 과정에서 자연에 관한 연구가 신학에 새로운 이해의 통찰을 제공해줄 수 있어야 하며, 또한 신학은 이러한 점들을 적절하게 받아들이고 반영할 수 있어야 한다. 그럴 때 더 적실성 있는 신학이 가능하게 된다. 자연에 관한 연구와 신학 사이의 해석학적 순환 관계를 통해 양자가 서로 더

---

[14]  이와 관련된 좋은 예로 다음을 참조하라. 이정배, 『종교와 과학의 대화에 근거한 기독교 자연신학』(서울: 대한기독교서회, 2005). 여기서 이정배는 종교와 과학 사이에 이루어지는 공명론적 대화의 예로 크리스티안 링크, 위르겐 몰트만, 볼프하르트 판넨베르크, 존 폴킹혼을 소개하고, 종교와 과학 사이의 동화/통합에 근거한 예로는 알베르트 슈바이처, 제랄드 슈뢰드를 소개한다. 또한 그는 카프라와 쉘드레이크, 윌버의 이론들과도 대화를 추구한다.

온전해져야 한다.

앞서의 논의를 고려하면, 바버, 미즐리, 브룩 및 칸토어의 작업들은 신학과 자연에 관한 연구와의 관계를 새롭게 설정하는 데 매우 중요한 통찰과 관점을 제공해준다. 그렇다면 오늘날의 상황에서 바버, 미즐리, 브룩 및 칸토어가 제시하는 새로운 자연관이 신학에 미치는 함의들은 구체적으로 무엇인가?

첫째, 자연이 있는 그대로의 순수하고 객관적인 자연이 아니라고 한다면 오히려 신학은 신학적인 자연관을 분명히 제시할 수 있어야 한다. 위에서 언급했듯이 성서를 바탕으로 신학은 자연을 그 자체로서 영원히 존재하는 신적인 어떤 것으로 여기지 않고 하나님에 의해 창조된 피조물로 여긴다. 이것이 신학적인 자연관의 근본적인 출발점이다.

그런데 신학적인 자연관이 창조주 하나님과 피조물 자연을 구별하는데, 이러한 구별에는 자칫 이원론적 분리로 나아갈 수 있는 위험성이 농후하다. 특히 고전적 유신론(classical theism)은 하나님의 존재를 강조하기 때문에 하나님과 자연의 밀접한 관계를 간과하거나 자연을 단순히 수동적인 존재로 여기기 쉽다. 이렇게 되면 자연을 제대로 보지 못한다. 그래서 현대에 등장한 만유재신론 또는 범재신론(panentheism)은 하나님과 자연의 관계를 아주 긴밀하게 연결하려는 작업을 시도한다.

이러한 작업의 대표적인 예로 과정철학에 기반한 과정신학이 있다. 과정신학은 하나님과 자연의 관계를 아주 긴밀하게 연결하고자 한다. 이러한 점에서 바버는 과정신학을 어느 정도 받아들인다. 다만 과정철학이나 과정 사상이 신학에 과도하게 영향을 끼치는 것에 대해서 바버도 조심스러워한다. 그렇지만 기본적으로 바버는 과정신학에서 제시하는 하나님-자연의 관계성을 선호한다. 그는 과정신학을 어느 정도 받아들이지만

과정신학이 신학적인 자연관을 온전히 드러내지 못하고 몇 가지 한계점을 갖고 있다고 본다.[15]

그렇기에 과정신학의 통찰을 받아들이면서도 과정신학보다는 다른 관점의 만유재신론(범재신론)적인 신학적 자연관이 필요하다고 할 수 있다. 존 폴킹혼(John Polkinghorne, 1930-2021)이 하나의 예가 될 수 있는데, 그는 "나는 창조자와 피조세계 사이의 현재 관계를 범재신론으로 설명하는 것에 동의하지 않으며, 새로운 창조에 의한 종말론적 운명에 이르러서야 범재신론이 실현된다고 믿는다"라고 자신의 입장을 한정한다.[16] 그러므로 신학은 자연이 있는 그대로의 순수하고 객관적인 자연이 아니라는 전제하에 하나님과 자연의 질적인 구별을 분명히 하면서도 하나님과 자연의 긴밀한 관계를 유지하는 신학적인 자연관을 제시해야 한다.

둘째, 자연에 대한 이해 및 관념화의 과정에서 개인적이든 사회적이든 주관적인 측면이 작동한다면, 신학은 이것이 폭넓은 의미로서의 신앙 또는 믿음의 차원과 연결된다고 여길 수 있다. 또한 이런 점에서 신학적인 자연관은 신앙적인 자연관이라고 할 수 있다. 그리고 믿음과 신앙의 원천이 하나님의 은혜라고 한다면 신학적인 자연관은 은혜의 자연관이라고도 할 수 있다. 창조를 하나님의 은혜로 여긴다면 하나님-자연 관계는 은혜-자연 관계로 표현될 수 있는데, 이것은 교회의 역사에서 오랫동안 논의되었던 중요한 주제다. 은혜-자연을 어떠한 관계로 보느냐에 따라 신학적인 자연관의 다양한 스펙트럼이 드러난다. 한쪽의 극단은 은혜와 자연이 서로 대립하는 관계이고 다른 한쪽의 극단은 은혜와 자연이 일치하

---

15    Ian G. Barbour, *Religion in an Age of Science* (New York: HarperCollins, 1990).
16    존 폴킹혼/신익상 옮김, 『과학으로 신학하기』(서울: 모시는사람들, 2015), 241.

는 관계이며 그 사이에 다양한 관계들이 존재한다. 다만 이 논문에서는 은혜-자연 관계가 핵심적인 쟁점은 아니기에 차후에 다른 논문에서 이러한 점을 집중적으로 다루고 여기서는 하나님-자연 관계 자체에 더 집중하고자 한다.

신학적인 자연관이 되려면 신앙, 믿음, 은혜에 관한 논의가 함께 제시되어야 한다. 그리고 신앙, 믿음, 은혜에 관해 전체적이고 통전적인 논의가 제시되어야 한다. 신앙, 믿음, 은혜에 대한 이해가 한쪽으로 치우치거나 협소해져서 신앙주의(fideism)로 빠져서는 안 된다.[17] 그리고 이러한 주관적인 차원을 강조한다고 해서 객관적인 차원을 상실해서도 안 된다. 신학적인 자연관을 위해서 신앙, 믿음, 은혜를 어떻게 이해할 수 있을 것인가에 관한 논의가 더욱 필요하다고 할 수 있다.

근대에서는 주체와 객체 사이에 이원론적 분리가 강한 흐름을 형성함으로써 한편으로는 개인 주체의 고양과 함께 민주주의의 발전에 기여했지만, 또한 이러한 이원론적인 주체와 객체의 도식은 근대성의 가장 큰 해악으로서 오늘날 반성되고 있다. 그러기에 이제는 주체와 객체를 뚜렷하게 분리할 수 없고 주체와 객체 사이의 상호연관성을 강조한다. 그렇다면 신앙, 믿음, 은혜에 관한 논의도 그러한 방향으로 전개될 필요가 있다. 그래야 자연에 대한 이해 및 관념화의 과정에서 작동하는 주관적인 측면을 신학적인 작업과 잘 연결할 수 있을 것이다.

셋째, 자연에 대한 새로운 이해들에서 또한 중요한 점은 바로 모든 것이 서로 연결되어 관계성 안에 있다는 점인데, 이러한 점을 신학이 중요

---

17　다니엘 밀리오리/신옥수·백충현 옮김, 『기독교조직신학개론: 이해를 추구하는 신앙』, 개정3판(서울: 새물결플러스, 2016), 29.

하게 반영할 필요가 있다. 하나님과 인간 사이의 관계성뿐만 아니라 하나님과 자연 사이의 관계성도 충분히 인정해야 하고, 더 나아가 인간과 자연 사이의 관계성도 충분히 인정해야 한다. 단지 인간 중심적인 신학의 패러다임만으로는 오늘날의 상황에서 적실성 있는 신학적인 자연관을 제시하지 못할 것이다.[18]

그런데 하나님, 인간, 자연 사이의 관계성이 가장 근원적으로는 하나님 자신 안에서 이루어지는 관계성에 근거하는 것으로 보아야 우리는 하나님과 인간 사이의 관계성과 하나님과 자연 사이의 관계성을 더 분명하게 포착할 수 있을 것이다. 그렇다면 기포드 강좌에서 제시되는 새로운 자연관이 신학에 미치는 함의를 연구함에 있어 우리는 필연적으로 삼위일체 하나님을 다루지 않을 수 없다. 성부 하나님과 성자 하나님과 성령 하나님 사이의 근원적인 관계성이 바탕이 되어야 창조세계 전체와 하나님의 관계가 더 분명한 실재로서 여겨지고 이해될 수 있기 때문이다. 이러한 점과 관련하여 폴킹혼은 다음과 같이 진술한다.

"실재는 관계적"이라는 이 과학적 발견은 기독교 신학의 맥락에서는 전혀 놀라울 것이 못 된다. 기독교 신학은 오래전부터 "사귐으로서의 존재"(Being as Communion)라는 진리를 알고 있었던 삼위일체의 사유를 구사해왔기 때문이다. 신성의 연합 속에는 신의 세 인격들 사이에 영원한 사랑의 교류, 즉 신학자들이 페리코레시스(perichoresis)라고 부르는 사랑의 상호 관통이라는 상호적 관계성이 있다. 과학의 관계적 맥락은 이러한 신학적 신비에 저절로 새로운 빛을 던지지는 못한다. 이 신비가 필연적 진리라는 것

18    앞의 책, 179-180.

을 입증할 수 있는 것도 아니다. 그러나 물리 세계에 대한 과학의 묘사는 이 세계가 삼위일체 신의 창조물이라는 믿음과 눈에 띄게 공명한다.[19]

그러므로 자연 또는 세계의 관계성을 제대로 다루고자 한다면 삼위일체 하나님을 다루는 삼위일체신학과 만나고 대화하지 않을 수 없다. 그리고 이러한 과정에서 내재적 삼위일체(the immanent Trinity)와 경륜적 삼위일체 (the economic Trinity) 사이의 관계성이 또한 면밀히 탐구될 필요가 있다.[20]

넷째, 오늘날 자연에 대한 경외와 경탄과 존경이 회복되고 생기와 아름다움과 숭고가 회복되는 자연관이 요청되는데, 신학적인 자연관은 이에 대해서 어떻게 얘기를 할 수 있을 것인가? 자연을 단지 물질이나 기계로 여기는 것이 아니라 자연에 대해 경탄과 아름다움을 느낄 수 있으려면 기존의 자연관이 철저히 바뀌어야 한다.[21] 그렇다고 예전의 신화적 사고의 단계로 복귀하는 것을 뜻하지 않는다. 신학이 자연을 피조물로 이해하면서 자연의 탈신화화 또는 탈신성화를 이루어 자연에 대한 자유로운 탐구가 가능하도록 했다는 점은 그대로 유지되어야 한다.

그렇기 때문에 현대에 들어와서 자연을 새롭게 이해한다고 하면서 자연 자체를 신적인 것으로 여기는 것은, 특히 환경 문제와 생태 위기 속에서 자연 자체를 하나의 유기적인 살아 있는 생명체로 보는 것에서 멈추

---

19    폴킹혼, 『과학으로 신학하기』, 189-190. 다음의 책을 참조하라. John Polkinghorne, *Science and the Trinity: The Christian Encounter with Reality* (New Haven: Yale University Press, 2004).

20    여기에 관해서는 다음을 참조하라. 백충현, 『내재적 삼위일체와 경륜적 삼위일체: 현대 삼위일체신학에 대한 신학 철학의 융합적 분석』(서울: 새물결플러스, 2015).

21    이러한 작업의 예로 다음을 참조하라. Alister E. McGrath, *Re-imagining Nature: The Promise of a Christian Natural Theology* (Oxford: Wiley Blackwell, 2017).

지 않고 더 나아가 하나의 신적인 존재로 여기는 것은 도리어 많은 문제를 초래할 수 있다. 하나의 대표적인 예로 가이아 이론(Gaia Hypothesis)이 있다. 지구를 하나의 살아 있는 유기적 생명체로 여기는 것은 적실한 방향이지만, 조금 더 과도해지면 지구 자체를 하나의 신적인 존재로 여기는 데까지 나아갈 수 있기 때문이다.[22]

따라서 자연을 살아 있는 하나의 유기적 생명체로 여기면서도 자연 자체가 독립적인 신적 존재나 신적 원리가 되지 않도록 하는 한계 설정이 있어야만 더 온전한 신학적 자연관이 될 수 있을 것이다. 이러한 전제하에서 자연에 대한 경외와 경탄과 존경은 성서적으로나 신학적으로 하나님의 영광 및 하나님의 아름다움과 연관되어야 한다. 그러기에 오늘날 자연에 대한 새로운 이해들을 적극적으로 고려하는 신학적 자연관은 신학적 미학을 충분히 발전시킬 필요가 있다.


## Ⅳ. 결론

본 논문은 기포드 강좌와 관련하여 지난 3년 동안 진행된 한국연구재단 일반 공동 연구의 일환으로 작성된 것이다. 기존의 1년 차 연구의 내용과 2년 차 연구의 내용을 본 논문의 의도에 맞게 정리하면서 바버, 미즐리, 브룩 및 칸토어가 새롭게 시도하는 자연관에서 두드러지게 나타나는 네 가지 공통점에 주목했다.

---

22    제임스 러브록/홍욱희 옮김, 『가이아: 살아 있는 생명체로서의 지구』(서울: 갈라파고스, 2004).

첫째는 자연이 있는 그대로의 순수하고 객관적인 자연이 아니라 자연에 대한 일종의 개념이라는 점이다. 둘째는 이러한 개념화의 과정에 심리적이고 공상적이며 상상적이고 미학적이며 사회적이고 문화적이며 종교적인 주관적 측면들이 작동한다는 점이다. 셋째는 자연에 대한 온전한 이해를 위해서는 모든 것이 관계적으로 연결되어 있는 삶의 통전성이나 세계의 총체성이 확보되어야 한다는 점이다. 넷째는 자연에 대한 온전한 이해를 위해서는 자연에 대한 경탄과 존경이 다시 회복되어야 한다는 점이다.

그런 다음에 본 논문은 기포드 강좌에서 제시한 새로운 자연관이 신학에 미치는 함의들을 구체적으로 탐구하면서 오늘날 자연과학과 대화하는 신학적인 자연관이 어떻게 되어야 하는지를 개괄적으로 제안했다. 첫째, 자연은 있는 그대로의 순수하고 객관적인 자연이 아니기에 오히려 신학은 신학적인 자연관을 분명하게 제시해야 하며 하나님과 자연 사이의 관계를 충분히 밀접하게 고려해야 한다. 둘째, 자연에 대한 이해 및 관념화의 과정에서 주체와 객체 사이의 상호연관성이 신앙, 믿음, 은혜에 관한 논의에서 충분히 확보되어야 한다. 셋째, 세계의 모든 것이 서로 연결되어 관계성 안에 있다는 점이 온전히 인정되어야 하며 이를 위해서는 삼위일체의 관계성까지 다루는 깊은 연구가 진행되어야 한다. 넷째, 자연에 대한 경외와 경탄이 온전히 확보되려면 하나님의 영광과 아름다움에 근거한 신학적 미학이 충분히 고려되어야 한다.

다만 본 논문에서의 이러한 함의들에 대한 심층적인 연구는 여러 가지 한계점으로 인해 이후의 또 다른 논문들로 진행될 수 있을 것이다. 그럼에도 이러한 작업을 통해 본 논문은 신학과 자연과학의 대화와 만남에서 오늘날 한국 사회와 한국 교회에 많은 도움과 통찰을 제공해줄 것이다.

# 참고문헌

러브록, 제임스/홍욱희 옮김. 『가이아: 살아 있는 생명체로서의 지구』. 서울: 갈라파고스, 2004.

맥페이그, 샐리/정애성 옮김. 『은유 신학: 종교 언어와 하느님 모델』. 서울: 다산글방, 2001.

머피, 낸시/김기현·반성수 옮김. 『급진적 종교 개혁파의 관점에서 본 신학과 과학의 화해』. 서울: 죠이북스, 2021.

밀리오리, 다니엘/신옥수·백충현 옮김. 『기독교 조직신학 개론: 이해를 추구하는 신앙』. 개정3판. 서울: 새물결플러스, 2016.

바버, 이안/이철우 옮김. 『과학이 종교를 만날 때』. 서울: 김영사, 2002.

백충현. "기포드 강좌에서의 '자연'의 재구성을 위한 시도들-바버, 미즐리, 브룩 & 칸토어를 중심으로." 「대학과 선교」 49권(2021.09), 7-29.

_____. 『내재적 삼위일체와 경륜적 삼위일체: 현대 삼위일체신학에 대한 신학 철학의 융합적 분석』. 서울: 새물결플러스, 2015.

_____. 『삼위일체신학의 핵심과 확장: 성경·역사·교회·통일·사회·설교』. 서울: 장로회신학대학교출판부, 2020.

_____. "종교/신학과 과학과의 풍성한 만남에 기여하는 기포드 강좌의 시도들-바버, 미즐리, 브룩 & 칸토어를 중심으로." 「대학과 선교」 45권(2020.09), 293-316.

웨슬리신학연구소 편. 『관계 속에 계신 삼위일체 하나님』. 서울: 아바서원, 2015.

윤철호. "존 매퀘리의 자연신학과 변증법적 신론." 「한국조직신학논총」 58집(2020.03), 85-122.

윤철호·김효석 책임편집. 『신학과 과학의 만남: 기포드 강연을 중심으로』. 서울: 새물결플러스, 2021.

이정배. 『종교와 과학의 대화에 근거한 기독교 자연신학』. 서울: 대한기독교서회, 2005.

쿤, 토마스/김명자 옮김. 『과학혁명의 구조』. 서울: 까치, 2013.

크리스천, 데이비드·밥 베인/조지형 옮김. 『빅 히스토리(Big History)』. 서울: 해나무, 2013.

폴킹혼, 존/신익상 옮김. 『과학으로 신학하기』. 서울: 모시는사람들, 2015.

Barbour, Ian G. *Ethics in an Age of Technology*. New York: HarperCollins, 1993.

_____. *Issues in Science and Religion*. London: SCM, 1966.

_____. *Myths, Models and Paradigms: The Nature of Scientific and Religious Language*. London: SCM, 1974.

_____. *Nature, Human Nature, and God*. Minneapolis: Fortress Press, 2002.

_____. *Religion and Science: Historical and Contemporary Issues*. San Francisco: HarperSanFrancisco, 1997.

_____. *Religion in an Age of Science*. New York: HarperCollins, 1990.

_____, ed. *Science and Religion: New Perspectives on the Dialogue*. London: SCM, 1968.

_____. *Technology, Environment, and Human Values*. New York: Praeger, 1980.

_____. *When Science Meets Religion*. New York: HarperCollins, 2000.

Brooke, John Hedley. *Heterodoxy in Early Modern Science and Religion*. New York: Oxford University Press, 2005.

_____. *Science & Religion: Some Historical Perspectives*. Cambridge: Cambridge University Press, 1991.

Brooke, John Hedley, and Geoffrey Cantor. *Jewish Tradition and the Challenge of Darwinism*. Chicago: University of Chicago Press, 2006.

_____. *Quakers, Jews, and Science: Religious Responses to Modernity and the Sciences in Britain, 1650-1900*. Oxford: Oxford University Press, 2005.

_____. *Reconstructing Nature: The Engagement of Science and Religion*. Oxford: Oxford University Press, 1998.

Cantor, Geoffrey. *Michael Faraday: Sandemanian and Scientist. A Study of Science and Religion in the Nineteenth Century*. London: Macmillan, 1991.

Cantor, Geoffrey, and Marc Swetlitz, eds. *Jewish Tradition and the Challenge of Darwinism*. Chicago: University of Chicago Press, 2006.

Habgood, John. *The Concept of Nature*. London: Darton, Longman and Todd, 2002.

Gunton, Colin E. *The Triune Creator: A Historical and Systematic Study*. Grand Rapids: William B. Eerdmans Publishing Company, 1998.

McGrath, Alister E. *Re-imagining Nature: The Promise of a Christian Natural Theology*. Oxford: Wiley Blackwell, 2017.

Midgley, Mary. *Evolution as a Religion: Strange Hopes and Stranger Fears*. London: Methuen, 1985.

_____. *Heart and Mind: The Varieties of Moral Experience*. London: Methuen, 1985.

_____. *Science and Poetry*. London: Routledge, 2002.

_____. *Science as Salvation: A Modern Myth and its Meaning*. London: Routledge, 1992.

_____. *The Solitary Self: Darwin and the Selfish Gene*. London: Routledge, 2010.

Pannenberg, Wolfhart. *The Historicity of Nature: Essays on Science and Theology*. West Conshohocken: Templeton Foundation Press, 2008.

_____. *Toward a Theology of Nature: Essays on Science and Faith*, Louisville: Westminster/John Knox Press, 1993.

Polkinghorne, John. *Science and the Trinity: The Christian Encounter with Reality*. New Haven: Yale University Press, 2004.

Re Manning, Russell, ed. *The Oxford Handbook of Natural Theology*. Oxford: Oxford University Press, 2013.

Witham, Larry. *The Measure of God: History's Greatest Minds Wrestle with Reconciling Science and Religion*. New York: HarperCollins Publishers, 2005.

"The Gifford Lectures." https://www.giffordlectures.org. (2022. 4. 20. 접속).

# 자연주의 문제

### - 플랜팅가의 비판과 이에 대한 데닛의 반박*

## 안윤기

* 이 논문은 2023년 장로회신학대학교의 지원을 받아 수행된 연구로서 동일한 제목으로 『동서철학연구』 109호(2023), 263-209에 게재되었다.

# I. 서론

2009년 미국 시카고에서 열린 미국철학회 중부 지부 학술 대회 마지막 분과 세션은 발표가 시작되기 전부터 분위기가 후끈 달아올랐다. 사태를 감지한 주최 측은 급히 분과 모임 장소를 훨씬 더 큰 방으로 옮겼으나, 그 공간도 입추의 여지 없이 사람들로 가득 찼다. 그 분과의 주제는 "과학과 종교는 양립 가능한가?"(Science and Religion. Are They Compatible?)였다. 그리고 발표를 맡은 두 사람은 앨빈 플랜팅가(Alvin Plantinga)와 대니얼 데닛(Daniel C. Dennett)이었다.

발표 당시 플랜팅가는 70대 중반 나이의 노학자로서 인식론, 형이상학, 종교철학 등에 탁월한 업적을 남긴 인물이고, 데닛은 60대 중반 나이로서 과학철학, 심리철학, 인지과학 등에서 뛰어난 성과를 올린 대가였다. 그런데 각기 자기 분야에서 세계적 명성을 지닌 이 두 사람은 종교 문제에 있어서만큼은 극도의 상반된 입장을 보여왔다. 플랜팅가는 현존 최고의 "기독교철학자"로서 『보증된 기독교 믿음』(*Warranted Christian Belief*, 2000) 등 여러 작품을 통해 기독교를 변론하거나 반(反)기독교 진영을 공격하고, 종교철학의 주제를 정밀하게 다듬는 데 앞장서 왔다. 데닛은 『주문을 깨다』(*Breaking the Spell*, 2006) 등의 저작으로 본인의 반(反)종교적 성향을 공공연히 드러내는 데 거침없는 사람이었다. 특히 후자의 책은—같은 연도에 출간된 리처드 도킨스의 『만들어진 신』(*The God Delusion*, 2006)과 함께—종교에 대한 도발적 문제를 제기하여 전 세계적으로 큰 논란을 불러일으킨 작품이다. 2007년 9월 30일에는 "현대 무신론 4인방"(리처드 도킨스, 대니얼 데닛, 샘 해리스, 크리스토퍼 히친스)이 총출동한 토크쇼가 열려 장안의 화제가 되기도 했는데, 데닛은 그 "불경한" 자리의 주인공이기도 했다.[1] 그렇기 때문에 2009년 시카고에서 플랜팅가와 데닛이 벌인 "세기의 맞대결"은 진정 흥미진진한 자리가 아닐 수 없었다.

이 자리에서 플랜팅가는 "종교와 과학이 양립 가능하다"는 다분히 호교론적인(apologetic)테제를 제시하는 데 그치지 않았다. 마치 "공격이 최선의 방어"라는 동양의 오랜 격언을 의식한 듯 그는 "종교(특히 유신론)는 과학 발전에 기여하며, 오히려 종교적 전제가 없었더라면 서구 과학 발전에 심각한 지장이 초래되었을 것"이라는 과감한 주장도 내세웠다. 그리고 이 주장을 논증하기 위해 그가 사례로 든 과학 이론은 "진화론"(evolutionary theory)이었다. 1859년에 다윈이 『종의 기원』(*On the Origin of Species, On the Origin of Species by Means of Natural Selection, the Preservation of Favoured Races in the Struggle for Life*)을 발표한 이후로 진화론은 대표적인 반종교적 과학 이론으로 흔히 거론되곤 했는데,[2] 플랜팅가는 도리어 세간의 통념과 정반대되는 논지를 펼친 것이다. 그리고 과학 발전에 저해되는 진정한 주범으로 "자연주의"(naturalism)를 지목한다.

자타가 공인하는 자연주의자로서 데닛은 플랜팅가의 직설적인 자연주의 비판을 순순히 받아들일 수 없었다. 그리고 그는 플랜팅가가 세상을 설명하면서 은근슬쩍 신의 개입 가능성을 암시한다고 보고, 이렇게 과학적 세계 설명에 종교를 끌어들이는 태도를 맹공격했다. 그런데 종교를 비

---

1    2시간에 걸친 이 대담을 기록한 책이 Christopher Hitchens, Richard Dawkins, Sam Harris, and Daniel C. Dennett, *The Four Horsemen: The Conversation That Sparked an Atheist Revolution* (New York: Random House, 2019)이다. 리처드 도킨스·대니얼 C. 데닛·샘 해리스·크리스토퍼 히친스/김명주 옮김, 『신 없음의 과학』(서울: 김영사, 2019).

2    Charles Darwin, *On the Origin of Species* (Oxford: Oxford University Press, 2008).

판하는 데닛의 포인트는 "굳이 세상 일에 초자연적 신을 끌어들일 필요가 없다. 자연이면 족하다"라는 문장으로 정리할 수 있다. 이것은 일종의 "자연주의자 선언"(naturalist manifesto)으로 볼 수 있다. 그러니까 "과학과 종교는 양립 가능한가?"라는 애초의 질문에 대해 데닛은 즉답을 피하면서, 도리어 본인의 자연주의 신념을 내세우며, "종교는 불필요한 공상"이라는 식으로 종교의 권리 주장에 대해 기각 판단을 내린 것이다.

그날의 격전이 끝났음에도 토론 자리에 함께한 모든 이들의 마음에 아쉬움이 크게 남아, 두 사람은 서면으로 논쟁을 이어갔다. 그리하여 2년 후 모두 6편의 글을 모아 한 권의 책으로 출간했다.[3] 이 책에서 다룬 여러 주제 중[4] 본 연구에서는 흥미로운 한 가지 주제에만 집중해 플랜팅가와 데닛의 견해 차이를 드러내고, 양측의 주장을 해석해보고자 한다. 본고에서

---

3    Daniel C. Dennett and Alvin Plantinga, *Science and Religion: Are They Compatible?* (Oxford: Oxford University Press, 2011). 대니얼 C. 데닛·앨빈 플랜팅가/하종호 옮김, 『과학과 종교, 양립할 수 있는가』(서울: 이화여자대학교 출판부, 2014). 이 책에 실린 여섯 편의 글 제목은 다음과 같다. I. 과학과 종교: 갈등의 진원지에 대한 탐색(플랜팅가), II. 과녁을 벗어난 진리들: 무탈한 자연주의(데닛), III. 슈퍼맨이냐 신이냐(플랜팅가), IV. 상상하는 습관과 그것이 불신에 미치는 효과: 플랜팅가에 대한 답변(데닛), V. 과학을 거스르는 자연주의(플랜팅가), VI. 필요 없는 기적(데닛). 이하 본 연구의 주 텍스트가 되는 이 책을 인용할 때는 제목을 "*SR*"로 약식 표기하고 영어 원서의 쪽수를 따를 것이다. 하종호의 번역은 참고만 할 것이다.

4    『과학과 종교, 양립할 수 있는가』에서 일종의 기조연설(key note) 역할을 하는 첫 번째 논문 하나에서만도 플랜팅가는 네 가지 주장을 논증한다. (1) 현대 진화론은 유신론과 양립할 수 있다, (2) 진화론에 근거해서 유신론을 반대하는 논변은 실패한다, (3) 비록 현대 과학이 유신론 믿음과 양립할 수 없더라도, 그렇다고 해서 유신론 믿음이 비합리적(irrational)이거나 근거가 없다(unwarranted)거나 여타의 문제를 안고 있다는 결론이 나오지는 않는다, (4) 자연주의는 일종의 유사 종교나 다름없고, 자연주의적 세계관은 진화론과 양립하기 어렵다. 그리하여 최종적으로 정리하자면, 과학과 종교 사이에 "갈등이 없다"고 말할 수도 있고, "갈등이 있다"고 말할 수도 있지만, 후자의 경우 그 갈등은 (유사 종교인) 자연주의와 과학 간의 갈등이지, 유신론 종교와 과학 간의 갈등은 아니라는 결론을 끌어낸다. *SR*, 2-3 참조.

관심을 기울인 주제는 "자연주의 문제"다. 조금 더 구체적으로 말하면 "자연주의는 과학과 양립 불가능하다"는 플랜팅가의 역공(逆攻) 및 이에 대한 데닛의 수비 대목이다.[5] 플랜팅가는 종교에 대해 대체로 부정적 입장을 보이는 사람들의 암묵적 전제로 자연주의를 지목하고, 그것은 "유사 종교"(quasi-religion)이며,[6] 바로 그것이 "종교와 과학의 양립 불가능성" 문제의 주범이라고 비판한다. 그리고 그는 이런 비판을 뒷받침하기 위해 과학의 대표 사례로 진화론을 들고 진화론과 자연주의의 양립 가능성을 검토한다. 그리하여 최종적으로 진화론과 자연주의의 만남은 일종의 자승자박(自繩自縛), 자기파기(self-defeating)를 유발하여 결국 과학의 발전에도 도움이 되지 않고, 심지어 자연주의 사상 자체의 존립마저 위협한다는 과감한 결론을 내린다. 플랜팅가는 이것을 "자연주의를 반박하는 진화론적 논증"(Evolutionary Argument against Naturalism, EAAN)이라 불렀다.[7] 데닛은 이 주장을 어처구니없는 것으로 치부하며 그 황당한 주장의 배경에 플랜팅가의 "믿음 없음"(incredulity)이 깔려 있음을 지목한다. 이제 본론에서 플랜팅가가 데닛과의 논쟁에서 제시한 "자연주의를 반박하는 진화론적 논증"를 소개하고, 이에 맞서는 데닛의 반론을 아울러 정리한 후, 양자의 입장을 비교 검토하도록 하겠다.

---

5    종교와 과학의 관계를 논의할 때는 대개 종교를 옹호하는 측이 수세적(守勢的, defensive) 위치에 서서 종교의 주요 교리가 과학의 의혹과 공격으로부터 덜 손상되도록 수정하고 양보하는 모습을 보이는 것이 일반적이나, 플랜팅가는 전혀 다른 모습을 보인다. 그는 유신론 종교를 일단 현대 과학과 화친 관계로 만들어놓고, 유신론 종교의 진정한 적수인 무신론, 유물론 등을 "자연주의"의 깃발 아래 모아놓은 후, 그 좌표로 과학의 맹포격을 가한다. 그러니까 과학의 칼을 빌려 자연주의를 찌르는 "차도살인"(借刀殺人) 내지 "이이제이"(以夷制夷) 전략을 쓰고 있다.

6    *SR*, 17.

7    "자연주의를 반박하는 진화론적 논증"을 이하 EAAN으로 약식 표기할 것이다.

## II. 플랜팅가의 "자연주의를 반박하는 진화론적 논증"

플랜팅가는 EAAN(자연주의를 반박하는 진화론적 논증)을 처음에는 논문 형태로 학술지에 발표했고,[8] 그 내용을 자신의 『보증과 올바른 기능』에 실었다.[9] 이후 이 논증에 대해 지지하거나 반박하려는 많은 논문이 쏟아지자 플랜팅가는 자신의 다른 책 『보증된 기독교 믿음』에서 일부 답변을 시도했다.[10] 그리고 2년 후에 제임스 베일비는 EAAN에 대한 대표적인 찬반 논문 11편을 "과학과 진화", "회의주의", "조건 개연성과 확인 이론", "인식 실패의 본성" 등의 소주제로 분류하여 편집하고, 이 논문 각각에 대한 플랜팅가의 답변과 함께 한 권의 책으로 출간했다.[11] 이처럼 EAAN은 매우 다양한 측면에서 그 의미와 타당성이 검토될 수 있으나, 본고에서는 플랜팅가와 데닛의 대결 구도에만 집중하여 이 논증을 살펴볼 것이다.[12]

---

8     "An Evolutionary Argument against Naturalism," *Logos* 12 (1991), 27–49.

9     *Warrant and Proper Function* (Oxford: Oxford University Press, 1993), Ch. 12.

10    *Warranted Christian Belief* (Oxford: Oxford University Press, 2000).

11    James Beilby, ed., *Naturalism Defeated? Essays on Plantinga's Evolutionary Argument against Naturalism* (Ithaca, NY: Cornell University Press, 2002).

12    EAAN을 둘러싼 논쟁은 여전히 진행 중이다. Emmett Frank Mashburn, "On Alvin Plantinga's Evolutionary Argument against Naturalism" (PhD diss., University of Tennessee, 2010); Tyler Wunder, "The Modality of Theism and Probabilistic Natural Theology: a Tension in Alvin Plantinga's Philosophy," *Religious Studies* 51 (2015), 391-399; Perry Hendricks and Tina Anderson, "Does the Evolutionary Argument against Naturalism Defeat God's Beliefs?," *Sophia* 59 (2020), 489-499 참조.

## 1. 자연주의는 무신론이며 (유사) 종교다

먼저 플랜팅가는 "자연주의"를 다음과 같이 개념 정의한다. "자연주의
는 여러 다양한 형태로 나타난다. 여기서 나는 (…) 그것을 유신론 종교
에서 말하는 신과 같은 인격체 또는 신과 비슷한 그 어떤 것도 없다고 보
는 견해로 간주하겠다."[13] 플랜팅가의 발언대로라면 자연주의는 "무신
론"(atheism) 그 자체를 뜻하겠다. 그런데 이것은 과격한 동일시가 아닐 수
없다.

　　통상적으로 이해되는 "자연주의"는—그 어의에 충실하자면—"자연
에만 우리 논의를 국한시키고 초자연적인 것을 논의에서 배제하는 입장"
이 될 것이다. 그리고 여기서 "자연"(nature)이라는 단어는 "현상 세계", 즉
인간이 감각하거나 측량하고 추리하여 인식할 수 있는 모든 존재자를 말
하며, "초자연"은 인간의 통상적 인식 능력을 넘어서는 그 무엇을 말할 것
이다. 이렇게 본다면 자연주의는 본질적으로 형이상학적 성격을 띠며, 그
것도 인간의 인식 능력을 기준으로 하여 논의의 범위를 제한해 판단하는
일종의 존재론이다. 자연주의는 근본적으로 "초자연의 배제"를 의미하는
데, 여기에는 두 가지 강도가 있을 수 있다. 하나는 "강한 자연주의"(strong
naturalism)로서, 자연적인 것만 존재한다고 인정하고 초자연적인 것은
아예 그 존재를 부정하는 입장이다. 다른 하나는 "약한 자연주의"(weak
naturalism)로서, 제한된 인식 능력을 지닌 인간이 차마 초자연적인 것의 존
재를 전적으로 부정하기는 어렵고, 그저 그것을—마치 칸트 철학에서 이

---

13　　*SR*, 16. "the view that there is no such person as the God of theistic religion nor anything
like God."

야기되는 "사물 자체"(Ding an sich)처럼—우리가 인식할 수 없기에 학문 논의에 끌어들이지 말자는 입장이다.[14]

초자연적인 것을 모두 신이라고 볼 수는 없기 때문에 자연주의를 곧 바로 무신론과 연관시키는 것은 성급해 보이고, 또 약한 자연주의로 이해할 가능성도 열려 있지만, 플랜팅가는 대뜸 "자연주의"란 단어로 초자연적인 것의 존재를 전면 부인하는 "강한 자연주의"를 생각한다. 강한 자연주의와 약한 자연주의의 구별에서 쉽게 드러나듯이, 후자가 더 조심스럽고 공격받을 여지도 작다. 반면에 전자는 그 메시지가 선명하고 강렬하지만, "무슨 근거로 초자연적인 것의 존재 가능성을 배제하는지"를 질문받을 때, 그 배제를 정당화할 명분이 궁색하다. 그런데 어쩌면 바로 그것이 플랜팅가의 노림수였을지도 모른다. "자연주의는 종교 같은 성격을 띤다" 라는 통찰이 이 논쟁에서 플랜팅가가 승기를 잡을 결정적 포석(布石)이기 때문이다. 자연주의에 관한 플랜팅가의 진술을 조금 더 들어보자.

자연주의는 여러 다양한 형태로 나타난다. 여기서 나는 (…) 그것을 유신론 종교에서 말하는 신과 같은 인격체 또는 신과 비슷한 어떤 것도 없다고 보는 견해로 간주하겠다. 그렇게 볼 때 자연주의는 종교가 아니다. 그렇지만 자연주의는 자연주의적 세계관(naturalistic worldview)의 핵심이며, 자연주의적 세계관은 결국 종교의 가장 중요한 역할 중 적어도 한 가지를 수

---

14    자연주의를 논의할 때 많은 이들이 "형이상학적 자연주의"와 "방법론적 자연주의" 구별할 것을 강조하는데, 그 구별은 본 연구에서 별 의미를 갖지 않는다. 플랜팅가가 겨냥하는 자연주의는 존재론이며, 따라서 근본적으로 형이상학적 성격을 띤다. 과학자가 세상을 탐구할 목적에서 잠정적 방법으로 자연주의적 세계관을 채택하는 것이 정당한지, 또는 유익할지 여부 등은 현재의 논의와 별로 관련이 없다.

행한다. 이 세계관은 일종의 신화(myth)로 기능한다. 그 단어[= 신화]의 전문적 의미에서 말이다. (…) 그러므로 우리는 그 세계관이 유사 종교(quasi-religion)라고 말할 수 있을 것이다.[15]

위의 인용문에 "자연주의는 종교가 아니다"라는 진술과 "자연주의는 (유사) 종교다"라는 진술이 함께 나와서 독자의 혼란을 야기한다. 그러나 외양상 서로 상충되어 보이는 두 명제를 정합적으로 이해하기 위해서는 "종교"란 단어의 의미만 잘 구별해주면 된다. 인용문 앞부분에서는 자연주의가 신 같은 인격체의 존재를 부정하므로 종교가 아니라고 했다. 이것은 우리가 일상생활에서 "종교인"과 "비종교인"을 나누는 정도의 표면적 차원에서 사용된 "종교"란 단어다. 그리고 이 단어로 플랜팅가 자신은 기본적으로 "유신론" 종교, 특히 "기독교"를 염두에 두고 있음을 밝힌 바 있다.[16] 그렇지만 플랜팅가가 다시 지적했듯이 자연주의는 세계관이며 신화이기도 하다. 그리고 "신화는 우리 자신을 해석하는 방식을 제공하고 우리의 기원과 의미를 종교의 심층 차원에서 이해하는 방식을 제공한다. 다시 말해서 그것은 우리가 어디서 왔고, 우리의 미래는 어떠할 것인지, 우주 안에서 우리는 어떤 위치를 차지하며, 사후 세계 같은 것은 있는지 등에 관해 말해준다."[17] 세상과 나 자신을 바라보는 거대 관점 또는 해석의 지평을 칭하는

---

15    *SR*, 16-17.
16    유신론 종교로 플랜팅가는 주로 기독교를 염두에 두고 있으나, 논의를 유대교와 이슬람교의 여러 분파에 적용한다고 해도 전혀 문제 될 것이 없다고 본다. 기독교 믿음에 있어서도 더 세부적으로 들어가면 여러 분파가 나누어지나, 플랜팅가는 대다수 기독교 교파가 공유할 것으로 보이는 기본 신조를 염두에 두고 있으며, 그런 것을 보여주는 모델로 C. S. 루이스의 『순전한 기독교』(*Mere Christianity*, 1952)를 거론한다. *SR*, 2 참조.
17    *SR*, 16-17.

"세계관"(worldview)을 우리는 생각해볼 수 있는데, 사람들은 보통 종교 내지 신화에서 그런 포괄적이고도 심층적인 세계관을 얻는다. 세계관의 제공이 종교의 가장 큰 역할일 수도 있다. 그런데 이제 플랜팅가는 자연주의도 그런 세계관이라고 본다. 그리하여 사람들이 흔히 간과하기 쉬운 그것의 "종교성"을 지적한다. 자연주의는 종교나 마찬가지라는 것이다.

그리고 비록 플랜팅가가 인용문에서 명시적으로 밝히지는 않았지만, 그가 분명 "강한 자연주의"를 염두에 두고 있었던 점을 감안한다면, 자연주의는 그 "근본성"(根本性, fundamentality)에 있어서도 종교적 성격을 가짐을 우리는 간과할 수 있다. 어떤 명제의 "근본성"이란 그것이 다른 주장을 뒷받침하는 근거가 될 수는 있을지언정, 그 자신이 다른 것에 의해 뒷받침되지는 않는다는 말이다. 흔히 종교에 대해 사람들이 과학과 대조하며 비판하는 것이, 종교적 교의(dogma)는 근거 없이 그저 선언 내지 주장만 될 뿐이라는 점이다. 그런데 바로 그런 근본성이 종교의 본질적 특성이다. 종교(마루[宗], 가르침[敎])는 어의상 "궁극적 가르침"이며, 따라서 그 무엇에 의해서도 근거지워지지 않는다. 마치 기하학에서 "공리"(公理, axiom)가 여타 "정리"(定理, thesis)의 증명 근거는 될지언정 그것 자신이 정리로부터 증명되지 않고 아예 증명을 필요로 하지도 않으며 자명한 것처럼, 종교는 한 체계의 가장 밑바닥에 깔리는 근본 명제로서 애초부터 증명 없이 그저 선언만 될 뿐이다. 이런 모습을 누군가는 "독단"으로 여길 수도 있다. 그런데 플랜팅가가 볼 때 자연주의도 그러하다. 특히 강한 자연주의는 초자연적인 것의 존재를 일체 부정하는데, 그런 행태를 정당화하는 근거를 대지 못한다. 따라서 플랜팅가가 볼 때 자연주의는 내용상 무신론이나 마찬가지인데, 그것도 엄밀히 따지자면 그 근본성에 있어서나 그것이 수행하는 세계관으로서의 포괄적 역할 등에 따라 일종의 "무신론 종교(!)", 즉 초자연적 존재자는 없다고 "믿는" 종교로 보는 것이 온당할 것이다. 그리고 이런 입장을 표방한 대표적 인물로 칼 세이건, 스티븐 제이 굴드, 데이비드 암스트롱, 존 듀이, 버트런드 러셀 등을 거론한다. 자연주의는 무신론과 직결되어 신이나 초자연적 영역에 관한 질문에 전혀 응답하지 않으려 하는데, 그렇게 입을 다물고 외면하는 태도 자체가 이미 하나의 종교적 답변이라는 것이다.[18]

## 2. 자연주의와 진화론은 양립 불가능하다

이제 플랜팅가는 유사 종교로서의 자연주의와 현대 과학의 양립 가능성 여부를 따진다. 특히 후자의 대표주자로 그가 선택한 것은 진화론이다.[19] 플랜팅가는 한 가지 사고 실험을 한다. N을 자연주의, E를 현대 진화론, R을 "우리 인지 기능은 신뢰할 만하다"(our cognitive faculties are reliable)는 명제를 나타내는 기호라 하고, 만일 N과 E의 참됨이 전제된다면, R이 참이

---

18  바로 이 점에서 데닛과 플랜팅가의 결정적인 입장 차이가 난다. 데닛은 자연주의를 우리가 세상을 인식하는 기본값, "영점"(零點, zero point)으로 본다. 초자연적 존재를 상정하는 형이상학은 그만큼의 증명 부담을 짊어지나, 자연만 인정하는 자연주의는 그런 부담이 전혀 없다는 것이다. 그러나 플랜팅가는 우리가 인격신의 존재를 상정하는 유신론 세계관을 선택하든지, 그런 것의 존재를 일절 부정하는 자연주의 세계관을 선택하든지, "단초의 근본적 설정"이라는 점에 있어서는 매한가지라고 보았다. 플랜팅가가 볼 때, 인간의 인식 활동에 있어서 무전제의 영점은 불가능하다. 이와 관련된 본격적 논의는 다음 논문에서 제시된다. Alvin Plantinga, "Science: Augustinian or Duhemian?," *Faith and Philosophy* 13 (1996), 368-394.

19  플랜팅가는 진화론을 다음 네 가지 명제로 정리했다. ① 오랜 지구(the ancient earth thesis), ② 변이가 있는 혈통 계승(the thesis of descent with modification), ③ 공통 조상(the common ancestry thesis), ④ 자연선택(natural selection) 또는 다윈주의 (Darwinism). *SR*, 3 참조.

될 확률(P: probability)은 어떨지를 생각해보았다.[20] 그리고 그 확률, 즉 개연성이 매우 낮거나(low) 아예 계산 불가능(inscrutable) 수준이 될 것이라고 예측했다. 그리고 나서는 이 통찰에 입각하여 다음과 같은 논증을 제시했다.[21]

(1) P(R / N & E)는 낮다.

(2) N & E가 전제된 상황에서라면, R은 "파기자"(defeater)를 가진다. 즉 우리의 인지 기능은 신뢰할 만하지 못하다.

(3) 이 파기자 자체가 파기될 수는 없다.

(4) 우리의 인지 기능이 신뢰할 만하지 못하면, 우리의 인지 기능을 통해 산출된 모든 믿음도 파기자를 가진다. 즉 우리가 가진 그 어떤 믿음도 참이라는 보장이 없다.

(5) 그렇다면 N도, E도, N & E도 참이라는 보장이 없다. N & E는 자기파기적(self-defeating)이며, 따라서 합리적 사고를 하는 사람은 그런 입장을 받아들일 수 없다.

이 논증의 결론은 5번 명제 "진화론과 자연주의를 겸하여 믿는 것은 자기파기적이므로 합리적 사고를 하는 사람은 이 두 가지 입장을 함께 받아들

---

20    N과 E가 전제될 경우, 다른 사태가 어떻게 될 것인지(예컨대 우주의 생성이나 도덕 문제 같은 여타 철학적 주제)를 묻지 않고, 하필 R의 진리 여부, 즉 인식론적 주제를 물었다는 점에서 플랜팅가의 전략적 탁월성이 돋보인다. 인식론, 특히 인식의 "신뢰 가능성"(reliability) 문제는 플랜팅가가 가장 많이 연구한 주력 분야이며 자연주의나 과학, 종교 모두 인식과 믿음의 결과물이기에, 그런 결과물을 낳는 인식 능력의 신뢰 가능성 여하에 따라 해당 이론이 참일 개연성도 크게 흔들릴 수밖에 없다. 귀류법 논증에서 유용하게 사용될 물음을 플랜팅가는 들고 나왔다.

21    *SR*, 17.

일 수 없다"는 것이며, 그것이 곧 "자연주의와 진화론의 양립 불가능성"이다. 그리고 최종적으로 플랜팅가는 서로 충돌하는 두 가지 입장 중 (과학 이론을 대표하는) 진화론은 취하고 자연주의는 버려, 이 자승자박의 곤경에서 빠져나올 것을 권한다. 그것이 바로 "자연주의를 반박하는 진화론적 논증"(EAAN)이다.

그런데 이 논변 전체를 끌고 가는 추동력은 1번 명제에 있다.[22] 1번 명제에서 R을 문제 삼으면서 N & E 조건하에 놓인 인간 인지 기능의 신뢰 가능성을 매우 낮게 평가함으로써(2번 명제), 이후 그 기능의 발휘 결과로 인간이 갖게 된 모든 믿음의 진리성을 전혀 보장받지 못하게 만들었고(4번 명제),[23] 그리하여 자연주의 입장 자체를 무력하게 만들어버렸다(5번

---

22  플랜팅가의 말대로 P(R / N & E)이 낮다고 보면 그가 이끄는 입장을 계속 따르게 되고, 그의 말을 거부하여 P(R / N & E)가 높다고 보면 데닛의 입장을 따르게 된다.

23  혹자는 4번 명제에 대해 의혹을 제기할지도 모르겠다. 플랜팅가의 생각은 이러하다. 어떤 사람이 색맹이라면, 그 사람이 색깔에 관해 내리는 판단이 참이라는 보장은 주어지지 않는다. 또 어떤 책의 실제 판형이 가로 155mm×세로 226mm라고 해보자. 그런데 내가 가진 자가 불량품이어서, 이 자로 측량해 보니 가로 100mm×세로 160mm가 나왔다. 플랜팅가의 생각에 따르면, 후자의 측량 값은 진리가 아니다. 신뢰할 수 없는 도구를 사용했기 때문이다. 그런데 후에 살펴보겠지만, 데닛의 생각은 다르다. 많은 사람이 오랜 세월 동안 이 (불량품 같은) 자를 사용해 이 책의 판형을 줄곧 가로 100mm×세로 160mm라고 판단했다면, 그것의 "실제" 크기도 가로 100mm×세로 160mm인 것으로 봐야 한다는 것이다. 데닛에게는 오랜 세월을 견디며 진화 과정을 거쳐 나온 것이 곧 진리이기 때문이다. 데카르트의『성찰』을 보면 "악마의 가설"이 나온다. 우리는 언제나 "2 + 3 = 5"라고 생각한다. 깨어 있을 때도 그렇게 생각하고, 잘 때도 그렇게 생각하며, 100년 전 사람도 그렇게 생각했고, 주변 사람도 모두 그렇게 생각한다. 그러나 그것이 진리가 아닐 가능성이 있다고 데카르트는 염려했다. 진리는 (예컨대 2 + 3 = 7) 따로 있는데, 악마가 모든 사람을 완전히 속여 허위 속에 평생 살게 만들 수도 있다는 것이다. 이런 허위 가능성을 차단하는 비결을 데카르트는 신에게서 발견했다. 선하고 전능한 신이 우리로 하여금 그토록 비참한 허위 속에 살도록 내버려둘 리 없기 때문에, 우리는 그런 극단적 회의까지는 안 해도 된다는 것이 데카르트가 제시한 해결책이었다. 플랜팅가는 데카르트와 마찬가지로 저 극도의 회의, 곧 인지 능력 자체의 문제 때문에 모든 사람이 다 원천적으로 허위에 빠질 가능성에 대해 열려 있으며, 바로 그 여지를 봉쇄할 방안을 모색했다. 그러나 데닛은 그 가

명제). 따라서 이 논증 전체를 평가함에 있어서 1번 명제, 즉 "P(R / N & E)가 낮다"고 플랜팅가가 판단한 이유를 면밀히 검토하는 일이 가장 중요한 작업이다.

플랜팅가의 논증은 귀류법 구조를 갖는다. (그가 추후 논파할) "상대방의 입장이 일단 맞다"고 전제하고 논의를 진행시키다보면 어느 순간 모순과 자기파기가 발생하게 됨을 보이는 전략이다. 그래서 플랜팅가는 잠정적으로 "자연주의와 진화론이 모두 맞다"고 인정한다(N & E). 그리고 인식의 문제로 시선을 돌린다. 인간의 인식은 인간이 보유한 인지 능력이 발휘된 결과물이다. 그리고 그런 결과물로 우리는 이러저러한 믿음(belief), 즉 심리 상태를 가진다. 그런데 자연주의자들은 대체로 인간을 유물론적으로 본다. 물질적인 육체, 특히 뇌는 인정해도, 비물질적인 자아(self)나 영혼(soul), 주체(subject)의 존재는 인정하지 않는다. 그럼에도 인간에게 "믿음" 같은 심적 사건이 일어나고 있음은 부정할 수 없기에, 자연주의자라면 심리 상태를 다음과 같이 설명하려 들 것이다. "믿음은 신경 체계, 아마도 두뇌에서 일어나는 사건이나 구조라 할 수 있다. 그것은 다양한 방식으로 연결된 많은 뉴런을 포함하는 구조일 것이다. 이 구조는 다른 구조들이나 감각 기관에서 보내는 입력에 반응하고, '효과기 신경'(effector nerve)을 따라 근육과 선(腺, gland)에 신호를 보내고, 그럼으로써 행동을 야기할 수도 있다."[24]

---

능성을 부정한다. 설혹 (실제로는 2 + 3 = 7인데, 모든 사람이 악마에 속아서 2 + 3 = 5라고 생각해서) 모든 사람이 평생─진리대응설에 따르면─오류 속에 사는 상황이 벌어진다 할지라도, 모든 사람이 믿는 바로 그것(2 + 3 = 5)이 진리이고 실재인 것이지, 별도의 진리를 찾으려 하지 말라는 것이 데닛의 입장이다. 데닛의 진리관은 합의설 내지 유용설에 가깝다. *SR*, 36 참조.

24    *SR*, 18.

순전히 물질적인 구조이지만, 그것은 적어도 두 종류의 속성을 가질 것이다. 하나는 "신경생리학적 속성"(neuro-physiological property)이다. 그 구조에 관련된 뉴런의 수, 그것의 다양한 부위에서 발생하는 흥분 비율(rate of fire), 한쪽 부위의 흥분 비율이 다른 부위의 흥분 비율의 변화에 반응하여 달라지는 모습, 한 구조와 다른 구조가 연결되고, 그것이 근육과 연결되는 방식 등을 말한다. 그런데 그것이 전부일까? 두뇌 같은 물질적 신경 구조 내부에서 어떤 일이 벌어지든지 그 결과물이 "믿음" 같은 심적 사건이라면, 그 구조는 다른 종류의 속성, 즉 "심적 속성"(mental property)도 가질 것이다. 그것은 내용(content)을 가질 것이며, 그것은 어떤 명제(p)에 대한 믿음(belief that p)일 것이다. 우리는 이런 것을 "의식의 지향성"(志向性, intentionality)이라 부른다. 그러므로 우리가 순전히 물질적인 두뇌 활동의 존재만 인정할지라도 그것은 이질적인 두 종류의 속성을 보이는데, 신경생리학적 규정은 물질적 속성인 반면, "어떠어떠한 내용을 가짐", 즉 지향성은 심적 속성이다.

이 두 속성은 어떤 관계를 맺을까? 심리철학의 고전적 질문에 대해 플랜팅가는—그가 추후 논박하려는 자연주의의 유물론적 인간론을 잠정적 전제로 하여—세 가지 대답 가능성을 제시하고 일일이 따져본다.[25] 심신 관계에 대한 유물론 모델에는 비환원적 유물론과 환원적 유물론이 있다. 먼저 "비환원적 유물론"(nonreductive materialism)이라면, 여기서는 심적 속성이 물질적 속성으로 환원되지는 않지만, 전자가 후자에 부록처럼 "수반한다"(supervene)고 본다. "속성 A가 속성 B를 수반하는 일은, x라는 개체와 y라는 개체가 속성 A에 있어서 다르면 필연적으로 속성 B에 관해

---

25    *SR*, 18-20 참조.

서도 다를 때, 오직 그런 경우에 일어난다."[26] 그런데 여기서 말하는 "필연성"(necessity)에는 두 종류가 있을 수 있다. 하나는 넓은 의미에서의 논리적(또는 형이상학적) 필연성이고, 다른 하나는 법칙적 필연성이다. 이 필연성이 어떤 것이냐에 따라 수반 관계도 "논리적 수반"(logical supervenience)과 "법칙적 수반"(nomological supervenience)으로 나뉜다. 그리고 이에 따라 심적 속성과 물질적 속성의 관계도 두 가지로 나뉜다. 그러므로 비환원적 유물론을 전제하면, 심적 속성과 신경생리학적 속성은 (1) 논리적 수반 관계이든지 아니면 (2) 법칙적 수반 관계를 맺을 것이다. 그리고 (3) 만일 환원적 유물론을 전제한다면, 각각의 심적 속성은 특정한 물질적 속성과 아예 동일할 것이다. 이처럼 자연주의자들이 선호하는 유물론을 전제한다면, 심적 속성과 신경생리학적 속성의 관계를 설명하는 모델로는 이 세 가지를 생각해볼 수 있는데, 플랜팅가는 각 경우에 P(R / N & E)가 어떻게 될지에 대해서 따져본다.

먼저 (1) 논리적인 필연적 심신 수반이 일어나는 비환원적 유물론의 관점에서 따져본다면, 여기서 심적 속성은 물질적 속성과 구별되지만, 전자가 후자를 수반할 때의 필연성은 그저 논리적 필연성일 뿐으로 본다. 이제 어떤 생명체가 진화하여 일정한 인지 능력을 갖게 되었을 때, 그 능력의 담지자인 신경생리학적 구조는 환경 적응에 성공한 것이다. 그것이 진화론의 자연선택 명제가 주장하는 바일 것이다. 그러나 그 신경생리학적 구조를 그저 논리적 필연성으로 수반하는 심적 상태로서의 믿음(B)은 어찌 될까? 플랜팅가는 다음과 같이 예측한다. "자연선택은 참된 믿음 그 자

---

26    *SR*, 18. "Take supervenience as follows: Properties of sort *A* supervene on properties of sort *B* just if necessarily, if entities *x* and *y* differ with respect to their *A* properties, then they differ with respect to their *B* properties."

체에 대해서는 전혀 눈길도 주지 않는다. 자연선택은 잘 적응한 행위에 대해서는 상을 주고 잘 적응하지 못한 행위에 대해서는 벌을 주지만, 믿음의 진리 여부에 대해서는 신경 쓰지 않는다."[27] B의 내용이 참이라면 좋은 일이겠지만, 거짓이더라도 그 믿음을 가진 개체의 생존과 적응에 해가 될 것도 없다. 오히려 우리는 진리에 대한 믿음이 개체의 생존과 환경 적응에 불리하게 작용될 수도 있는 경우를 알고 있다.[28] 요컨대 비환원적 유물론(논리적 필연성 수반)을 전제할 경우—진화 과정에서 살아남은—한 생명체가 가진 믿음이 참이 될 확률은 50%에 불과하다. 이때 "참이 될 확률이 50%"라 한 것도, 그 믿음의 내용이 참일 수도 있고 거짓일 수도 있어서 형식적으로 그렇게 50%라 말한 것이지 실제로는 한 생명체가 인지 능력을 발휘하여 갖게 된 믿음의 내용이 "참일지 거짓일지 전혀 계산되지 않는다"(inscrutable)고 말하는 편이 더 정확할 것 같다. 따라서 그것의 인지 능력에 대한 신뢰 가능성은 매우 낮다고 플랜팅가는 평가한다.[29]

---

27    *SR*, 19.
28    어떤 환자가 타인의 장기를 이식받는 수술을 했을 때, 그의 면역 체계는 이식된 장기를 이물질로 보아서 공격한다. 그러나 이 경우 진리 인식은 환자의 생존에 도움이 되지 않기에, 의료진은 면역 체계의 인식을 흐리게 만드는 조치도 함께 취한다. 우리가 일상생활을 할 때 섭취하는 음식의 영양소와 세균, 바이러스 등에 대해 너무 많이 알면 도리어 건강에 해가 되기도 한다. 안데르센의 동화 "벌거숭이 임금님"을 보면, 실재("임금님은 옷을 안 입음")와 어긋나는 발언("임금님의 옷 색깔은 천상의 빛과 같습니다" 등)을 하며 신하들은 눈치껏 환경에 적응하지만, 순진한 어린이 한 명은 참된 내용에 대한 믿음을 직설적으로 발언했다. 그렇지만 권력자가 "지록위마"(指鹿爲馬) 하거나 언론이 여론 선동을 하는 경우 또는 군중이 특정 방향으로 쏠릴 때, 일개인의 믿음이 진리를 고수하기 어렵다는 것을 우리는 알고 고민한다. 어쨌든 이런 고민은 "환경 적응이 곧 진리"인 것은 아니라는 입장, 즉 고전적인 "진리대응설"(correspondence theory)에서 나온 것이다. 진리는 환경과 무관하게 별도로 그 자체로 존재하며 이에 대한 심적 상태로서의 믿음은 물질적 사건인 신경생리학적 속성과 별도로 움직인다는 것이다.
29    어떤 사람이 인지 능력을 사용해 갖게 된 100개의 믿음 중 적어도 3/4은 참이어야 "그 인지 능력은 신빙성 있다", "신뢰할 만하다"고 평가할 수 있다고 플랜팅가는 이야기한다.

(2) 법칙적인 필연적 심신 수반이 일어나는 비환원적 유물론의 관점에서 따져보자. 여기서는 심적 속성이 물질적 속성을 수반할 때의 필연성에 모종의 인과법칙이 있을 가능성을 이야기한다. 그러나 이 경우에도 신경생리학적 구조의 적응은 이야기할 수 있어도 그 물질적 적응이 믿음 내용 p의 진위 여부에 대해 말해주는 것은 없다. 따라서 마찬가지 이유로 해당 생명체의 인지 능력의 신뢰 가능성 확률은 낮다고 플랜팅가는 평가한다.[30]

(3) 환원적 유물론의 경우를 생각해본다면, 이때는 어떤 내용의 믿음을 가진다는 심적 속성이 모종의 물질적 속성, 즉 신경생리학적 구조와 동일할 것이다. 그렇다면 진화의 과정을 거쳐 생존한 어떤 생명체의 믿음은 그 물질적 속성의 적응뿐만 아니라 심적 속성, 즉 믿음의 내용의 적응 덕에 가능할 수 있다. 이제 플랜팅가는 묻는다. 믿음의 내용이 환경에 잘 적응된 것이 곧 진리인가? 이 물음에 대해 플랜팅가는 부정적으로 답한다. 믿음의 내용이 환경에 잘 적응하여 그런 믿음을 가진 주체의 생존에 도움을 주었다면, 우리는 보통 그런 것을 일컬어 "눈치가 빠르다", "분위기 파악을 잘한다"고 표현한다. 그러나 플랜팅가가 볼 때 어떤 믿음을 가진 생명체의 적응 여부는 그 믿음의 내용의 진위 여부와 무관하다. 이런 사례를 우리는 "처세에 능하지만 진실되지는 못한 사람"의 경우에서 발견할 수 있다. 어떤 이가 가진 믿음의 진리치는 참 아니면 거짓이겠는데, 만일 그

*SR*, 19-20 참조. 그런데 각 믿음이 참이 될 확률이 0.5(= 50%)라면, 100개 중 75개 믿음이 참이 될 확률은 1.913×10⁻⁷이다. N & E 전제하에서 우리 인지 능력이 신뢰할 만하다고 봐줄 확률은 100만 개의 믿음 중 단 하나가 참일 확률(10⁻⁶)보다도 낮다. 한글 번역본 역자주 31번 참조.

30    *SR*, 20 참조.

것이 거짓이라 해도 이로 인해 그가 가진 믿음의 적응성이 손상되지는 않는다. 그렇다면 이번에도 우리는 그 믿음이 참이 될 확률이 50%라고 막연히 평가해야 하는데(실제로는 계산 불가능), 이렇게 되면 인지 능력의 신뢰 가능성은 현저히 낮아진다.

이처럼 자연주의에서 생각하는 유물론적 심신 관계에 관한 어떤 가능성을 놓고 보더라도 우리가 그것을 진화론과 함께 생각해보면, 그 생명체가 가진 인지 능력의 신뢰 가능성은 매우 낮거나 계산조차 불가능하다는 결론이 나온다. 그렇다면 그의 인지 능력은 논파자를 가진다. 다시 말해서 그의 인지 능력이 참된 믿음을 산출할 가능성을 매우 낮게 평가하여, 그 능력에서 비롯되어 믿게 된 각종 명제를 더 이상 믿지 못할 이유를 갖게 된 것이다. 그리하여 결론적으로 플랜팅가는 자연주의와 진화론의 자기파기적 성격을 드러내고 최종적으로는 진화론에 입각할 때 자연주의는 파기됨을 주장했다.

## III. 플랜팅가의 논증에 대한 데닛의 반론

이제 데닛의 이야기를 들어보자. 먼저 종교에 대한 데닛의 기본적인 입장은 다음과 같다. 그는 종교가 분명 인류의 진화와 문화 발전에 중요한 역할을 했다는 점을 인정하면서도, 현대 사회에서는 대다수 종교적 신념이 해롭거나 불필요하다고 주장한다. 그가 볼 때 종교는 사회에서 과도할 정도의 존중을 받고 있다. 때로는 그 존중과 경의의 정도가 지나쳐서 종교에 대해 일말의 의심을 품는 것조차 죄악시하는 모습도 발견된다는 점을 그는 우려했다. 따라서 그는 종교가 개인과 사회에 끼치는 영향을 고려하여 종교적 신념과 관습을 우리가 보다 비판적으로 검토해야 할 것을 주장했다.

## 1. 자연주의는 귀무가설로서 모든 법정이나 과학적 탐구에서 암묵적으로 전제된다

먼저 데닛은 놀랍게도 "플랜팅가가 주장한 핵심 내용은 옳다"고 인정한다.[31] 그러나 그는 곧바로 그 옳은 주장들이 "플랜팅가의 더 큰 프로젝트를 뒷받침하지는 못할 것"이라는 단서를 붙인다.[32] 데닛이 간파한 플랜팅가의 "더 큰 프로젝트"란 "자연주의 비판"을 뜻하며, 그 프로젝트는 궁극적으로 기독교를 옹호하고 전파하려는 호교론의 범위 안에 들 것이다. 그렇지만 비록 현대 진화론이 지적 설계의 부재를 입증할 수는 없을지라도, 그런 "공상"(fantasy)이나 "동화"(fairy tales), "시덥지 않은 이야기"(frivolities)에 우리가 귀 기울이지 않는 편이 현명하다고 데닛은 충고한다.[33] 그러면서 슈퍼맨이 약 5억 3천만 년 전에 크립톤 행성에서 지구로 와서 캄브리아기 대폭발을 일으켰을 가능성, 적절한 유전적 변이가 적기에 발생하게 하여 여러 종류의 위기에서 생명체의 개체수를 유지시켰을 영화 같은 이야기를 한다.[34] 물론 황당한 가설이지만, 데닛이 이것을 통해 주장하려는 바

---

31  *SR*, 25. 데닛이 옳다고 인정한 플랜팅가의 핵심 주장 세 가지는 다음과 같다. 1. 현대 진화론은 유신론 믿음과 양립할 수 있다. 2. 유전 변이가 "임의적"(random)이라고 할 때, 그 말이 "유전 변이가 그저 우연히 발생한다"는 뜻은 아니다. 3. 자연주의와 진화론이 결합되면 신의 설계가 부정되지만, 진화 생물학 자체가 그런 뜻을 말하지는 않는다. *SR*, 25-26.

32  *SR*, 25.

33  *SR*, 27-28.

34  *SR*, 28. 도킨스, 히친스 등과 함께 대표적인 "현대 무신론 기사"로 꼽히는 데닛은 종교적 신념을 가진 사람들을 지적으로 열등하거나 광신적 성향이 있는 사람처럼 보

는 플랜팅가의 유신론도 매한가지라는 것이다. "이제 증명의 부담은 플랜팅가에게 주어졌다. 그의 유신론 이야기가 이 슈퍼맨 이야기보다 더 존중받고 신뢰받을 이유가 어디 있느냐? 나 자신은 내가 만든 슈퍼맨주의보다 그의 유신론을 선호해야 할 어떤 합리적 근거도 찾을 수 없다. 물론 나도 슈퍼맨주의를 신봉하는 것은 아니다. 그러나 이 이론도 현대 진화론과 완벽하게 조화를 이룰 수 있다."[35]

그리고 데닛은 적극적으로는 그런 "전적으로 불필요한 공상"에 빠지는 대신 자연주의, 곧 "자연계 밖에 존재하면서 예지력을 가진 설계자나 창조자를 들먹이지 않고서도 자연 안의 설계를 설명하는 자연선택 이론"을 선택하는 편이 낫다고 주장한다. 비록 그 이론의 강점은 "과거 역사(또는 선사)가 어떠했는지를 정확하게 입증하는 힘이 아니라 현재 상태에 관한 우리의 지식에 근거해볼 때 그것이 어떤 모습이었을지를 입증하는 힘"에 있다는 모종의 제한을 인정함에도 말이다.[36]

이와 같은 자연주의의 채택을 아마도 플랜팅가는 그 자체로 일종의 "종교적 결단"이라고 보겠지만, 데닛은 달리 생각한다. 물론 자연주의가

---

고 비꼬는 경향이 있다. 어쩌면 이런 태도가 데닛의 전략일 수도 있다. 광신도는 차근차근 논리적으로 설명해서 설득할 대상이 아니라, 오히려 조롱하고 공개적으로 망신을 주어서 자신들이 종교를 가졌다는 사실을 부끄럽게 만들어야 한다는 전략이 있는데, 플랜팅가와의 논쟁 자리에서도 데닛은 마치 그런 자세로 임한 것 아닌가 하는 인상을 준다. 예컨대 Christopher Hitchens, *The Portable Atheist: Essential Readings for the Nonbeliever* (Cambridge: Da Capo Press, 2007). "I think religion should be treated with ridicule, hatred, and contempt, and I claim that right." 또한 Daniel C. Dennett, *Darwin's Dangerous Idea* (New York: Simon & Schuster, 1995), 164 참조.

35   *SR*, 28-29.

36   *SR*, 27. "The power of the theory of natural selection is not the power to prove exactly how (pre-)history was, but only the power to prove how it could have been, given what we know about how things are."

과학적으로 입증되거나 모든 사람의 합의로 채택된 것은 아니지만, 그 입장은 "모든 훌륭한 법정에서" 또 과학계에서 암묵적으로 전제되는 사실이라고 주장한다.[37] 물론 플랜팅가는 "그게 무슨 소리냐"며 펄펄 뛸 것이다. 그리고 그는 마이클 베히 같은 사람을 거론하며, "과학자 중에도 자연주의를 거부하고 지적 설계 이론을 주장하는 사람이 있다"고 반박하려 들 것이다.[38] 그러나 데닛은 베히에 대해 극렬한 악평을 퍼부으며 제대로 된 과학자 중에는 그 사람 편에 설 사람이 하나도 없을 것이라 말했다.[39] 그리고 그는 그나마 베히의 지적 중에 제대로 된 몇 가지 문제에 대해[40] 아직 학계에서 답을 주지 못한 이유는 거기에 어떤 신비한 지적 설계나 유도 같은 것이 있어서가 아니라, 어떤 과학자도 그런 부질없는 연구에 시간을 낭비하고 싶어 하지 않아서일 뿐이라고 일축한다.

　데닛이 볼 때 자연주의는 귀무가설(歸無假說, null hypothesis)이다. 그것은 별도의 입증이 필요 없는 기하학의 공리와 같다. 모든 사람이 이

---

37　　*SR*, 31.

38　　Michael Behe, *The Edge of Evolution: The Search for the Limits of Darwinism* (New York: Free Press, 2007). 베히는 분자생물학자로서 우리가 가진 원핵 및 진핵 세포는 놀랄 정도로 복잡할 뿐만 아니라 또 매우 정교한 단백질 조직으로 이루어져 있음을 지적하며, 아마도 유도되지 않은(unguided) 자연선택은 이처럼 복잡한 단백질 조직을 산출할 수 없었을 것이라고 주장했다.

39　　데닛은 베히와 관련된 한 가지 일화를 소개한다. 그가 1997년에 베히의 책 *Darwin's Black Box* (New York: Free Press, 1996)를 보았을 때, 그 책이 전문적인 과학서가 아니라 의도적 누락과 그릇된 설명으로 가득 찬 부정직한 선전물에 지나지 않음을 보고 소스라치게 놀랐다고 한다. 그래서 그는 노터데임 학회에 나가 베히가 자기 명제에 불리한 증거를 의도적으로 무시한 점, 그의 논변이 확고한 결론에 도달하지 못한 점 등을 비판했다. 이후 베히의 소위 "과학적" 연구는 과학 공동체에서 완전히 거부당했는데, 왜냐하면 그가 자연주의를 수용하지 않으니, 그는 그저 "신학적 사변가"(theological speculator)일 뿐이지 과학자(scientist)로 봐줄 수 없다는 것이다. *SR*, 32 참조.

40　　예컨대 데닛은 진화 과정 설명에 큰 틈새가 있다는 점, 그리고 진화론적으로 설명하기 어려운 생명체의 매우 복잡한 특징들을 인정한다.

미 전제하는 사실이기에 과학자들은 "신이 개입하려고 마음먹지 않는 한"(unless God chooses to intervene) 같은 "면책 조항"을 일일이 달지 않는다.[41] 다음과 같은 홀데인의 발언은 데닛의 생각이기도 했다. "과학자로서 나의 작업은 무신론적이다. 즉 내가 실험 준비를 할 때 나는 '어떤 신도, 천사도, 악마도 실험 과정에 개입하지 않으리라'고 가정한다. 이 가정은 내가 전문 경력에서 거둔 성공에 의해 정당화된다. 그러므로 만약 내가 세상일에 있어서도 무신론적이지 않다면, 나는 정직하지 못하리라."[42]

## 2. 진화의 산물이 진리이며, 우리는 그것을 신뢰할 수 있다

데닛은 플랜팅가의 EAAN에서 가장 중요한 역할을 하는 1번 명제를 문제 삼는다. 그 내용은 "자연주의와 진화론이 전제될 경우 우리 인간이 가진 인지 기능이 신뢰할 만하다는 명제가 참이 될 확률은 낮다"는 것이었다. 데닛은 이 명제를 받아들일 수 없었다.[43] 데닛에 따르면 우리는 심장의 펌

---

41    *SR*, 48.
42    John B. S. Haldane, *Fact and Faith* (London: Watt's Thinker's Library, 1934). 홀데인의 이 발언에 대해 플랜팅가는 다음과 같이 유감을 표한다. "'그의 실험에 신이 간섭하지 않으리라고 가정한다면 그것은 그가 솔직히 무신론을 채택한 것'이라고 홀데인은 생각한 것 같다. 그것은 마치 '내 자식들이 내 집에 불을 지를 리 없다고 내가 가정한다면 나는 자식들의 존재를 솔직히 부정해야 한다'는 말과 같다. 무신론, 그리고 '신이 내 실험에 간섭하지 않으리라'는 가정, 이 둘은 전혀 다른 것이다." *SR*, 64.
43    그는 이미 이런 주장에 대한 비판을 자신의 저서에서 다룬 바 있다. Daniel C. Dennett, *The Intentional Stance* (Cambridge, MA: MIT Press, 1987); *Darwin's Dangerous Idea* (New York: Simon & Schuster, 1995). 그리고 자기와 동일한 입장을 표방한 사례로 몇 가지 문헌을 더 소개했다. Elliott Sober, *From a Biological Point of View* (Cambridge: Cambridge University Press, 1994); Peter Godfrey Smith, *Complexity and the Function of Mind in Nature* (Cambridge: Cambridge University Press, 1996); Kim Sterelny, *Thought in a Hostile World* (Oxford: Blackwell, 2003).

프 활동을 신뢰한다. 그리고 혈액에 산소를 공급하는 기관으로서 폐를 신뢰한다. 그것들이 자연선택에 의한 진화의 결과물이기 때문이다. 마찬가지로 우리는 외부 세계에 관한 감각 정보를 습득하는 일에 있어서 눈을 신뢰한다. 눈을 통해 "이 책의 표지가 사각형 모양"이라는 믿음을 갖게 되는데, 우리는 그런 믿음을 "진리 추적자"(truth tracker)로서 신뢰한다.[44]

여기서 데닛이 "눈을 통해 얻은 시각 정보에 대한 믿음은 진리 인식이다"라고 단언하지 않고, "진리 추적자"라고 표현했음이 주목된다. 데카르트의 방법적 회의를 떠올려보면, 눈을 통해 마음에 발생한 관념(= 믿음 내용)이 외부의 실재와 일치하지 않을 가능성은 얼마든지 있다. 데카르트는 선하고 전능한 신의 보증 아래에서야 비로소 우리 인간이 가진 통상적 인지 능력의 신뢰 가능성을 확보할 수 있었다.[45] 그러나 데닛은 "진리"가 아니라 "진리 추적자" 정도의 위상을 가진 믿음을 이야기한다. 예컨대 멀리서 볼 때는 부엌 바닥에 솥뚜껑이 놓여 있는 줄 알았는데 가까이 가보니 그게 자라였다면, 비록 눈은 조금 전에 거짓 믿음을 야기했으나 그렇다고 해서 눈의 인지 능력을 전면 불신하고 눈을 통해 얻는 시각적 믿음이 전혀 쓸데없다고 폐기할 정도는 아니다. 음악 청음(聽音) 시간에 귀를 쫑긋 세워 들은 음이 F라고 판단했는데 정답이 F#이었다면, 귀를 통해 획득한 믿음이 비록 진리는 아니지만 그래도 정답 언저리를 짚고 있으니 진리 추적자로서의 역할은 어느 정도 수행했다고 봐줄 수 있겠다. 개 코에 비해서 인간의 후각 능력은 현저히 열등하다고 알려져 있다. 그렇지만 인간은 여

---

44  *SR*, 35 참조.
45  어쩌면 플랜팅가의 기독교 인식론 역시도 그런 데카르트적 발상 위에 수립된 것으로 볼 수도 있다. 선한 인격신의 인도(guide)에 따라 세상 만물이 진화했다고 보아야 우리 인지 능력의 신뢰 가능성 역시 높아진다고 주장하기 때문이다.

전히 진화된 수준만큼 후각을 사용해 여러 정보를 획득하고 그 믿음은 인간 영역 안에서는 진리로 통용되며, 그런 한에서 인간의 인지 능력은 신뢰할 만하다고 볼 수 있겠다.

이런 생각이 데닛도 찬동하여 인용하는 처치랜드 문장의 진의일 것이다. "진리는 그것이 무엇이든지 간에 맨 뒤에 남는 것을 취할 뿐이다."[46] 뭔가를 믿는 심적 상태(belief that p)가 있을 때, p가 진실인지 거짓인지는 중요하지 않다. 우리는 그저 p가 참이라고 믿고, 그런 심적 상태가 우리에게 있을 뿐이다. 그런데 만일 p가 거짓이라고 나중에 밝혀지면 어찌 될까? p가 거짓임이 우리에게 알려졌다는 것은 우리 마음에 "p가 거짓임에 대한 믿음"(belief that ~p)이 추후 생겨 이전 믿음을 눌러 이겼음을 뜻한다. 내용은 어찌 되었든 우리에게는 최종적 믿음이 진리라고 데닛은 주장한다.[47] "우리 뇌는 구문론적 엔진(syntactic engines)이지, 의미론적 엔진(semantic engines)이 아니다. 후자는 영구 기관처럼 불가능하다. 그러나 구문론 엔진이 진리를 추적하도록 설계될 수 있는데, 바로 그 일을 진화가 지금껏 해왔다."[48]

데닛은 휴대용 계산기를 예로 든다. 계산기 안에는 여러 부품이 있고,

---

Patricia Churchland, "Epistemology in the Age of Neuroscience," *Journal of Philosophy* 84 (1987), 548: "Truth, whatever that is, definitely takes the hindmost."

천문학의 천동설과 지동설을 예로 들어보자. 수천 년 동안 인류는 시각 인지 능력인 눈의 정보에 입각하여 "태양이 지구 둘레를 돈다"고 단순하게 믿었다. 그러나 17세기 과학 혁명의 시대를 거치면서 과거의 정보를 포함하여 훨씬 더 다양한 정보가 축적되었고, 그 정보에 입각하여 오늘날은 대부분 지동설이 진리이고 천동설은 거짓이라고 믿는다. 데닛의 입장에 따른다면, 옛사람들이 천동설을 믿었다고 해서 그들의 눈이 그 인지 능력을 전혀 신뢰할 수 없는 "오류 유발자" 취급을 받을 필요는 없다. 마찬가지로 현재 진리로 간주되는 지동설도 "절대적 진리"가 아니라 "진리 추적자" 내지 현시점에서의 잠정적 진리 정도로 생각해야 할 것이다.

*SR*, 35.

설계된 기계 구조에 따라 입력 신호가 여러 절차를 거쳐 처리되며, 최종 결과물이 액정 화면에 뜬다. 우리는 그 결과물만 계산 문제의 정답으로 인정하고 믿으면 된다. 2와 3의 곱이 어째서 6인지, 그 연산을 둘러싼 곱셈의 이치는 몰라도 우리는 진리에 대한 믿음을 가질 수 있다. 계산기를 신뢰하기만 한다면 말이다.

그런데 혹자는 이런 의혹을 제기할 수도 있다. 계산기를 어떻게 신뢰할 수 있지? 계산기의 구동 결과가 정답이라는 보증이 있는가? 만일 우리가 소지한 계산기가 하필이면 불량품 양산으로 원성이 자자한 회사 제품이거나 혹시라도 언제나 틀린 답만 내도록 악의적으로 설계된 가짜 계산기였다면 어찌 될 것인가? 이 물음은 데카르트를 힘들게 했던 "악령의 가설"과 유사한 측면이 있다. 그러나 데닛은 이러한 문제 제기를 가볍게 기각한다. 그런 불량품 내지 가짜 계산기 제작이 이론적으로는 가능하나 아무도 원치 않기에 아무도 그런 것을 만들려 하지 않으며, 만일 누가 그런 것을 만든다 해도 일정 시간이 지나면 멸종할 것이다. 그런 것은 계산기에 대한 사람들의 일반적 기대와 필요에 부합하지 않기 때문이다. 그러니까 가짜 계산기, 부정확한 계산기는 인간과 더불어 살아야 할 환경 적응에 실패하여 자연스럽게 도태되고 말 것이다. 자연선택과 자연도태, 바로 그것이 데닛이 신뢰한 진화론의 힘이다. 더욱이 인간이 보유한 믿음이 생성되는 경우에는 수천 년 쌓인 "문화적 진화"(cultural evolution)도 더해지기 때문에 우리가 일반적으로 사용하는 인지 능력은 충분히 필터링되었다고 봐도 좋을 것이다.[49] 생물학적 진화가 인간에게 부여한 바로 그 믿음의 진리 추적 장치(감성, 이성 등)가 찾아낸 무수한 맹점과 결함을 감지하고 교정

---

49    *SR*, 36.

하여 우리 믿음의 진리 추적 시스템을 더욱 연마시킬 수 있었다고 본다. 그러하기에 인간이 가진 인지 기능의 신뢰 가능성을 저평가하고 독한 회의의 깊은 수렁에서 빠져나오지 못할까 봐 전전긍긍하는 것은 어리석은 짓이다. 데닛은 말한다. "데카르트는 우리의 인지 능력을 신뢰하기 위해서는 신의 자비로운 개입이 필요하다고 생각했을지도 모른다. 그러나 데카르트가 책을 쓸 무렵 그는 다윈의 통찰이 주는 혜택을 누리지 못했다."[50] 그러나 다윈의 진화론이 등장한 이상 우리는 신의 개입 같은 것은 더 이상 고려하지 않고 순전히 자연선택에 의해 충분히 검증되고 진화된 우리 인지 구조를 신뢰할 수 있다고 데닛은 주장했다. P(R / N & E)는 매우 높다는 것이다.

데닛이 꺼내든 휴대용 계산기 비유는 플랜팅가에게 좋은 먹이감이었다. 그는 먼저 자신에 대해 두 가지 점을 오해하지 말기를 부탁한다. 먼저 "우리 인간이 진화에 의해 생겨났다"는 주장에 대해 자신은 아무 이의가 없음을 밝힌다. 둘째, "우리 인간이 가진 인지 기능은 실제로 신뢰할 만하다"는 생각에 그도 찬성함을 밝힌다.[51] 이 두 가지 입장과 관련해서 플랜팅가와 데닛은 다르지 않다. 그러나 플랜팅가가 논증의 1번 명제를 통해 지적하려 했던 점은 "자연주의와 진화론이 전제될 때 우리의 인지 기능이 갖는 신뢰 가능성에 대한 조건 확률이 매우 낮아져 문젯거리가 된다"는 사실이었다. 물론 플랜팅가 본인은 우리 인지 기능의 신뢰 가능성의 확률이 높다고 보지만, 그것은 유신론을 전제했을 경우다. 그러니까 그의 입장은 선하고 전지전능한 신이 인간의 진화 과정을 잘 "인도했을"(guided) 것

---

50    *SR*, 36. 이와 관련해서는 Daniel C. Dennett, "Descartes's Argument from Design," *Journal of Philosophy* 105, no. 7 (2008), 333-345 참조.

51    *SR*, 42 참조.

이기에 우리는 신뢰할 만한 인지 능력을 보유하게 되었다는 입장이다. 그러나 플랜팅가는 자연주의를 전제한다면, 다시 말해서 진화 과정을 이끌 "어떤 인도함도 없이"(unguided) 현재와 같은 인지 구조를 인간이 갖게 되었다면, 그 결과물이 비록 환경에 성공적으로 적응한 것임은 인정할 수 있어도 진리 확보 여부는 전혀 보장되지 않는다고 보았다. 물론 그는 계산기를 신뢰하고, 그것이 작동된 연산 결과가 진리를 말해준다고 보았는데, 그 이유는 그렇게 하도록 애초부터 그것이 설계되었기 때문이다. 마찬가지로 인간 역시 신 같은 지성적 존재자에 의해 설계되고 창조되었기 때문에 신뢰할 만한 인지 구조를 가지고 진리를 추적한다는 것이다. 그러나 만일 아무 설계자도 없이 돌덩이만 있는 상태에서, 그것이 풍화작용에 의해 어찌어찌 깎이고 자기 복제하여 수백만 번의 오차에 대한 자연도태와 자연선택을 통해 어쨌든 환경에 적응된 것이 생겨나 계산기 비슷한 것이 되었다 해도, 그 연산 결과가 정답을 보여줄 것이라고 누가 믿을 수 있겠는지를 플랜팅가는 묻는다.

플랜팅가가 휴대용 계산기 비유를 역이용하는 것을 보면서 데닛은 그의 결정적 문제를 발견하고 지적한다. 플랜팅가는 "순전히 자연선택에 의해 계산기가 생겨나고 정확한 연산 작업을 수행할 확률이 매우 낮다"고 보는 것 같은데, 자기 생각은 그렇지 않다는 것이다. 플랜팅가는 자연선택에서 핵심 역할을 하는 "환경 적응"을 충분히 깊이 생각하지 못했다고 데닛은 보았다. 풍화작용 같은 환경에 적응하는 것이 전부가 아니라 인간의 기대와 필요에 적절히 맞춰주는 것도 환경 적응이다. "그 계산기들은 우리가 그것들을 길들이든 말든 간에 인류와 공생해야만 할 것이다."[52] 인간과

---

[52] *SR*, 52.

공생하는 데 능숙하지 못한 것은 사라질 것이고, 최종적으로는 가장 신뢰할 만한 것만 남으리라고 데닛은 주장한다. 돌덩이가 깎이고, 구리선을 통해 전기 신호가 전달되며, 액정 화면에 알파벳이 뜨는 그 모든 것에 인간의 기대와 설계가 들어가겠지만, 그것이 바로 자연선택이기도 하다. 데닛은 비슷한 사례로 꿀잡이새(honeyguide)를 소개한다.[53] 이 새는 자기 힘으로 벌집을 쪼개지 못하지만, 사람들에게 야생 벌집을 안내해주고 사람들이 남겨주는 꿀을 먹고 산다. 이 새들의 신뢰도가 그리 높지 않다면 사람들은 그 새들을 따라다니는 데 시간과 에너지를 쓰지 않을 것이며, 발견된 꿀의 일부를 그 새들에 대한 보상으로 남겨두지 않을 것이다. 인간이 찾기 힘든 감춰진 벌집도 찾아내는 상당 수준의 지적 신뢰성이 꿀잡이새에게 있다고 해서 그런 탁월한 지적 능력을 설계한 신 같은 지적 인격체가 있어야 한다는 가설은 굳이 세울 필요가 없다는 말이다.

요컨대 플랜팅가는 지적 설계자의 도움 없이 진행되는 진화는 인간의 지적 능력의 신뢰 가능성을 매우 낮추게 만든다고 생각하는데, 데닛이 볼 때 이러한 생각은 자연에 대해 플랜팅가만 홀로 갖는 "개인적 불신"(personal incredulity)일 뿐이었다.[54]

---

53    *SR*, 53-54 참조.
54    *SR*, 54.

# IV. 결론

이상에서 우리는 자연주의에 대한 플랜팅가의 비판과 그 비판에 반론을
제기한 데닛의 입장을 살펴보았다. 플랜팅가는 EAAN을 통해 자연주의
는 자기파기적 성격을 지닌다고 주장했다. 그리고 그 논변에서 가장 중요
한 역할을 했던 것이 1번 명제, 즉 "자연주의와 진화론이 전제될 경우, 우
리 인간이 가진 인지 기능이 신뢰할 만하다는 명제가 참이 될 확률, 곧 P(R
/ N & E)가 낮다"는 것이었다. 그러나 데닛은 "P(R / N & E)가 결코 낮지 않
고, 도리어 매우 높다"고 주장한다. 두 입장 모두 자체 정합성은 갖고 있지
만, 논의 전개의 핵심이 되는 몇 가지 사안과 관련해서 이해의 차이가 있
었고, 그 차이가 상반된 두 입장 형성으로 진행된 것으로 보인다.

먼저 "진리" 개념의 차이가 두드러진다. P(R / N & E)가 낮은지 또는
높은지 여부, 즉 진화 법칙과 자연주의를 전제할 때 인간의 인지 구조를
진리 탐구 능력으로 신뢰할 수 있을지 여부는 평가자가 설정한 진리 개념
에 따라 답변이 달라진다. 플랜팅가의 진리 개념은 고전적인 "대응설"에
가까워 보인다. 인간이 가진 인지 기능이 소위 "정상적으로" 작동하여 일
정한 믿음이 형성되었다 해도, 그 믿음의 내용이 실재와 일치하지 않을 가
능성을 염두에 두고서, 도대체 무슨 근거로 우리는 인간의 인지 능력을 신
뢰할 수 있을지를 따진다. 물론 플랜팅가 본인은 인간의 인지 능력을 신
뢰하고 있다고 명백히 밝혔지만, 그것은 그가 가진 또 다른 유신론 전제,
곧 선하고 지성적인 신의 인도에 의해 인간의 인지 구조가 진화되었다는
믿음이 있어서였다. 다시 말해서 인간의 인지 구조는 진리 인식을 위한
"보증"(warrant)을 필요로 하는데, 자연주의 전제하에서는 그런 보증이 전
혀 확보되지 않는다는 것이 플랜팅가의 의견이었다. 반면에 데닛의 입장

은 진리 인식을 위한 "별도의 보증은 필요 없다", "현 인식 구조가 자연에 의해 선택되어 그렇게 진화된 것 자체가 보증이다" 등으로 정리할 수 있다. 데닛의 진리 개념은 "합의설"(consensus theory) 내지 "유용설"(pragmatic theory)에 가까워 보인다. 그리고 데닛은 "진리 추적자"(truth tracker)란 표현을 많이 쓴다. 인간의 현 인지 구조는 오랜 진화의 산물로서 환경에 최적화된 것이므로 그 구조를 통해 산출된 믿음이라면 우리가 그것을 기꺼이 진리 추적자로 봐줘도 전혀 문제되지 않는다는 생각이다. 만일 누군가 굳이 이런 인지 구조의 신뢰 가능성에 대해 의심하고 이를 위한 별도의 보증을 구한다면, 데닛은 "자연"이 보증이 된다고 답할 것이다.

여기서 흥미로운 것은 데닛이 플랜팅가를 비판하면서, 그의 "개인적 불신"을 문제 삼은 점이다.[55] 데닛 본인은 진화 과정을 이끈 자연을 신뢰하므로 그 결과물인 인간의 인지 구조도 쉽게 신뢰했으나, 플랜팅가는 자연을 믿지 못했기 때문에 P(R / N & E)를 낮게 평가했고, 그래서 별도의 보증을 찾으려 전전긍긍했다는 것이다. (물론 그다음 수순으로는 신의 존재를 끌어들이려는 플랜팅가의 호교론 프로젝트가 있다고 데닛은 짐작했다.) 그런데 이 지적은 오히려 플랜팅가를 웃게 만들 것 같다. 왜냐하면 플랜팅가가 인간 인지 구조의 신뢰 가능성 보증을 위해 초자연적인 유신론 전제에 호소한 것은 맞는데, 그것은 데닛이 자연을 믿고 거기서 보증을 얻으려 한 것과 진배없기 때문이다. 데닛은 선한 인격신 같은 초자연적 존재자를 불필요하게 상정하지 말라고 주장하는데, 그래도 그의 세계가 문제없이 돌아갈 수 있는 것은 그가 자연을 전폭적으로 신뢰했기 때문이다. 그런데 무슨 근거로 자

---

55    데닛의 말에 따르면, 도킨스도 이런 표현을 사용했다. "the Argument from Personal Incredulity"(*SR*, 77).

연을 그토록 믿을 수 있을까? 플랜팅가가 볼 때는 이것 역시 하나의 종교적 믿음일 뿐이다. 유신론 종교를 전제한 사람이 선하고 지성적인 신의 인도에 따라 인간의 인지 구조가 신뢰할 만하게 진화되었음을 믿는 것과 동일하게 자연주의 "유사 종교"를 믿는 사람도 선한 자연선택의 인도에 따라 인간의 인지 구조가 신뢰할 만하게 진화되었다고 믿는 것 아니냐는 것이다. 그리고 "선하고 지성적인 신"과 "신뢰할 만한 진화" 개념은 양립하기 쉬운 반면, "신뢰할 만한 진화"를 산출할 "선한 자연선택"은 유물론 전제하에서 좀처럼 상상하기가 어려워서, 최종적으로 자연주의 "유사 종교"는 자기파기적일 수밖에 없다는 주장을 플랜팅가는 펼칠 것이다. 그러나 데닛은 이처럼 자연주의를 유사 종교 취급하는 것을 절대 거부한다. 그가 볼 때 자연주의는 일부 광신도를 제외한 대부분의 인간이 받아들인 공리이고 모든 법정과 학계에서 암묵적으로 전제되는 귀무가설이다. 베히의 경우에서 볼 수 있듯이 누구라도 자연주의 전제를 문제 삼는 자는 과학자 사회에서 배척받아 마땅하다. 그리고 이 점을 강조하기 위해 데닛은 다수의 힘에 호소한다.

결국 자연주의를 둘러싼 플랜팅가와 데닛 사이에 벌어진 논쟁은 "인간이 무엇을 공리로 인정할 수 있느냐"라는 문제를 둘러싼 팽팽한 힘 대결로 치닫게 되는 것처럼 보인다. 플랜팅가는 그것을 일종의 종교로 보고, 누구나 어떤 종교 하나는 선택해야 하는 상황에서 유신론 종교가 여러 모로 유리하다는 것이며, 데닛은 그런 초자연적 전제 없이도 인간이 얼마든지 객관적인 학문과 활동을 할 수 있음을 주장하려 했던 것이다.

# 참고문헌

Behe, Michael. *Darwin's Black Box*. New York: Free Press, 1996.

_____. *The Edge of Evolution: The Search for the Limits of Darwinism*. New York: Free Press, 2007.

Beilby, James, ed. *Naturalism Defeated? Essays on Plantinga's Evolutionary Argument against Naturalis*. Ithaca, NY: Cornell University Press, 2002.

Churchland, Patricia. "Epistemology in the Age of Neuroscience." *Journal of Philosophy* 84 (1987), 544-553.

Darwin, Charles. *On the Origin of Species*. Oxford: Oxford University Press, 2008.

Dennett, Daniel C. *Darwin's Dangerous Idea*. New York: Simon & Schuster, 1995.

_____. "Descartes's Argument from Design." *Journal of Philosophy* 105 (2008), 333-345.

_____. *The Intentional Stance*. Cambridge, MA: MIT Press, 1987.

Dennett, Daniel C., and Alvin Plantinga. *Science and Religion: Are They Compatible?* Oxford: Oxford University Press, 2011.

Haldane, John Burdon Sanderson. *Fact and Faith*. London: Watt's Thinker's Library, 1934.

Hendricks, Perry, and Tina Anderson. "Does the Evolutionary Argument against Naturalism Defeat God's Beliefs?" *Sophia* 59 (2020), 489-499.

Hitchens, Christopher. *The Portable Atheist: Essential Readings for the Nonbeliever*. Cambridge: Da Capo Press, 2007.

Hitchens, Christopher, Richard Dawkins, Sam Harris, and Daniel C. Dennett. *The Four Horsemen: The Conversation That Sparked an Atheist Revolution*. New York: Random House, 2019.

Mashburn, Emmett Frank. "On Alvin Plantinga's Evolutionary Argument against Naturalism." PhD diss., University of Tennessee, 2010.

Plantinga, Alvin. "An Evolutionary Argument against Naturalism." *Logos* 12 (1991), 27-49.

_____. "Science: Augustinian or Duhemian?" *Faith and Philosophy* 13 (1996), 368-394.

_____. *Warrant and Proper Function*. Oxford: Oxford University Press, 1993.

_____. *Warranted Christian Belief*. Oxford: Oxford University Press, 2000.

Smith, Peter Godfrey. *Complexity and the Function of Mind in Nature*. Cambridge: Cambridge University Press, 1996.

Sober, Elliott. *From a Biological Point of View*. Cambridge: Cambridge University Press, 1994.

Sterelny, Kim. *Thought in a Hostile World*. Oxford: Blackwell, 2003.

Wunder, Tyler. "The Modality of Theism and Probabilistic Natural Theology: a Tension in Alvin Plantinga's Philosophy." *Religious Studies* 51 (2015), 391–399.

# 기독교 자연신학에 대한 방법론적 고찰[*]

윤철호

[*] 이 논문은 2019년 7월 1일부터 2022년 9월 30일까지 대한민국 교육부와 한국연구재단의 지원을 받아 수행된 연구((NRF 2019-S1A5A2A03-2019S1A5A2A03034618)로서 다음과 같이 출판되었다. Chulho Youn, "A Methodological Investigation on Christian Natural Theology," *Neue Zeitschrift für Systematische Theologie und Religionsphilosophie*, 62 no. 1 (Mar. 2020), 41-57.

# I. 서론

이 글에서는 기독교 자연신학에 대한 바람직한 이해를 신학 방법론의 관점에서 제시하고자 한다. 자연신학의 기원은 고대 그리스 철학으로 소급된다. 소크라테스 이전의 그리스 철학에서는 자연신학이 아르케(*archē*), 즉 우주의 기원 또는 첫 번째 원리에 대한 이성적 탐구의 형태로 수행되었다. 고대 그리스 철학자들은 세계를 인간의 지성에 의해 인식될 수 있는 질서 정연한 우주, 즉 코스모스로 이해했다. 따라서 코스모스는 질서와 이해 가능성을 함축했다. 우주는 우리가 비록 부분적이고 불완전하지만 이해할 수 있는 그 어떤 것이다.

계몽주의 시대에는 어떠한 종교적 믿음도 포함하지 않는 전제로부터 출발함으로써 종교적 믿음에 대한 지지를 제공하는 것이 지배적인 자연신학 개념이 되었다.[1] 계몽주의는 모든 문화적 특수성과 선입견으로부터 자유로운, 그리고 이성을 가진 사람이라면 누구나 동의할 수밖에 없는 합리적 판단이 가능하다고 믿었다. 따라서 계몽주의 시대의 자연신학은 모든 시대와 장소에 거주하는 모든 인간이 공통으로 보편적 이성을 가지고 있다는 전제 아래 수행되었다.

인간이 하나님의 계시 없이도 보편적 이성에 의해 하나님의 존재를 증명하고 또 모든 사람이 이성적으로 그 증명에 동의할 수 있다는 전제 아래 수행되었던 계몽주의 자연신학과 달리, 오늘날엔 (수학과 논리학 같은 일부 영역을 제외하곤) 모든 시대와 장소에 거주하는 인간이 공통으로 가지고

---

[1]  William P. Alston, *Perceiving God: The Epistemology of Religious Experience* (Ithaca, NY: Cornell University Press, 1991), 289.

있는 보편적 이성이란 개념 자체가 의문시되고 있다. 오늘날엔 인간의 이성이 특수한 문화와 전통과 공동체 안에서 형성된 모종의 관점에 의해 조건이 지어지며 따라서 매우 다양한 방식으로 작동한다는 사실이 분명해졌다. 가다머에 따르면, 절대적 이성이란 개념은 역사적 인간에게는 가능한 개념이 아니다. 이성은 오직 구체적인 역사적 이성으로서만 존재한다. 즉 이성은 주어진 상황에 의존한다.[2] 따라서 객관적이고 보편적인 이성 개념을 전제하고 그러한 이성의 토대 위에서 명증적인 진리의 확증이 가능하다고 주장했던 근대의 토대주의적 인식론은 인간 이성의 역사성과 다원성에 대한 탈근대적 이해의 부상과 더불어 붕괴되었다.

이 글에서는 이와 같은 오늘날의 상황에서 요구되는 바람직한 자연신학 방법론을 "기독교 자연신학"의 관점에서 제시하고자 한다. 먼저 구약성서의 창조신학에 대해 살펴보고(II), 기독교 역사에 나타난 자연신학 전통에 대해 개관한 후에(III), 기독교 자연신학에 대한 정의를 수립하며(IV), 오늘날의 새로운 기독교 자연신학의 특징을 창조신학(자연의 신학)과 과학신학의 관점에서 조명한 후에(V), 이와 같은 기독교 자연신학 방법론의 특징을 가장 잘 보여주는 신학자인 위르겐 몰트만의 기독교 자연신학을 소개하고(VI), 오늘날 요구되는 탈근대적 기독교 자연신학의 모델로서 포스트토대주의적 기독교 자연신학을 제시한 다음(VII), 결론을 맺고자 한다(VIII).

---

2    Hans-Georg Gadamer, *Truth and Method* (New York: The Continuum Publishing Company, 1994), 276.

## II. 구약성서의 창조신학

신약성서에 창조 신앙이 나타나지 않는 것은 아니다.[3] 그러나 기독교의 창조신학은 기본적으로 창조자 하나님의 세계와 인간 창조에 대한 여러 구약성서의 본문들에 기초한다. 따라서 기독교 자연신학의 일차적인 성서적 근거를 구약성서에서 발견하고자 하는 것은 잘못이 아니다. 그러나 20세기 초 신정통주의적 구원 신학의 영향으로 20세기 중반까지 구약성서 학계 안에서 창조신학은 주변화되거나 평가절하되었다. 폰 라트는 구약성서의 창조 개념을 이스라엘 민족의 역사적 경험의 관점에서 이해한다. 그는 1936년에 발표한 "구약성서의 신학적 문제"[4]라는 논문에서 이스라엘 민족의 원초적인 신앙고백(신 27:5-9)에는 세계 창조의 내용이 없다고 주장했다. 그에 따르면 창세기의 창조 본문은 이스라엘 민족의 역사 속에서 형성된, 출애굽을 하도록 이끄셨던 하나님에 대한 신앙고백의 산물이다. 폰 라트는 창조를 독자적인 주제로 다루고 있는 지혜서(예를 들면, 욥 28장)조차도 단지 하나님의 구원 행동에 대한 믿음이 확고해진 시기에 의미를 갖는다고 주장했다.

그러나 구약성서의 창조신학이 구원 신학으로 환원되던 시기에 구약 신학계 안에서 창조신학의 정당한 자리를 회복시키고자 하는 시도들이 생겨났다. 이러한 시도를 했던 대표적인 구약학자 중 한 사람이 클라우스

---

3     신약성서의 창조 신앙은 행 4:24; 14:15; 17:24; 엡 3:9; 계 4:11; 10:6 등에 나타난다.

4     Gerhard von Rad, "The Theological Problem of the Old Testament Doctrine of Creation," in *The Problem of the Hexateuch and Other Essays* (New York: McGraw-Hill, 1966), 131-142; *Old Testament Theology*, vol. 1, *The Theology of Israel's Historical Traditions* (New York: Harper & Row, 1967), 136-153.

베스터만이다. 폰 라트와 달리 베스터만은 구약성서의 창조 본문이 이스라엘 민족이 경험한 특수한 역사적 차원을 넘어서는 보편적·우주적 차원을 함축하고 있다고 보았다. 그는 창세기 1-11장이 출애굽기에 나타나는 이스라엘의 역사적 구원 경험과 구별되는 원역사(Urgeschicht)를 보여주고 있으며, 이 원역사 안에는 이스라엘의 구원자 하나님에 대한 고백에 앞선 그 무엇, 즉 창조 신앙이 전승되고 있다고 주장했다. 즉 베스터만은 구약성서의 창조 본문이 인류의 공동 기원에 속하는 원초적 자연 경험을 보여주는 신화(원역사)를 반영하며, 따라서 이스라엘 민족의 역사 경험으로 환원될 수 없다고 보았다.

베스터만은 구약성서의 창조 본문(P문서)에 대한 주석에서 두 가지 점을 지적했다. 하나는 순수한 현존으로서의 자연은 하나님을 증명할 수 없고 오히려 신앙 경험이 하나님의 현실성을 유발시킨다는 점이며, 다른 하나는 그러나 구약성서의 창조 본문에서 자연적 인식과 신학(신앙)적 인식은 갈등 관계에 있지 않다는 점이다.[5] 이스라엘에서 창조자에 대한 신앙과 구원자에 대한 신앙은 양자 선택의 관계에 있지 않고 함께 결합되어 있다. "구약성서에서 창조에서의 하나님의 행동과 역사에서의 하나님의 행동은 불가분의 관계에 있다.…창조와 역사는 동일한 근원에서 나와서 동일한 목표를 향해 나아간다."[6] 베스터만은 여러 종교의 창조 본문들에 나타나는 (차이점과 아울러) 유사점에 주목하면서 창조 사건이 모든 민족에게 공통된 보편적이고 우주적인 근본 사건 또는 원사건이라고 주장했다.

---

5    Claus Westermann, *Genesis* I-II (*BK* I/1) (Neukirchen-Vluyn: Neukirchener Verl., 1999), 59, 90, 241-42.

6    Claus Westermann, "Creation and History in the Old Testament," in *The Gospel and Human Destiny*, ed. Vilmos Vajta (Minneapolis: Augsburg, 1971), 24, 34.

베스터만이 구약성서의 창조신학을 새롭게 조명하던 시기(1960-70년대)에 구약성서 학계에서는 자연 세계에 대한 신앙적 성찰을 보여주는 지혜 문학에 대한 관심이 증대되었다. 창조세계(자연) 안에서 일어나는 하나님의 계시에 대해 논할 때, 지혜 신학은 구원 신학을 전제함 없이 자연신학의 문을 열어놓는다. 한스 하인리히 슈미트는 구약성서에서 창조 신앙은 독립적인 위상을 갖지 못하며 구원 신앙에 대하여 이차적이라는 폰 라트의 견해를 비판한다. 그는 하나님이 세계의 질서를 창조하시고 지탱하신다고 말하는 창조 신앙은 구약성서의 주변적인 주제가 아니라 근본적인 주제라고 주장한다. 그에 따르면, 이스라엘의 특수한 역사적 경험에 기초한 구원 신앙이 상당 부분 고대 근동과 공유하는 창조 신앙의 포괄적 지평 안에서 형성되었다.[7] 이스라엘의 특수한 사고와 경험을 반영하는 구약성서의 구원 신앙은 창조 질서에 대한 고대 근동의 사고와 많은 유사성을 보여준다. 즉 역사적 경험도 창조 유형론의 도움을 받아 표현된다. 이스라엘의 특수한 역사적 경험에 기초한 구원 신앙의 상당 부분이 고대 근동과 공유하는 창조 신앙의 포괄적 지평 안에서 형성되었다. 예를 들면, 시편과 제2이사야에서 출애굽이 혼돈에 대한 투쟁의 관점에서 묘사되거나 임박한 역사적 사건이 창조 주제의 관점에서 선포된다.[8] 슈미트의 논점은 폰 라트가 주장하는 것처럼 이스라엘이 먼저 순수하게 역사적 신앙과 더불어 출발하고 후에 그것을 창조 신앙과 같은 고대 근동의 전통들과 결합한 것이 아니라 이스라엘이 주변 세계와 공유하는 광범위한 세계관

---

7    Hans Heinrich Schmid, "Creation, Righteousness, and Salvation: 'Creation Theology' as the Broad Horizon of Biblical Theology," in *Creation in the Old Testament*, ed. Bernhard W. Anderson (London: SPCK, 1984), 102-117.

8    앞의 책, 110.

과 창조 신앙의 지평 안에서 자신의 특수한 하나님과 역사의 경험을 이해했다는 것이다. "애초부터 이스라엘의 경험은 이미 주어진 공동의 고대 근동의 사고방식, 특히 창조 사상의 맥락 안에서 그리고 그것에 대한 역동적 참여 안에서 발생했다."[9]

제임스 바는 1991년 기포드 강연에서[10] 계시신학과 자연신학 사이의 바르트적 대립이 잘못되었다고 주장했다. 바는 계시신학과 저항 사이에, 그리고 자연종교와 결탁 사이에 아무런 상관성이 존재하지 않는다고 주장했다. 계시신학과 자연신학의 상호 배타적인 대립은 성서적 근거에서 유지될 수 없다. 월터 브루그만은 창조세계를 성서적 신앙의 지평으로 삼는 신학 패러다임의 유익을 다음 세 가지로 제시했다.[11] 첫째, 창조세계(자연)를 성서적 신앙의 지평으로 삼는 (따라서 하나님을 창조자로 보는) 신학 패러다임은 신학과 과학의 새로운 만남을 가능케 한다. 자연신학을 거부하는 것은 신학이 세계의 신비를 숙고하는 일을 멈추도록 만든다. 둘째, 창조세계(자연)를 성서적 신학의 지평으로 회복하는 일은 생태학적 위기 해결에 기여할 수 있다. 셋째, 창조신학은 우리로 하여금 발생과 쇠퇴, 출생과 죽음, 소외와 포용, 일과 휴식, 흥함과 쇠함의 지속적인 일상적 과정(전 3:1-8)으로 점철되는 인간의 삶을 인식하고 받아들이도록 해준다. 이 반복되는 일상적 현실은 우리 대부분의 힘과 관심을 요구하며, 이 일상적 현실 안에서 피조물로서 우리의 존재 의미의 구조와 관계가 형성된다. 브루그만이 말한 바와 같이, 성서적 창조신학의 회복은 오늘날의 생태계 위기

---

9    앞의 책, 111.
10   James Barr, *Biblical Faith and Natural Theology* (Oxford: Clarendon, 1993), 113.
11   Walter Brueggemann, "The Loss and Recovery of Creation in Old Testament Theology," *Theology Today* 53, no. 2 (1996), 187-188.

의 극복과 자연과학과의 대화와 일상적 삶 속에서의 존재 의미의 회복을
위한 근본적인 토대가 된다.


## III. 기독교 전통의 자연신학

고대 교회 이래 전통적으로 동방 정교회와 로마 가톨릭교회는 자연신학
의 가능성을 인정해왔다. 다시 말하면, 전통적으로 동·서방 교회는 인간
이 자연 속에 나타난 하나님의 일반 계시에 근거해서 이성에 의해 하나님
을 인식할 수 있음을 인정했다. 동·서방 교회의 신학에서 자연과 은총은
대립적인 관계가 아니라 보완적인 관계로 이해되었다. 고대 교회 이래 신
학자들은 인간이 지닌 하나님 형상이 죄로 인해 심하게 일그러졌으며, 따
라서 하나님과의 관계성, 즉 하나님을 향한 개방성과 지향성이 심하게 왜
곡되었다고 믿었다. 그러나 대부분의 신학자는 인간이 지닌 하나님 형상
이 죄로 인해 완전히 파괴되거나 상실되었다고 생각하지는 않았다. 왜냐
하면 그러한 생각은 하나님의 창조 자체가 인간의 죄로 인해 무효화되고
실패로 돌아감을 의미하기 때문이다. 인간의 죄로 인해 하나님에 대한 인
간의 자연적 인식 가능성이 완전히 상실되었다는 주장은 하나님의 창조
를 믿는 기독교 창조 신앙과 조화되기 어렵다. 따라서 교부 시대 이래 교
회에서 인간 안의 하나님 형상에는 하나님과 관계를 맺을 수 있는 초자연
적 형상과 아울러 이성과 같은 자연적 형상이 있으며, 죄로 인해 전자는
상실되었지만 후자는 여전히 남아 있다는 견해가 일반적이었다.

중세의 토마스 아퀴나스에 따르면, 은총은 자연을, 계시는 이성을 폐
하지 않고 완성한다. 중세 신학자들에게 자연신학은 하나님의 계시에 직

접 호소하지 않고 이성을 사용해 자연 세계 안에 존재하는 질서를 설명하면서 하나님의 존재를 증명하고자 하는 시도였다. 이러한 신 존재 증명 방법 중 존재론적 증명과 다섯 가지 유형의 우주론적(다섯 번째는 목적론적) 증명이 대표적이다. 자연신학은 하나님을 향해 나아가고자 하는 인간 지성 안에 있는 자연적 경향에 근거한다. 아퀴나스에 따르면 인간 안에는 "하나님을 보고자 하는 자연적 욕구"[12]가 있다. 로마 가톨릭교회의 제1차 바티칸 공의회는 창조된 사물들을 인간 이성의 자연적 빛 안에서 숙고함에 의해서 하나님이 분명하게 알려질 수 있다고 선언했다.[13]

개신교 신학자들도 일반적으로 자연신학의 가능성을 인정했다. 개혁파 교회의 신학자인 헤르만 바빙크는 인간이 하나님의 형상으로 창조되었다는 사실은 인간이 종교적인 본성 안에서 하나님을 알 수 있는 가능성을 부여받았음을 의미한다고 보았다. 따라서 종교는 근본적으로 인간의 피조된 본성과 연관된다. 인간의 전 인격 안에 내재한 종교적 본성은 가장 본질적인 인간의 특성이다. 이런 의미에서 바빙크는 종교를 "인간의 본질적 속성"으로, 그리고 인간을 "종교적 존재" 곧 "하나님의 참된 종교적 형상"으로 표현한다.[14] 인간 본성 안에 "종교의 씨앗"(semen religionis) 또는 "신성의 감각"(sensus divinitatis)으로서의 종교적 성향이 있다고 본 칼뱅의 자연신학적 사고를 발전시켜, 바빙크는 종교를 "하나님을 인식하는 인간 본성

---

12    Lawrence Feingold, *The Natural Desire to See God According to St. Thomas and His Interpreters* (Rome: Apollinare Studi, 2001); Fergus Kerr, *Immortal Longing: Versions of Transcending Humanity* (London: SPCK, 1997), 159-184.

13    Heinrich Denzinger, *Enchiridion Symbolorum Definitionum et Declarationum de Rebus Fidei et Morum*, 39th ed. (Freiburg-im-Briesgau: Herder, 2001), #3043.

14    Herman Bavinck, *Reformed Dogmatics* (Grand Rapids: Baker Academic, 2003-2008), 1:278.

의 기능 또는 능력"[15]으로 명명했다. 종교가 없는 인간은 없다. 만일 인간이 종교를 상실하면 그것은 그 자신을 상실하는 것이다.[16] 바빙크는 하나님으로부터, 그리고 하나님의 형상으로 지음을 받은 인간의 전 인격으로부터 기원하지 않는 종교 개념을 거부했다. 종교는 인간이 만든 것이 아니라 하나님의 계시와 권위에 근거한 것이다. 종교의 씨앗이 인간 본성의 가장 깊은 곳에 있으며, 전 인간성이 종교에 의해서만 통일성을 이룬다.[17] 인간의 삶의 전 영역 가운데 인간 본성에 본유적인 종교의 씨앗이 싹이 트고 성장하지 않는 곳은 없다.[18] 종교는 모든 문명을 선행하며, "모든 문화의 원리이자 가족, 국가, 사회 안의 모든 인간 조직의 토대"로서 그것들을 생동케 하는 요소가 되어왔다.[19] 이러한 개혁파 교회 전통의 맥락에서 바르트와 자연신학 논쟁을 벌였던 에밀 브루너는 하나님의 형상을 내용적 형상과 형식적 형상으로 구별하고, 죄로 인해 전자는 상실되었지만 후자는 여전히 남아 있어서 하나님의 계시(은혜)를 받아들일 수 있는 (또는 거절할 수 있는) 인간의 책임적 주체성을 구성한다고 주장했다.[20]

그러나 기독교 전통, 특히 죄로 인해 하나님과 소외된 인간 실존에 있어서 하나님에 대한 자연적 인식 가능성과 인격적 관계 능력이 상실되었음을 강조하는 개신교 전통 안에는 계시신학과 자연신학을 날카롭게 대립시키고 자연신학의 가능성을 부정하는 신학자들도 있다. 자연신학을

---

15    앞의 책.
16    앞의 책, 4:276.
17    앞의 책.
18    앞의 책, 2:73.
19    앞의 책, 3:327.
20    Emil Brunner and Karl Barth, *Natural Theology: Comprising Nature and Grace*(Eugene, Oregon: Wipf and Stock Publishers, 2002)를 참조하라.

복음과 대립하는 율법적인 하나님 인식으로 이해했던 16세기의 루터와 20세기 초 독일의 정치적 상황에서 자연신학의 가능성을 철저히 거부했던 바르트가 대표적인 인물이다. 계시신학과 자연신학의 대립과 자연신학에 대한 부정의 근저에는 개신교의 전적 타락 교리, 즉 아담이 죄를 짓고 전적으로 타락함으로써 인간 안의 하나님 형상이 상실되었다는 교리가 있다. 전적 타락 교리는 인간의 실존이 하나님께서 창조하신 인간의 본질로부터 완전히 분리되었음을 지시한다. 즉 하나님의 형상으로 지음 받은 인간의 자연적 본성이 죄로 인해 부패되어 하나님을 향한 개방성과 인격적 관계의 능력이 완전히 상실되었다는 것이다.

여기서 서로 연관된 두 가지 질문이 제기된다. 첫째는 "하나님의 형상은 인간에게 처음부터 완전한 형태로 주어졌는가?" 하는 것이고, 둘째는 "인간 안의 하나님 형상이 죄로 인해 완전히 상실되었는가?" 하는 것이다. 먼저 우리는 두 가지 이유에서 하나님의 형상이 처음부터 인간의 본성 안에 완전한 형태로 주어졌다고 말할 수 없다. 하나는 논리적 이유이고 다른 하나는 역사적 이유다. 논리적으로, 인간이 완전한 하나님의 형상을 지니고 있었다면 죄를 짓고 타락할 수 없을 것이다. 따라서 인간이 죄를 지었다는 것은 인간 안에 있는 하나님 형상이 아직 완전하지 않음을 반증한다. 즉 인간이 죄를 지었다는 것은 인간 안에 불완전성이 있었음을 지시한다. 인간은 하나님이 보시기에 "심히 좋은"(창 1:31) 존재로 지음을 받았지만 처음부터 완전한 존재로 지음을 받은 것이 아니다.

역사적으로 인간 안에 하나님의 형상이 완전한 형태로 주어진 시기가 있었다는 주장은 20만 년 전 호모 사피엔스가 지구상에 등장한 이후의 인류 역사를 연구하는 오늘날의 고인류학적 지식과 조화되기 어렵다. 창세기의 아담과 하와의 이야기를 문자적으로 역사화하는 것은 그 이야기를 쓴 J문서(기원전 1,000년경) 저자의 신학적 통찰력을 올바로 읽어내지 못하는 것이다. 우리는 이 이야기에서 인간 실존 안에 나타나는 죄의 비극적 보편성에 대한 저자의 신학적 통찰력을 읽어내야 한다. 하나님의 영감은 바로 이 신학적 통찰력 안에 주어진 것이다. 하나님의 형상은 처음부터 완전한 형태로 인간에게 주어진 것이 아니라 미래의 종말론적 운명으로 주어진 것이다. 판넨베르크가 말한 바와 같이, 인간에게 있는 하나님 형상은 종말론적인 미래의 운명으로서, 인간은 미래 개방성을 본유적 특성으로 갖는 역사적 존재다. 즉 아담으로 대표되는 최초의 인간에게 주어진 하나님의 형상은 그 형상이 완성되는 종말론적 미래의 운명을 향해 나아가 그 운명을 성취할 수 있는 잠재적 능력으로 주어진 것이다.

두 번째 질문에 대한 대답은 이미 첫 번째 질문에 대한 대답 안에 내포되어 있다. 즉 하나님의 형상은 완전한 형태로 주어지지도 않았지만 완전히 파괴될 수도 없다. 완전하게 주어진 하나님의 형상이 완전히 파괴된 것이 아니라, 불완전하게 주어진 하나님의 형상이 언제나 불완전한 상태로, 그러나 그 형상이 완성되는 종말론적 미래의 운명을 성취할 수 있는 잠재적 능력으로 존재한다. 따라서 하나님의 형상으로 지음을 받은 인간의 자연적 본성은 하나님을 온전히 인식할 수 있을 정도로 완전하지도 않지만, 하나님을 전혀 인식할 수 없을 정도로 완전히 상실된 것도 아니다.

## IV. 기독교 자연신학

앞서 이미 언급한 바와 같이 객관적이고 보편적인 이성의 토대 위에서 명증적인 진리의 확증이 가능하다고 생각했던 근대의 토대주의 인식론은 인간 이성의 역사성과 다원성에 대한 탈근대적 이해의 부상과 더불어 붕괴되었다. 이러한 탈근대적 이해의 맥락에서 존 캅은 모든 자연신학이 선행적(先行的)인 헌신을 전제한다고 지적한다. "모든 자연신학은 세계에 대한 모종의 근본적인 관점을 반영한다. 어떤 자연신학도 중립적이고 객관적인 이성의 순수한 결과가 아니다. 모든 논증은 전제와 함께 시작한다. 그리고 최종적 전제 자체는 증명될 수 없다."[21] 자연신학도 그 자연신학을 수행하는 사람이 그리스도인이라면 기독교적 전통의 영향사를 벗어날 수 없으며, 따라서 기독교 신앙의 관점으로부터 완전히 자유로울 수 없다. 캅은 기독교 신학이 자연신학을 위한 사변적 신학을 전제한다는 점과 중립적인 자연신학이 없다는 점을 결합하여 "기독교 자연신학"의 필요성을 논증한다. 그는 "기독교"라는 한정어를 통해 수행된 작업이 가장 추상적인 사변이라고 하더라도 역사적으로 조건 지어진 신앙 공동체로부터 유래하는 실재의 비전 또는 관점에서 수행된다는 사실을 지시하고자 한다. 이러한 의미에서 캅은 자신의 자연신학을 "기독교 자연신학"이라고 명명했다. 이성적 논증에 의한 신 존재 증명 방법을 제시했던 중세의 안셀무스와 아퀴나스의 자연신학도 사실은 기독교적 관점을 전제하고 있었다(그들은 주교이고 수도사였다). 말하자면 그들의 자연신학은 본인들이 의식했든지 그렇지 않았든지 간에 사실상 "기독교 자연신학"이었다.

자연신학뿐만 아니라 자연과학도 순수하게 중립적이고 객관적인 이성에 토대를 두고 있지 않다. 자연과학의 방법도 관찰에 대한 선(先) 이론적 해석에 의존한다. 토마스 쿤은 자연신학이 보편적 이성이 아니라 어떤

---

21 John Cobb, *A Christian Natural Theology, Based on the Thought of Alfred North Whitehead*, 2nd ed. (Louisville, KY: Westminster John Knox Press, 2007), 175.

패러다임, 즉 일련의 가정이나 폭넓게 인정되는 모형 안에서 수행됨을 역설했다.[22] 정상 과학은 한 패러다임 안에서 수립된다. 그러나 그 패러다임이 더 이상 통용될 수 없을 때 패러다임 전환을 통한 과학의 혁명적 변화가 일어난다. 마이클 폴라니는 과학 지식이 인격적·신앙적 요소를 포함한다고 말한다. 모든 지식의 원천에는 암묵적인 믿음이 있다. "아무리 비판적이거나 독창적인 지성이라고 하더라도 신뢰의 틀 밖에서 작동할 수 없다."[23] 그리스도인으로서 우리가 추구하는 자연신학은 불가피하게 "기독교 자연신학"이다. 다시 말하면, 우리의 자연신학은 기독교의 창조 신앙을 전제하는 기독교적 관점에서 시도되는 자연신학이다.[24]

기독교 자연신학은 기독교 창조 신앙의 두 가지 내용에 기초한다. 하나는 창조자로서의 하나님과 피조물로서의 자연 세계에 대한 이해이며, 다른 하나는 하나님의 형상으로 지음 받은 인간에 대한 이해다. 먼저, 기독교 자연신학은 자연 세계를 하나님의 창조세계로 이해하며, 따라서 창조자 하나님에 대한 신앙을 전제한다. 우리의 자연신학은 하나님의 존재를 의심하거나 모르는 사람이 자연 세계를 통해 이성으로 하나님의 존재 유무를 밝혀보고자 하는 자연신학이 아니다. 기독교 자연신학은 하나님이 자연 세계를 창조하셨으며 따라서 자연 세계는 하나님의 피조물이라는 창조 신앙을 적어도 암묵적으로 전제하고 창조자 하나님이 자연 세

22    Thomas S. Kuhn, *The Structure of Scientific Revolutions* (Chicago: University of Chicago Press, 2012).

23    Michael Polanyi, *Personal Knowledge: Towards a Post-Critical Philosophy* (Chicago: University of Chicago Press, 1962), 266.

24    Ian G. Barbour, *Issues in Science and Religion* (London: SCM Press, 1996), 452-463; Georgina Morley, *John Macquarrie's Natural Theology: The Grace of Being* (Aldershot: Ashgate, 2003), 97-120.

계를 통해 계시되었다는 사실을 확증하고자 한다.

둘째, 기독교 자연신학은 인간이 하나님의 형상으로 지음을 받았다는 사실에 근거한다. 하나님이 자연 세계를 통해 자신을 계시해도 인간에게 자연 세계를 통해 하나님을 발견할 수 있는 능력이 없다면 자연계시는 아무런 의미가 없을 것이다. 그러나 인간은 본성적으로 하나님의 형상으로 지음을 받았기 때문에 본유적으로 하나님을 알 수 있는 잠재적 가능성을 지니고 있다.[25] 물론 기독교는 이 잠재적 능력이 인간의 죄로 인해 파손되었으며, 따라서 특별계시가 요청된다고 강조한다. 그러나 이미 언급한 바와 같이, 본성적으로 하나님을 알 수 있는 하나님의 형상으로서의 인간의 본유적 가능성이 인간의 죄로 인해 완전히 파괴되었다고는 말할 수 없다. 만일 인간의 죄로 인해 인간의 하나님의 형상이 완전히 파괴된다면 그것은 창조자 하나님의 창조 자체가 완전히 파괴되었음을 의미하기 때문이다.

이와 같이 기독교 자연신학은 창조 신앙을 전제한다. 기독교의 창조 신앙은 무엇보다 구약성서의 창조 신앙, 즉 하나님의 자연 세계 및 인간 창조 이야기에 나타나는 창조 신앙에 기초한다. 구약성서의 창조 신앙은 그 자체로서 자연 세계로부터 창조자 하나님으로 나아가고자 하는 자연신학을 위한 토대가 될 수 있다. 그러나 신약성서에 나타나는 구속 신앙의 관점에서 볼 때 구약성서의 창조 신앙은 완전한 것이 아니다. 예수 그리스도와 성령을 통한 구원 경험을 표현하는 신약성서의 구속 신앙은 구약성서의 창조 신앙에 기초한 자연신학을 삼위일체론적으로 재구성할 수 있

---

25 아타나시오스에 따르면, 하나님은 창조의 작품을 통해 하나님이 알려지도록 하기 위해 하나님의 형상을 지닌 인간을 창조하셨다. Athanasius, *de Incarnatione*, 3.12.

는 새로운 형이상학적 틀을 위한 성서적 근거를 제공한다.

## V. 창조신학과 과학신학으로서의 기독교 자연신학

고전적 자연신학이 자연 세계를 통해 하나님을 알 수 있는 인간의 가능성에 초점을 맞추는 인식론의 범주 안에서 시도되었다면, 오늘날의 자연신학은 하나님의 피조물로서 자연 세계 자체에 관심을 기울이는 창조론의 범주 안에서 수행되고 있다고 할 수 있다. 오늘날 기독교 자연신학은 두 가지 새로운 형태로 전개되고 있다. 하나는 창조신학으로서의 자연신학이며, 다른 하나는 과학신학으로서의 자연신학이다.

### 1. 창조신학으로서의 기독교 자연신학

오늘날에는 자연의 파괴와 생태계 위기의 상황 속에서 창조신학으로서의 기독교 자연신학의 중요성이 새롭게 인식되고 있다. 이 새로운 자연신학은 "자연의 신학"(theology of nature)이라고 불리기도 한다. 오늘날 자연의 신학으로서의 기독교 자연신학, 즉 창조신학은 창조세계 안에 하나님의 현존을 강조한다. 특히 인간을 포함한 자연 세계의 모든 생명과 에너지의 근원으로서의 성령의 세계 내적 현존과 활동에 초점이 맞추어진다. 따라서 자연의 신학으로서의 기독교 자연신학 즉 창조신학은 성령론의 범주 안에서 전개된다. 성령은 단지 교회 안에 갇혀 있는 영이 아니라 우주적 영이다. 즉 성령은 우주적 생명과 에너지의 원천으로서 인간의 역사와 자연 세계의 진화 과정 안에서 활동함으로써 세계의 역사를 종말론적인 미래의 하나님 나라로 인도한다.

자연의 신학으로서의 기독교 자연신학은 창조신학과 구속신학의 관계를 오늘날의 과학적 세계관 안에서 새롭게 이해하고자 한다. 이른바 특별계시에 근거한 전통적인 구속신학은 지나치게 인간 중심적이었다. 전통적인 구속신학에서 인간의 역사는 하나님의 구속사가 펼쳐지는 장으로서 이해되었지만, 자연 세계는 하나님의 구속사와 별 관계가 없거나 단지 구속사가 펼쳐지는 배경이나 무대로 이해되었다. 변화와 우연성과 개방성을 특징으로 하는 "역사"는 인간의 역사와 동일시되었고, 자연은 언제나 변함없이 같은 자리에 정지해 있거나 순환적으로 반복되는 폐쇄적이고 비역사적인 체계로 이해되었다. 그러나 오늘날 자연과학은 자연 자체가 변화와 우연성과 개방성을 특징으로 하는 역사적 체계임을 보여준다. 우주는 137억 년 전에 대폭발과 더불어 시작되어 오늘에 이르기까지 팽창을 계속해오고 있으며, 지금도 빛의 속도로 팽창하고 있다. 우주는 시간적·공간적으로 비가역적이다. 흐르는 강물에서 똑같은 물에 두 번 발을 담그는 것이 불가능한 것처럼, 개방된 미래를 향해 나아가는 우주에서 과거와 똑같은 상태나 사건의 재현은 불가능하다. 우주는 과거로부터 미래로 비대칭적으로, 즉 단순성으로부터 복잡성을 향해 진화해 나아간다. 하나님은 바로 이 진화의 우연성 안에서 행동하심으로써 창조세계를 종말론적 미래의 하나님 나라로 이끄신다.

따라서 새로운 기독교 자연신학으로서의 창조신학은 구속신학과 대립적이거나 종속적인 관계에 있지도 않으며, 계시신학에 덧붙여 고려되는 나머지 부분도 아니다. 이와 반대로 창조신학으로서의 자연신학의 지평은 구속신학의 지평보다 더 포괄적이다. 인간의 역사가 우주의 역사를 포괄하는 것이 아니라 우주의 역사가 인간의 역사를 포괄하듯이, 구속신학이 자연신학을 포괄하는 것이 아니라 자연신학이 구속신학을 포괄한다. 인간의 구원은 태초의 하나님의 창조 기획의 종말론적 완성과 더불어 완성된다. 다시 말하면, 종말론적 미래에 자연 세계가 최종적으로 완성될 때, 자연 세계의 다른 모든 피조물과 더불어 인간의 구원도 최종적으로 완성된다.

## 2. 과학신학으로서의 기독교 자연신학

과학시대인 오늘날의 기독교 자연신학은 자연과학과 대화하는 과학신학의 형태로 전개되고 있다. 과학신학으로서의 기독교 자연신학은 자연 세계의 질서를 통해 하나님의 존재를 증명하고 하나님에 대한 신앙의 정당성을 입증하고자 하는 고전적 자연신학보다는 좀 더 겸허한 형태의 자연신학이라고 할 수 있다. 즉 과학신학으로서의 기독교 자연신학은 자연과학과의 대화를 통해 (신앙의 필연성을 증명하기보다는) 신앙을 위한 지적 틀을 제공하여 가능한 한도 내에서 신앙의 합리성과 이해 가능성(intelligibility)을 보여줌으로써 자연 세계에 대한 과학적 경험과 기독교 신앙 사이의 공명이나 유비 또는 일치의 가능성을 제시하고자 한다.

과학신학으로서의 자연신학에서 신학과 자연과학의 대화는 상호적이어야 한다. 한편으로, 신학은 자연 세계에 대한 자연과학적 설명의 한계를 지적하고 자연 세계에 대한 보다 포괄적이고 궁극적인 설명을 제시해야 한다. 물론 자연과학의 방법론적 자연주의는 존중될 필요가 있다. 왜냐하면 방법론적 자연주의는 관찰과 실험으로 검증 가능한 실증적 사실에 근거해서 이론을 수립하는 자연과학의 본래적 과제를 지시하는 원리이기 때문이다. 그러나 방법론적 자연주의는 환원론적 자연주의와 구별되어야 한다. 방법론적 자연주의는 자연과학의 실증적 원리인 반면, 환원론적 자연주의는 자연과학의 실증적 원리와 관계없는 형이상학적 원리다. 만일 과학자가 자연 세계를 넘어선 초월적 영역이나 실재가 존재하지 않는다고 주장한다면 그는 자연 현상을 대상으로 연구하는 과학자로서 실증적 주장을 하는 것이 아니라 철학자로서 실증주의적·형이상학적 주장을 하는 것이다. 신학자는 자연과학의 방법론적 자연주의를 존중하되 이 원리로 환원될 수 없는 초월적 세계에 대한 신앙의 빛에서 이 원리의 한계를 지적하고 자연 세계의 의미와 목적에 대한 형이상학적 설명을 제공해주어야 한다.

다른 한편, 신학자는 자연과학의 한계를 지적하고 과학자의 실증주의적 환원주의를 비판할 뿐 아니라 열린 마음을 가지고 자연과학으로부터 겸손히 배울 자세를 취해야 한다. 창조신학을 포함한 전통적인 신학은 오늘날처럼 과학이 발달되기 이전의 고대와 중세 시대의 세계관과 언어 안에서 형성되었다. 과학신학으로서의 기독교 자연신학은 이와 같은 전통적 신학의 내용을 자연과학과의 대화를 통해 기꺼이 수정하거나 재구성할 준비가 되어 있어야 한다. 우리는 종교 재판을 통해 갈릴레이의 지동설을 정죄했던 17세기 로마 가톨릭교회의 오류를 반복해서는 안 된다. 과학적 진리는 결코 종교 재판을 통해 판단될 수 있는 것이 아니다. 오늘날 우리는 자연과학에 의해 우주와 생명의 비밀이 밝혀지는 "빅 히스토리" 시대에 살고 있다.[26] "빅 히스토리"란 137억 년 전 빅뱅과 더불어 시작된 우주의 기원에서부터 문명을 이루고 살아가는 인간의 현재, 그리고 앞으

---

26    Cynthia Stokes Brown, *Big History: From the Big Bang to the Present* (New York: New Press, 2013); David Christian, *A Big History of Everything* (Prince Frederick, MD: Recorded Books, 2018).

로 다가올 인간과 지구와 우주의 미래를 하나의 통합적 전망 안에서 이해하려는 융합 학문적 개념이다. 오늘의 빅 히스토리의 시대에 신학자는 열린 자세로 자연과학자들과 대화함으로써 전통적인 창조신학을 새롭게 재형성하지 않으면 안 된다.

창조신학 또는 자연의 신학과 과학신학으로서의 기독교 자연신학 모델을 잘 보여주는 오늘날의 신학자 중 한 사람이 위르겐 몰트만이다. 그의 기독교 자연신학 이해는 오늘날의 새로운 기독교 자연신학의 수립을 위한 통전적인 방법론적 틀을 제공해준다.

## VI. 몰트만의 기독교 자연신학

몰트만은 자연을 하나님의 창조세계로 이해하는 창조신학의 관점에서 기독교 자연신학을 전개한다. 그는 1964년 당시의 정치적 상황 속에서 저술한 『희망의 신학』에서 제기한 메시아적 종말론을 20년 뒤인 1985년 당시의 변화된 상황, 즉 생태계 위기의 상황과 과학적 세계관의 지평에서 저술된 『창조 안에 계신 하나님』[27]에서 기독교 자연신학의 관점으로 발전시킨다. 이 책에서 몰트만은 역사와 자연, 계시신학과 자연신학에 대한 전통적인 이분법적 도식을 거부하고 창조신학의 관점에서 기독교 자연신학을 전개한다. 그는 자연을 계시의 외연(바르트의 표현에 따르면 "외적 조건")으로 간주하는 신학과 달리, 오늘날의 신학은 자연의 전 과정을 창조신학 안으

---

[27]    Jürgen Moltmann, *God in Creation: A New Theology of Creation and the Spirit of God* (San Francisco, Harper & Row, 1985).

로 통합시키는 자연신학이 되어야 한다고 주장한다. 그는 메시아적 종말론의 관점에서 창조세계를 계약 또는 은총의 역사를 위한 전체 포괄적 지평으로 이해함으로써 자연과 은혜, 창조와 계약의 이분법을 극복하고 자연신학과 계시신학을 화해시키고자 한다. 그에 따르면 계시신학은 역사의 조건 안에 있는 자연신학이다.[28] "은혜(계시, 계약)는 자연을 완성하는 것이 아니라 영원한 영광을 향해 준비시킨다."[29]

몰트만은 『과학과 지혜』에서 본래 계시신학과 자연신학 사이에 아무런 대립이 있을 수 없다는 사실을 다시금 강조한다.[30] 자연신학은 세계의 창조자와 유지자로서의 하나님을 창조와 세계의 과정으로부터 간접적으로 또는 유비의 길을 통해 인식한다. 인간은 창조와 관계를 맺을 때 자연신학을 통해 지혜롭게 되지만, 하나님의 축복에는 이르지 못한다. 그는 구원자 하나님이 주신 계시를 인식함으로써 하나님의 축복에 이른다. 그러나 인간이 오직 하나님의 계시에 집착하여 자연에서 하나님을 인식하는 것을 허락하지 않을 때, 그는 축복에는 이르지만 지혜롭게 되지는 못한다. 계시신학이 자연적 지혜를 포기할 경우 자연의 삶이라는 역사적 현실 속에 있는 콘텍스트를 상실하게 된다. 계시와 신앙의 하나님과 조화되는 지혜를 발견하는 것이 자연신학 또는 자연의 신학의 과제다.

몰트만의 통전적인 기독교 자연신학 방법론이 가장 잘 나타나는 곳은 그의 『신학의 방법과 형식: 나의 신학 여정』[31]이다. 몰트만은 종말론적 관점에서 기독교적 자연신학에 대한 자신의 견해를 기술한다. 그는 자연

---

28    앞의 책, 60.
29    앞의 책, 8.
30    위르겐 몰트만, 『과학과 지혜』(서울: 대한기독교서회, 2003), 51-52.
31    위르겐 몰트만, 『신학의 방법과 형식: 나의 신학 여정』(서울: 대한기독교서회, 2001).

신학을 인간의 타고난 이성의 도움으로 자연의 책에서 얻을 수 있는 하나님에 관한 지식으로 정의하고, 신학이 교회 안의 이론을 넘어서 공적 신학으로서 공공성을 확립하기 위해서 자연신학이 요청된다고 주장한다.[32] 그는 자연신학의 세 가지 가능성을 제시하고, 자연신학이 기독교 신학의 공적 과제임을 강조한다.

첫째, 자연신학은 기독교 신학의 전제다. 이 관점은 토마스 아퀴나스에 의해 대변된다. 아퀴나스에 따르면 계시신학은 은혜가 자연을 전제하는 방식으로 자연신학을 전제하며, 따라서 자연신학을 파괴하지 않고 완성한다. 자연신학은 계시신학의 앞뜰에 속하며 신앙의 항목들에 대한 전제다. 하나님에 대한 인식을 초자연적 인식과 자연적 인식으로 구분했던 개신교 정통주의 신학도 이 견해를 보여준다. 몰트만은 "자연" 개념을 "창조" 개념으로 대체함으로써 자연신학의 전제를 적극적으로 이해할 수 있다고 본다. 이 세계가 하나님의 창조라는 것은 단지 인간의 선입견 없는 이성의 인식이 아니라 신앙에 의해 밝혀진 이성의 통찰이다. 창조 신앙은 이스라엘의 구원 신앙 가운데 생성되었으며, 기독교의 칭의에 대한 신앙을 통해 확대되었다. 자연신학은 단지 "자연"신학이 아니라 "창조"신학이기 때문에 계시신학의 적극적 전제가 된다.[33] 몰트만은 특히 오늘날 자연신학의 특징이 단순히 신앙의 이성이 아니라 개방된 질문의 형태를 지니는 데 있다고 본다. 서로 다른 주장을 하는 공동체들과의 관계 속에서 자연신학은 질문하는 자들의 보편적 공동체 안에서 수행되어야 한다. 기독교 자연신학은 하나님과 인간에 관한 질문과 함께 우주를 지탱하고 유지

---

32    앞의 책, 81-82.
33    앞의 책, 84.

하는 것에 관한 우주적 질문을 던진다.[34]

둘째, 자연신학은 기독교 신학의 목적이다. 몰트만은 자연신학을 기독교 신학의 전제로부터 종말론적인 하나님의 영광의 나라에서 성취될 목적으로 전이시킨다. 하나님이 새로운 현존 가운데서 나타나시고 내주하시는 영광의 나라에서 모든 사람은 하나님을 있는 그대로 인식할 것이며, 이 인식이 너무도 "자연적"이어서 아무런 신학적 이론도 더 이상 필요하지 않을 것이다. 이 종말론적 신학이 참된 자연신학이라면, 자연과 인간의 양심 속에 전제되어 있는 자연종교는 영광의 나라의 미리 나타남과 약속으로 이해될 수 있다. 즉 자연신학은 단지 계시신학의 앞마당이 아니라 계시신학의 종말론적 지평 곧 영광의 신학의 미리 나타남이다. 자연신학은 세계를 성례전적으로 장차 올 하나님 나라의 약속과 미리 나타남으로 이해한다.[35] 따라서 자연신학은 창조의 회상인 동시에 종말론적 창조의 희망이다.

셋째, 자연신학은 기독교 신학 자체다. 몰트만은 자연신학 개념을 바르트의 화해론 제3부 "빛의 이론"에서 발견할 수 있다고 본다. 바르트의 빛의 이론에 따르면 단 한 가지 말씀과 단 한 가지 생명의 빛 외에 우리가 볼 수 있는 다른 말씀들과 빛들이 있다. 그러나 다른 말씀들을 참되게 만드는 것은 하나님의 말씀이고 다른 빛들을 밝게 빛나게 하는 것은 생명의 빛이다.[36] 피조세계는 "계약의 외적 근거"로서 "그 자체의 빛과 진리를 가지며, 그러한 한에서 자체의 언어와 말"을 갖는다.[37] 그러나 그것은 "피조

---

34  앞의 책, 86.
35  앞의 책, 89, 91.
36  *Barth, Kirchliche Dogmatik*, IV/2, 305. 몰트만, 『신학의 방법과 형식』, 94에서 재인용.
37  *Barth, Kirchliche Dogmatik* IV/3, 157. 몰트만, 『신학의 방법과 형식』, 95에서 재인용.

된 빛"이고 단 한 가지 참된 생명의 빛의 광채를 통하여, 예수 그리스도 안에 있는 하나님의 자기 계시를 통하여 발견되고 그 특성이 나타나며 그 진리 가운데 빛을 비추게 된다. 하나님의 진리가 역사 속에 비침으로써 피조된 세계의 빛들과 진리들도 비치게 된다.

몰트만은 바르트의 빛의 이론이 다른 기독교 자연신학과 비교하여 엄격한 신앙의 유비와 하나님의 말씀과 생명의 빛 외에 새로운 것이 없다고 본다. 바르트가 "위로부터"의 신앙의 유비와 "아래로부터"의 존재 유비의 인식 차이를 강조함으로써 자연신학의 불충분성을 주장하는 데 반하여, 몰트만은 이 둘에 관한 논쟁이 야곱의 하늘 사다리 위에서 천사가 오르내리는 것처럼 두 인식의 변증법적 상호작용, 곧 신앙의 유비 안에 있는 존재 유비로 해결될 수 있다고 주장한다. 우리는 세계의 비유를 통해 하늘나라에 대하여 배우며, 세계의 비유 능력은 하늘나라로부터 투명해지고 하나님의 미래에 대한 의미를 얻는다.[38]

넷째, 자연신학은 기독교 신학의 공적 과제다. 몰트만에 의하면 그리스도께서 하나님 나라를 위하여 오셨고 또 교회가 하나님 나라를 위하여 존재하며, 신학이 하나님 나라의 기능으로 이해된다면, 신학은 사회의 공적 영역 안에서 공적 신학으로 수행될 수밖에 없다. 따라서 정치적·생태학적·윤리적으로 규정될 수 있는 하나의 "보편적 신학"이 추구되어야 한다.[39] 생태학적 위기와 우리 시대의 요구에 응답하기 위해, 그리고 다른 종교 공동체와 세계관, 그리고 자연과학과 과학기술과 공동으로 일하기 위해 창조신학으로서의 기독교 자연신학이 요구된다.

---

38    몰트만, 『신학의 방법과 형식』, 96.
39    앞의 책, 98-99.

# VII. 포스트토대주의적 기독교 자연신학

신학과 과학의 대화를 통해 자연신학의 전망을 수립하고자 하는 오늘날의 신학자 중 한 사람인 알리스터 맥그래스는 자연신학이 "기독교 자연신학"이 될 수밖에 없다고 주장한다. 그는 계몽주의적인 보편적 이성 개념이 오늘날 더 이상 유지 불가능하다고 강조한다. 그는 기독교 자연신학을 일반적인 자연신학과 대립시킨다. 즉 특별계시와 독립적으로 인간의 공통된 경험의 종교적 차원을 명료화하고 이 경험을 기독교 전통과 연결하고자 하는 자연신학과 대조적으로, 그는 기독교 전통의 빛에서 자연 세계에 대한 인간의 공통된 경험을 해석하고 평가하는 자연신학을 추구한다.[40] 한 걸음 더 나아가서 그는 탈근대적인 관점에서 신앙주의(fideism)란 단지 모든 사고와 가치 체계의 여건을 기술하는 것이며 인간의 인식론적 상황을 인정하는 것이라고 주장한다. "'기독교 자연신학'이란 개념 안에는 더 이상 '특수성의 스캔들'이나 반대할 만한 '신앙주의'가 함축되어 있지 않다."[41] 그에 따르면, '기독교 자연신학'을 말하는 것은 자연신학이 문화적으로 뿌리를 내리고 있으며, 특수한 관점 안에서 수행됨을 말하는 것이다. 즉 기독교 자연신학은 기독교의 이야기 안으로부터 생겨난다.

그러나 오늘날의 탈근대적 관점에서 기독교 자연신학이 신앙주의와 동일시될 수 있다고 말하는 것처럼 보이는 맥그래스의 견해에는 문제가 있다. 왜냐하면 근대의 보편적 합리성 개념이 토대주의적 절대주의에 빠질 수 있다면, 탈근대주의적 신앙주의는 비토대주의적 상대주의에 빠질

---

40  Alister E. McGrath, *Re-imagining Nature: The Promise of a Christian Natural Theology* (Hoboken: Wiley Blackwell, 2016), 40.

41  앞의 책, 34.

수 있기 때문이다. 보편적 이성이 없다는 말은 서로 다른 역사적 이성들만이 존재한다는 것을 의미한다. 다시 말하면, 우리의 문화와 전통 안에서 형성된 합리성의 체계와 구별되는 다른 문화와 전통 안에서 형성된 다른 합리성의 체계들이 존재한다. 이러한 다원적인 합리성 체계들과의 관계에서 기독교 자연신학이 단지 자신의 관점과 이야기에만 집중하는 신앙주의로 후퇴한다면 스스로 상대주의의 덫에 빠지는 것이다. 기독교 자연신학이 상대주의에 빠지지 않으려면, 다른 문화와 전통 안의 자연신학, 다른 종교 공동체의 세계관, 그리고 자연과학과의 대화를 통해 하나님과 세계에 대한 자신의 전통적인 이해를 재해석하고 재형성함으로써 보다 더욱 보편적인 합리성 체계를 형성해나가지 않으면 안 된다.

보편적 이성이 없다는 말은 결코 보편적 진리가 없음을 의미하지도 않으며, 역사적 이성이 자신의 역사적 한계를 조금도 넘어설 수 없음을 의미하지도 않는다. 온 우주 만물을 창조한 보편적 창조자이신 하나님 안에서 모든 진리는 종말론적으로 궁극적으로 통일된다. 보편적 이성이 없다는 말은 두 가지 의미를 포함한다. 첫째, 이 말은 인간 이성의 유한성을 지시한다. 인간의 이성이 유한하기 때문에 보편적 이성이 아닌 특수한 문화와 전통과 공동체에 의해 심대하게 영향을 받고 그 안에서 형성된 역사적 이성만이 존재한다. 그러나 이것은 인간이 자신이 속해 있는 역사적 지평 안에 갇혀서 전혀 그 지평을 넘어설 수 없음을 의미하지는 않는다. 인간의 이성은 자기비판을 통해서 보다 더 보편적 지평을 향해 나아갈 수 있는 자기초월적 본성을 가지고 있다. 따라서 자신의 특수한 역사적 지평을 넘어 보다 더 보편적인 지평으로 나아가기 위한, 서로 다른 역사적 이성들 간의 상호 비판적인 대화가 요청된다. 기독교 자연신학은 다른 역사적 지평 안의 다른 합리적 체계들과의 열린 대화를 통해 보편적 이성에 기초한 토대주의적 절대주의와 신앙주의에 기초한 비토대주의적 상대주의를 함께 극복하는 포스트토대주의적 보편 학문을 지향해 나아가야 한다.

둘째, 보편적 이성이 없다는 말은 인간 이성의 왜곡을 함축한다. 인간의 이성은 죄로 인해 왜곡되었으며, 따라서 인간의 본유적인 하나님 인식 가능성이 왜곡되었다. 이것이 특히 오직 은혜(*sola gratia*)와 오직 신앙(*sola fide*)을 강조하는 개신교 전통 안에서 인간의 이성에 의존하는 자연신학이 부정적으로 인식되어온 이유다. 그러나 우리는 하나님으로부터 부여받은 이성으로 자연 세계를 통해 하나님을 (불완전하게나마) 인식할 수 있는 가능성이 인간에게 본래적으로(자연적으로) 주어졌다는 사실을 기억해야 한다. 성서는 보이는 자연 세계 안에 보이지 않는 창조자 하나님의 능력과 신성이 반영되어 있으며(롬 1:20), 인간은 하나님의 형상으로 지음을 받은 존재로서 하나님에 대한 인식 가능성을 본래적, 즉 자연적으로 부여받은 존재(창 1:26-27)임을 증언한다. 이 본래적인 차원에서 이성과 신앙은 분리되지 않는다. 말하자면 본래적으로 이성은 신앙의 이성이며 신앙은 이성적 신앙이다. 하나님 인식을 위해 이성과 구별된 신앙의 필요성이 강조되는 것은 죄로 인해 이성이 왜곡되고 흐려짐으로써 이성과 신앙이 분리되었기 때문이다. 그러나 앞서 논술한 바와 같이 우리는 전적 타락 교리에 의한 이성의 왜곡을 지나치게 일반화하거나 과장해서는 안 된다.

구약성서의 시편(시 104: 24)과 지혜문학은 자연을 하나님의 현현, 즉 창조주의 계시(욥 40:15; 42:5-6)로 보았다. 지혜문학을 기록한 저자들은 오늘날 자연신학자들이라고 부를 만하다. 그들은 특수한 계시적 사건에 호소하지 않고 일상의 경험과 자연 현상에서 하나님을 발견하는 지혜를 가르쳤다. 예수도 하나님 나라의 복음을 전함에 있어서 일상의 경험과 자연 현상을 소재로 하는 격언과 비유를 사용했다. 다시 말하면, 예수는 모

세 오경으로 대표되는 당시의 주류 종교 전통인 구원 신학 전통이 아니라 지혜문학의 자연신학 전통을 사용했다. 말하자면, 그는 갈릴리의 일반 대중에게 하나님 나라 복음을 전하기 위해 자연계시에 호소했다. 교회는 예수가 가르친 자연신학(자연계시)을 그리스도(특별계시)의 이름으로 거부하거나 폄하하는 어리석음을 범하지 말아야 한다. 포스트토대주의적 기독교 자연신학은 종말론적 미래에 온 우주의 창조자이신 하나님의 진리의 통일성 안에서 이성과 신앙이 하나가 될 것을 바라본다.

## VIII. 결론

인간이 하나님의 형상으로 창조되었다는 사실은 인간이 다른 피조물과 달리 하나님을 알 수 있는 자연적 본성을 부여받았다는 사실을 함축한다. 과학신학자인 존 폴킹혼도 하나님의 형상을 "모든 개인이 하나님의 현존을 알 수 있는 내재적 능력을 지니고 있음"을 가리키는 것으로 생각한다.[42] 하나님의 형상으로서 인간의 자연적 본성의 특성은 하나님을 향한 개방성과 하나님과의 인격적 교제의 가능성을 부여받았다는 사실에 있다. 이 가능성을 부여받은 것 자체가 하나님의 특별한 은혜다. 하나님을 향한 자기초월적 개방성과 하나님과의 인격적 관계 능력 자체가 인간이 은혜로 부여받은 자연적 본성이기 때문에, 하나님의 초월적 은혜(계시)와 인간의 자연적 본성은 구별될 수 있지만 대립될 수는 없다.

칼 라너는 하나님의 초월적 은혜를 향해 열려 있는 인간의 자연적 본

---

42    존 폴킹혼/손승우 옮김, 『성서와 만나다』(서울: 비아, 2015), 53.

성을 "초자연적 실존"이라고 불렀다. 그에 따르면 하나님의 은혜에 대한 수용성은 "인간 중심적이고 영속적인 실존"[43]이다. "초자연적 실존"에서 자연은 은혜의 내적 계기이며 전제다. 반드시 은혜에 의해 의롭게 되지 않았다고 하더라도 인간은 오직 은혜를 수용하라는 부르심만 있는 질서, 즉 "초자연적 실존" 안에 존재한다.[44] 인간의 본성과 은혜 사이에는 그리스도 안에서 인간에게 자신을 전달하고자 하시는 하나님의 의도에 기초한 일치가 있다. 하나님의 초월적 은혜 즉 계시를 향해 열려 있는 것이 "초자연적 실존"으로서의 인간의 자연적 본성이라면, 은혜와 자연, 계시신학과 자연신학은 대립해야 할 이유가 없다.

오늘날 몰트만과 더불어 창조신학(자연의 신학)과 과학신학으로서 기독교 자연신학의 모델을 보여주는 대표적인 신학자 중 한 사람인 볼프하르트 판넨베르크는 자연을 올바로 이해하기 위해서는 우주의 창조자로서 성서의 하나님에 대한 인식이 필수적임을 강조한다. "만일 성서의 하나님이 우주의 창조자라면, 하나님에 대한 진술 없이 자연의 과정들을 온전히 (또는 심지어 적절히) 이해하는 일은 불가능할 것이다. 이와 반대로, 만일 자연이 성서의 하나님에 대한 진술 없이 적절히 이해될 수 있다면, 그 하나님은 우주의 창조자가 될 수 없을 것이며, 따라서 참된 하나님이 될 수도 없고 도덕적 가르침의 원천이 될 수도 없을 것이다."[45] 이와 같이 창조자 하나님(그리고 예수 그리스도)에 대한 신앙을 전제하는 기독교 자연신학의

---

43    Karl Rahner, "Concerning the Relationship between Nature and Grace," in *Theological Investigations,* vol. I (New York: Seabury Press, 1974), 308, 311, 312.

44    Karl Rahner, "Nature and Grace," in *Theological Investigations,* vol. IV (New York: Seabury Press, 1974), 165-188.

45    Wolfhart Pannenberg, *Toward a Theology of Nature: Essays on Science and Faith*, ed. Ted Peters (Louisville: Westminster/John Knox Press, 1993), 16.

입장에서 판넨베르크는 자연과학과의 대화를 통해 성서적 하나님에 대한 믿음과 현대 과학의 양립 또는 공명 가능성을 모색한다. 자연과학과 대화를 수행함에 있어서 먼저 그는 자연과학의 한계를 지적한다. 그는 우주의 창조자인 하나님에 대한 진술 없이는 자연에 대한 과학의 설명은 불충분할 수밖에 없다고 본다. 과학은 주어진 조건 안에서 자연을 연구하는 반면, 신학은 예측 불가능한 종말을 향한 미래 개방성을 본질로 한다. 종말론적 미래에 대한 개방성은 자연의 과정에서의 우연성을 함축한다. 판넨베르크는 자연 과정의 우연성을 하나님의 영의 활동 공간으로, 그리고 특히 역장(force field)을 성령의 실재 또는 현존 영역으로 이해함으로써 신학과 자연과학 사이의 공명적 관계의 가능성을 모색한다. 이 공명적 관계의 가능성은 곧 포스트토대주의적 기독교 자연신학의 가능성을 의미한다.

결론적으로, 우리는 인간 이성의 역사성에 대한 탈근대적인 인식을 공유함과 동시에 새로운 토대주의, 즉 포스트토대주의적 기독교 자연신학을 추구해야 한다. 포스트토대주의적 기독교 자연신학을 추구함에 있어서 강조되어야 할 두 가지는 상호 비판적 대화와 종말론적 비전이다. 특수한 역사적 지평 안에서 형성된 합리성 구조는 다른 역사적 지평 안에서 형성된 합리성 구조와의 상호 비판적 대화를 통해 보다 포괄적이고 보편적인 합리성 구조를 지향해 나아가야 한다. 상호 비판적 대화에서 특히 중요한 것은 자기비판적 태도와 타자에 대한 존중과 개방성이다. 신앙과 이성이 분리되지 않는 보편적인 합리성의 구조는 종말론적 미래의 하나님 나라에서 드러날 것이다. 그 나라를 향해 나아가는 역사적 도상에서 기독교 자연신학은 다른 자연신학, 다른 종교 공동체와 세계관, 그리고 자연과학과의 상호 비판적인 대화를 통해 자신의 합리성 구조의 지평을 넓혀 나아가야 한다. 종말론적 미래의 하나님 나라에서 인간 안에 있는 하나님 형상의 완성은 자연적 본성의 회복과 완성을 의미하며, 따라서 인간의 본유적인 하나님 인식 가능성과 인격적 관계 능력의 회복과 완성을 의미한다. 이것은 자연신학이 계시신학 안에서 회복될 뿐만 아니라 계시신학이 자연신학 안에서 완성됨을 함축한다. 왜냐하면 종말론적 미래의 하나님 나라에서의 인간의 구원과 하나님 형상의 완성은 새 하늘과 새 땅, 즉 새 창조 안에서 이루어질 것이기 때문이다. 이러한 의미에서 자연신학은 (몰트만이 말한 바와 같이) 계시신학의 전제일 뿐만 아니라 계시신학의 포괄적인 지평이자 궁극적인 목표라고 할 수 있다.

# 참고문헌

몰트만, 위르겐. 『신학의 방법과 형식: 나의 신학여정』. 서울: 대한기독교서회, 2001.

_____. 『과학과 지혜』. 김균진 옮김. 서울: 대한기독교서회, 2003.

Alston, William P. *Perceiving God: The Epistemology of Religious Experience.* Ithaca, NY: Cornell University Press, 1991.

Barbour, Ian G. *Issues in Science and Religion.* London: SCM Press, 1996.

Barr, James. *Biblical Faith and Natural Theology.* Oxford: Clarendon, 1993.

Bavinck, Herman. *Reformed Dogmatics.* Grand Rapids: Baker Academic, 2003-2008.

Brown, Cynthia Stokes. *Big History: From the Big Bang to the Present.* New York: New Press, 2013.

Brueggemann, Walter. "The Loss and Recovery of Creation in Old Testament Theology." *Theology Today* 53, no. 2 (1996), 177-190.

Brunner, Emil, and Karl Barth. *Natural Theology: Comprising Nature and Grace.* Eugene, OR: Wipf and Stock Publishers, 2002.

Christian, David. *A Big History of Everything.* Prince Frederick, MD: Recorded Books, 2018.

Cobb, John. *A Christian Natural Theology, Based on the Thought of Alfred North Whitehead.* 2nd Ed. Louisville, KY: Westminster John Knox Press, 2007.

Denzinger, Heinrich. *Enchiridion Symbolorum Definitionum et Declarationum de Rebus Fidei et Morum.* 39th ed. Freiburg-im-Briesgau: Herder, 2001.

Feingold, Lawrence. *The Natural Desire to See God According to St. Thomas and His Interpreters.* Rome: Apollinare Studi, 2001.

Gadamer, Hans-Georg. *Truth and Method.* New York: The Continuum Publishing Company, 1994.

Kerr, Fergus. *Immortal Longing: Versions of Transcending Humanity.* London: SPCK, 1997.

Kuhn, Thomas S. *The Structure of Scientific Revolutions.* Chicago: University of Chicago Press, 2012.

McGrath, Alister E. *Re-imagining Nature: The Promise of a Christian Natural Theology.* Hoboken: Wiley Blackwell, 2016.

Moltmann, Jürgen. *God in Creation: A New Theology of Creation and the Spirit of God.* San Francisco, Harper & Row, 1985.

Morley, Georgina. *John Macquarrie's Natural Theology: The Grace of Being.* Aldershot: Ashgate, 2003.

Pannenberg, Wolfhart. *Toward a Theology of Nature: Essays on Science and Faith.* Ed. Ted Peters. Louisville: Westminster/John Knox Press, 1993.

Polanyi, Michael. *Personal Knowledge: Towards a Post-Critical Philosophy.* Chicago: University of Chicago Press, 1962.

Polkinghorne, John. *Encountering Scripture: A Scientist Explores the Bible.* London: SPCK, 2010.

Rahner, Karl. "Concerning the Relationship between Nature and Grace." In *Theological Investigations.* Vol. I, 297-317. New York: Seabury Press, 1974.

_____. "Nature and Grace." In *Theological Investigations.* Vol. IV, 165-188. New York: Seabury Press, 1974.

Schmid, Hans Heinrich. "Creation, Righteousness, and Salvation: 'Creation Theology' as the Broad Horizon of Biblical Theology." In *Creation in the Old Testament,* edited by Bernhard W. Anderson, 102-117. London: SPCK, 1984.

Von Rad, Gerhard. "The Theological Problem of the Old Testament Doctrine of Creation." In *The Problem of the Hexateuch and Other Essays,* 131-143. New York: McGraw-Hill, 1966.

_____. *Old Testament Theology.* Vol 1. *The Theology of Israel's Historical Traditions.* New York: Harper & Row, 1967.

Westermann, Claus. "Creation and History in the Old Testament." In *The Gospel and Human Destiny,* edited by Vilmos Vajta, 11-38. Minneapolis: Augsburg, 1971.

_____. *Genesis I-II* (BK I/1). Neukirchen-Vluyn: Neukirchener Verl., 1999.

# 미래적 인간론 구성을 위한 현대 철학의 "탈-" 성격 성찰과 기독교 인간 이해의 모색

- 탈-주체 중심으로서의 타자 윤리학, 탈-남성 중심으로서의 에코페미니즘, 그리고 탈-인간 (중심)주의로서의 포스트휴머니즘 인간 이해와 관련하여*

이관표

* 이 논문은 2021년도 한세대학교 교내학술연구비 지원에 의해 수행된 연구로서 최근 출판된 다음 논문 내용을 가져오면서 일부 수정한 것이다. 이관표, "미래적 인간론 구성을 위한 현대 철학의 "탈" 성격 성찰과 기독교 인간 이해의 모색", 「신학과 사회」 36권 4호(2022).

# I. 서론

이 글은 가까운 미래에 맞이하게 될 인간 이해를 현대 철학의 "탈"(De) 성격 안에서 성찰하고 이를 통해 미래의 기독교 인간론을 모색한다. 논의를 위해 이 글은 탈-주체 중심(de-subject-centrism)으로서의 레비나스(Emmanuel Levinas)의 타자 윤리학을, 탈-남성 중심(de-male-centrism)으로서의 류터(Rosemary Ruether)의 에코페미니즘을, 탈-인간(중심)주의(de-humanism)로서의 브라이도티(Rosi Braidotti)의 포스트휴먼 주체를 각각 고찰하고, 그 결과 안에서 현재부터 미래로 연결되는 인간 이해의 변경 및 "탈" 성격으로부터 미래의 기독교 인간론을 재구성한다. 특히 이러한 탈-주체 중심, 탈-남성 중심, 탈-인간 중심의 시도는 각각 "포스트모더니즘", (포스트모던적 실천 운동 중 하나인) "에코페미니즘", 그리고 (포스트모더니즘과 페미니즘의 종합인) "포스트휴머니즘"의 핵심 주제로서 현대 철학의 마지막과 더불어 미래 철학을 지시한다는 점에서 미래 기독교 인간론을 위한 재료라 말할 수 있다.

인간이란 누구인가? 이 질문은 인류의 기원으로부터 시작되어 현재를 지나 미래를 관통하면서 우리에게 대답을 요구하는 질문이다. 인간은 종교적 창조론이든 혹은 과학적 진화론이든 간에 만물의 영장으로 인정받아왔고, 또한 그것이 전통 철학과 신학의 주요 내용이었다. 그러나 현대에 이르러 인간의 위치는 크게 위협받는 상황을 맞이한다. 20세기 초반 세계대전 등의 대량 살상, 인간의 가치를 타 생명체 및 물질과 같은 수준으로 낮추려는 과학주의와 유물론, 그리고 포스트모더니즘의 안티휴먼적 결론 등은 전통적으로 인정받던 인간의 절대 위치를 흔들기 충분했다. 게다가 현대는 4차 산업 혁명의 혁신에 진입했으며, 그 안에서 작동하는 사유는 인간의 삶을 획기적으로 변화시키고 있다. "이제 인류는 노화와 죽음을 극복하고 싶은 이 열망을 과학기술의 발전에 기대하기 시작했고, 그럼으로써 자신이 가진 최소한의 것만을 남겨두고 모든 것을 과학이 제공하는 기술로 대체하려 한다."¹ 즉 인간의 영생과 불로에 대한 욕망은 과학기술과 만나 인간 및 생명체의 기존 모습을 변화시키고 있다. 인간 정체성과 위치에 대한 전적 전복이 발생해버렸다. 그렇다면 이처럼 금방 닥쳐올 미래 인간에 대해 철학은 어떤 규정을 제시할 수 있을까? 그리고 기독교는 여기에 어떤 응답을 할 수 있을까?

이 물음에 답하고자 본 연구는 현대에서부터 미래를 가로질러 진행되는 현대 철학의 인간 이해를 "탈-" 성격을 통해 확인 및 예측하고, 그 결과를 기독교 인간론의 재구성 요구에 적용해본다. 본 논의는 다음과 같이 진행된다. 먼저 2장에서는 현대의 1차적 "탈-" 흐름으로서 탈-주체 중심의 시도를 타자 윤리학을 통해 고찰한다. 3장에서는 또 다른 문제의식을 가지고 탈-남성 중심을 통해 현대적 "탈-" 흐름을 드러내고 있는 에코페미니즘을 류터의 논의를 중심으로 살펴본다. 4장에서는 인간 중심주의를 벗어나 인간과 생명, 인간과 물질 사이의 차이 및 경계를 "탈-"하여 새로운 관계성을 모색하는 포스트휴머니즘의 논의를 브라이도티의 포스트휴먼 주체를 통해 제시한다. 5장에서는 앞서 다룬 현대 및 미래 철학의 "탈-" 성격을 종합하면서 미래 기독교 신학의 인간론에 요청되는 사항들을 제시한다. 6장에서는 글을 요약하고 정리한다.

---

1 이관표, "4차 산업 혁명 시대 이후의 의학적 인간 현상과 후기 하이데거의 존재 사유적 성찰: 인공 대체 기능물의 생명체 내외부로부터의 생산, 그리고 그 안에 놓인 트랜스휴머니즘의 문제에 관련하여", 「인간연구」 45호(2021), 8-9.

## II. "탈"-주체 중심으로서의 타자 윤리학

현대 철학의 "탈-" 성격이란 기존의 정식화되어 있거나 혹은 노멀한 것으로 인정받았던 사항을 거절하고 저항하는 흐름을 의미하며, 우리는 먼저 현대 철학 중 탈-주체 중심주의를 통해 전통을 극복하고자 했던 타자 윤리학을 살펴본다. "데카르트 이후 서양 근대 철학의 역사는 주관적 관념 철학(또는 의식 철학)의 영향 아래에 놓여왔"[2]으며, 이는 현대에 이르러 저항에 직면하게 된다. 왜냐하면 현대 철학자 니체(Friedrich Nietzsche)에 따르면, 서구 형이상학의 전통은 시작부터 몰락을 예정하고 있었기 때문이다. 현실이라는 진실을 거부하고 저 너머의 초월만을 쫓았던 환상이었던 것이다. 근대까지는 절대정신과 신을 하나의 기준으로 주장했지만, 이러한 것들은 결국 주체라는 모습으로 대상에 대해 폭력을 행사하는 결과를 불러오고 말았다. 주체 중심으로 전개되었던 전통 사상은 끝내 우리의 삶을 피폐하게 만든다.

물론 주체 중심주의는 현대의 저항을 통해서는 완전히 극복되지 못한 것으로 보인다. 정확한 선과 악의 기준을 갖지 못한 현대인은 여전히 자신에게 유리한 것을 선으로, 자신에게 불리한 것을 악으로 치부하면서 다른 이들을 짓밟음을 통해 승리하는 삶에 몰두한다. 이러한 주체 중심주의, 인간 중심주의의 형태는 모든 생명과 더불어 인간마저도 도구와 재료로 취급하는 그런 시대를 초래했고, 이 위기의 극복 단초를 새롭게 모색해야만 하는 시기도 맞이했다.[3] 이러한 한계에 직면하여 위기에 도사리고 있

---

2    윤호녕·윤평중·윤혜준·정문영,『주체 개념의 비판: 데리다. 라캉, 알튀세, 푸코』(서울: 서울대학교출판문화원, 2017), 1.

3    하이데거에 따르면, "모든 것은 일종의 도구로서 계산되는 상황에 처한다. 물론 이것은

는 문제를 주체 중심주의로 직시하며 새롭게 타자를 발견하고자 한 철학자가 바로 레비나스다.

타자이자 이방인으로, 그래서 핍박과 차별의 삶을 몸소 경험해야 했던 레비나스[4]는 처음에는 하이데거(Martin Heidegger)의 존재 및 자기에 대한 깊은 이해를 가지고 자신의 철학을 정립해나간다. 그러나 오히려 그는 하이데거가 직접 언표하지 못한 더 깊은 영역과 더불어 그 한계를 발견한다. 그것은 바로 존재와 자기 개념이 가지고 있는 서양적 로고스 중심주의, 그리고 전체주의로의 위협이었다. 레비나스는 이러한 한계를 극복하기 위해 물음의 주제를 "존재"에서 "타자"로 변경시킨다. 존재는 깨어나지 못한 불면의 밤이라면 타자는 나를 그 밤으로부터 깨워줄 무엇이다.[5] 타자는 존재의 폭력에 의해 희생당하는 나약한 자로서 나에게 와서 나를 살게 해준다.[6] 그는 끊임없이 상처받고 폭력에 노출되면서 나를 살게 하고 나를

---

인간 역시 예외는 아니다. 인간 역시 자신들의 멸절을 두려워하면서 주어져 있는 기술의 지배에 복종해야 하는 하나의 부품으로 전락해 있다." 이관표, 『하이데거와 부정성의 신학: 하이데거의 죽음이해와 무 물음 그리고 그 신학적 의미』(서울: 동연출판사, 2021), 225.

4    레비나스의 생애는 다음을 참조하라. 마리 안느 레스쿠레/변광배 외 옮김, 『레비나스 평전』(서울: 살림, 2006), 57; 엠마누엘 레비나스/서동욱 옮김, 『존재에서 존재자로』(서울: 민음사, 2003), 182-190.

5    레비나스는 익명적 있음(존재)을 불면의 밤과 비교하면 다음과 같이 말한다. "불면은 불면의 상태가 끝나지 않으리라는 의식, 즉 우리를 붙잡고 있는 깨어 있음의 상태를 벗어날 도리가 없다는 의식에서 비롯된 것이다. […] 밖에서 들리는 소음만이 내가 잠들지 않고 있음을 알려준다. 시작도 끝도 없는 이 상황 속에, […] 새로운 시작을 끌어들이는 것은 밖에서 온 소음뿐이다." 엠마누엘 레비나스/강영안 옮김, 『시간과 타자』(서울: 문예출판사, 2001), 41-42.

6    "존재하는 우리는 모두 인간이든 인간이 아니든지 간에 육체를 지니고 있으며, 그래서 모두 먹어야만 살 수 있고 존재할 수 있다. […] 숨을 쉬기 위해 공기가 필요하며, 옷을 입어 몸을 보호하기 위해서는 옷을 짓는 기본적 원료들과 그것을 제작한 존재자들이 필요하다. 이것은 무엇이 옳고 그른지를 따질 수 없는 솔직한 삶의 모습이다." 이관표, "4차 산업혁명 시대 이후의 의학적 인간 현상과 후기 하이데거의 존재 사유적 성찰", 28-29.

깨어나게 한다.

물론 모든 인간이 이것을 깨닫는 것은 아니다. 인간들은 대부분 타자를 만나기 전에는 다른 것들을 이용하면서 자신의 삶을 향유하고 살아갈 뿐이다. "대상과의 관계, 이것을 우리는 향유(jouissance)로 특징지을 수 있다. […] 존재하기 위해 필요한 모든 것과의 관계라는 것이다."[7] 내가 살아가야 할 이유만이 중요하고, 나의 삶을 위해, 나의 필요를 위해 고통당하고 있고 생명을 잃고 있는 타자에 대한 그 어떠한 미안함도 일상인들에게는 없다. 그러나 레비나스에 따르면, 이러한 향유하는 인간들은 어느 순간엔가 타자의 벌거벗은 얼굴에 직면하게 되고, 이것이 전적인 주체의 변화를 경험하게 만드는 일종의 무한성이다.

레비나스에 따르면, 이러한 무한성에 대한 하나의 예가 죽음이다. 인간이 죽음을 경험하게 될 때, 자신을 돌아보듯이 그렇게 죽음과 같이 전혀 파악할 수 없고, 나를 정말 죽음의 직전까지 몰아붙이는 그런 무한성, 불가지성의 경험이 타자로부터 나에게 건네진다.[8] 그리고 이 경험은 타자의 얼굴인데 이것은 벌거벗음을 드러낼 정도의 나약함이다. 그것은 나에게 자신을 죽이지 말라고, 나약하다 못해 벌거벗은 자신의 얼굴을 나에게 들이민다. "스스로 방어할 수 없는 눈길은 '너는 살인하지 말지어다'라는 요구를 담고 있다."[9] "'너는 살인하지 말지어다'는 얼굴의 벌거벗음이다."[10]

---

7    레비나스, 『시간과 타자』, 65.
8    앞의 책, 77. "죽음이 고통을 통해, 모든 빛의 영역 밖에서, 자신을 예고하는 방식은 주체의 수동성의 경험이다."
9    앞의 책, 137. "다른 사람의 얼굴의 첫 마디는 당신은 살인할 수 없다는 말이다. 그것은 명령이다. 얼굴은 나타나면서 계명을 준다. 그러나 동시에 얼굴은 헐벗었다. 그는 가난한 자요, 내가 그를 위해 아직도 무언가 할 일이 있다." 엠마누엘 레비나스/양명수 옮김, 『윤리와 무한』(서울: 다산글방, 2005), 114.
10   Emmanuel Levinas, *God, Death, and Time*, trans. Bettina Bergo (Stanford: Stanford

어느 순간 내가 경험했던 내 주위의 모든 것이 사실 나를 넘어서는 무한성의 영역으로 통찰된다. 보다 분명히 말해, 내 주위의 모든 타자는 사실 한 번도 제대로 나에게 파악되었던 적이 없었고, 그것들은 내가 전혀 알 수 없는 영역이었는데, 이제 무한성과 불가지성의 경험을 통해 타자는 사실 자체로 알 수 없는 영역이었으며, 거꾸로 나를 나 되게 만들면서 나의 목숨을 유지시키는 무한한 자로 드러난다. 그것들이 나를 구성하고, 나를 지배하며, 나를 나로 만들어주고, 거기는 내가 전적으로 수동적이고 무기력해지는 무한성의 영역이다. 레비나스에 따르면, 바로 여기에서 "자기(moi)로의 나(soi)의 복귀",[11] 즉 "능동적 나(전자)의 자리가 비워지고, 그 안으로 수동적 자기(후자)"가 다시 등장한다.

수동적 자기란 타자를 "조건 없이" 환대하고 섬겨야 하는 자다. 자기의 본질은 타자의 그 얼굴을 환대하고, 그를 섬기며, 그 앞에 무릎 꿇는 그런 자일 뿐이다. "내가 타자를 잘 대접하고 보살필 때, 타자에 대한 사랑과 함께 혹시나 내가 힘없는 타자를 죽이지 않을까 하는 두려운 마음이 생긴다."[12] 여기서는 평등적 관계가 불가능하다. 오히려 그가 나를 위해 희생하고 있으니 나는 그에게 환대와 섬김으로 응답해야 한다. 아니 내가 아무리 환대하고 섬긴다 해도 그의 희생에 대가를 치러줄 방법이 없다. 나는 그에게 끊임없는 폭력을 행사하면서 나는 내 목숨을 연명해가고 있기 때문이다. 나를 위해 지금 죽어가고 있는 타자에게 평등하자고 주장하는 것이야말로 어불성설이다.

앞서 언급한 레비나스의 논의는 현대의 인간 이해 변경을 위한 중요

University Press, 2000), 117.
11    레비나스, 『시간과 타자』, 113.
12    앞의 책, 145.

한 단초를 선사하고 있다. 지금까지 우리는 늘 무엇인가를 생각하고, 결정하며, 행동하면서 그것의 중심에 인간으로서의 나를 세워왔다. 예를 들어, 내가 잘 되어야 하고, 잘 살아야 하며, 나에게 유리한 것이 선한 것, 옳은 것이라고 생각함이 일반적인 상식이다. 그러나 레비나스에 따르면, 바로 이러한 주체 중심적 사고와 행동이 지금 우리가 느끼고 있는 불편한 일들부터 시작하여 무자비한 폭력에 이르기까지 원인이 되고 있다. 주체는 이미 살아가고 있음 자체, 존재하고 있음 자체로부터 타자의 희생이 필요하다. 원하든지 원하지 않든지 간에 나는 타자를 희생시킴으로써만 나의 삶과 존재를 유지하고 있다.[13] 그럼에도 나는 여전히 타자를 주체 중심적 사고와 행동을 통해 이용하고 그럼으로써 거듭된 폭력과 희생의 강요를 타자에게 요구하고 있을 뿐이다. 주체 중심주의는 이처럼 나를 중심으로 타자에게 폭력을 가하는 자를 정당화한다. 그러나 나는 늘 타자로부터 출발해야만 한다. 주체 중심적 사고를 벗어나 타자 중심적 사고를 수행하는 것, 즉 비록 불가능할지라도 탈-주체 중심을 시도해보는 것, 이것이 바로 레비나스가 타자 윤리학을 통해 우리에게 제안하는 인간 이해의 단초라 말할 수 있다.

---

13    이관표, "4차 산업 혁명 시대 이후의 의학적 인간 현상과 후기 하이데거의 존재 사유적 성찰", 28-29 참조.

## III. "탈"-남성 중심으로서의 에코페미니즘

다음으로 다루는 사항은 현대 사상의 "탈-" 성격 중 하나로서 탈-주체 중심의 흐름을 탈-남성 중심주의로 구체화했던 에코페미니즘이다. 전통적으로 남과 여로 구분되어왔던 성이라는 개념은 현대에 와서 생물학적 차이로서의 섹스와 사회학적 차이로서의 젠더로 구분되곤 한다. 그러나 전통적으로 역사를 지배했던 가부장주의 및 남성주의는 생물학적 차이를 사회학적 "남성 우위-여성 하위"의 근거로 주장해왔다. 바로 이러한 사실을 벗어난 근거 제시를 비판하고 극복하기 위해, 그리고 이러한 비판과 극복을 통해 여성들의 삶의 현실과 그것의 구조를 변경하려는 움직임이 바로 페미니즘이다.

물론 페미니즘은 전통 안에서, 그리고 여전히 현재까지 가부장주의와 남성 중심주의를 유지하고자 하는 일군의 사람들에 의해 이기주의 혹은 마르크스주의의 책동이라는 일종의 변종적 사유로 취급되기도 한다. 그러나 페미니즘의 관심사는 결코 여성의 사회적 우위 획득이 아니라는 점을 우리는 인식해야 한다. 오히려 페미니즘은 "어떻게 한 인간이 통전적인 모습으로 살아갈 수 있는가"[14]에 답하고자 한다. 여성의 우위성 획득이 일차적 목표가 아닌 통전적 인간에 대한 요청이 바로 페미니즘의 정신이라고 전문가들은 말한다. 먼저 여성들이 느껴야 하는 육체적 범죄에 대한 불안이 사라질 수 있는 환경이 조성되어야 하고, 언제든지 이러한 범죄에 관여될 수도 있다는 남성들의 죄악과 죄책감이 극복되어야 한다.[15] 페미니

---

14  강남순, 『현대여성신학』(서울: 대한기독교서회, 1994), 93.
15  "여권론자들은 성적 불평등의 유형을 찾아내고, 사회 내 모든 여성의 경험을 연구하던 중에 사회에 대한 새로운 사실을 발견한 것이다. [⋯] 기존의 전통적 연구에서 극복되지 못

즘은 여성에게만 좋은 흐름이 아니라 남성까지도 참된 통전적 인간으로, 폭력과 죄책감을 넘어 살아갈 수 있게 만들려는 시도다.

이를 위해 페미니즘은 고통과 피지배를 경험하고 있는 다른 타자와의 연대를 주장한다. 여성 차별, 자연 차별, 인종 차별, 계급 차별은 복합적으로 연결된 것이며, 또한 각각은 다른 것에게는 차별의 주체로서 행동한다. 이것을 성찰하고 스스로 반성하는 것이 중요하며, 그중 최고는 가부장적이며 남성 중심적인 사회와 문화를 극복하는 것이다.[16] 문제의 모든 근원은 자신을 드러내지 않은 채 폭력을 당연하게 여기는 남성 중심주의 및 가부장주의다.[17] "전통이라는 슬로건 안에는 이미 그것들이 숨어들어와 있었고, 따라서 우리가 사회적 문제를 직시하고 거기에 대한 대안을 제시하기 위해서는 우선 남성 중심주의적이고 가부장적인 세계 구조를 비판하여 해체한 이후에야 비로소 조화로운 평등의 세상이 가능할 수 있다."[18] 그리고 신학적 계통에서 이러한 통찰을 대표적으로 수용했던 흐름이 바로 에코페미니즘이다.

에코페미니즘은 Eco와 Feminism이라는 단어를 연결시켜 사용하며 1970년대에 사회문화적 관습과 질서에 대한 반지배적·반억압적 운동에

---

한 편견을 파헤치고 이러한 연구가 여성 및 남성 모두의 삶에 얼마만큼의 역기능적인 결과를 가져왔는가를 지적해주었다." 마가렛 L. 앤더슨/이동원·김미숙 옮김, 『성의 사회학』(서울: 이화여자대학교출판부, 1997), 28.

16    로즈마리 레드포드 류터/이우정 편역, 『여성들을 위한 신학』(서울: 한국신학연구소, 1985), 314.

17    Rosemary R. Ruether, *Gaia and God: An Ecofeminist Theology of Earth Healing* (San Francisco: HarperCollins, 1992), 205 참조.

18    이관표·양은경, "여성주의 관점을 통한 문화콘텐츠 내 여성영웅성 연구: 디즈니 애니메이션, 뮬란과 모아나의 여성 영웅적 서사 구조 분석을 중심으로", 「인문사회 21」 11권 6호(2020), 203.

서부터 성립되었다. 그 당시까지 남성 중심주의 및 가부장주의 아래서 소외되던 여성들이 스스로 자각했으며, 이러한 자각은 곧 소외되던 자신들 역시 생태적 자연에 폭력을 행사하고 있었다는 깨달음으로 연결된다.[19] 특히 1960년대 초 생태학적 의식과 사회 제도 변혁이 자각되고, 그럼으로써 여러 학문 분야(철학, 신학 및 사회 분석)에서 환경 문제에 대한 여성의 관심이 집중되기 시작하면서 1980년대에 이르러 에코페미니즘의 이론과 운동이 꽃을 피우게 된다. 즉 에코페미니즘은 생태학(ecology)과 여성학(feminism)을 연결시키면서 주류 환경 이론 및 운동이 여성학의 통찰력을 수용하지 못하는 한계가 있음을 지적하기 시작했던 것이다.

류터에 따르면, 에코페미니즘은 기존의 인간 중심주의적, 남성 중심주의적 생태학과 달리 급진적 심층 생태학과 공통된 전제를 가진다. 심층 생태학이 인간 중심주의적 영역보다는 생태계와 온 생명에 중심을 두는 사고를 중시한다면, 파괴당하는 생태계를 향해 여성의 억압적 경험을 통해 다가가려는 에코페미니즘이야 말로 기존의 생태학보다 깊은 차원의 논의임에 틀림없다. 그리고 여기서는 일종의 이원론에 대한 저항이 요구된다.[20] 에코페미니즘은 이원론 중에서 특히 "여성 억압"과 "자연 억압"이 상호 연결되어 있다는 통찰을 통해 그 문제의 근거로 가부장주의적 세계관을 지목하여 비판-해체하는 데 중점을 두고 있다. 특히 류터에 따르면,

---

19   류터, 『여성들을 위한 신학』, 314.
20   "여기서 말하는 이원론이란 […] 곧 남성/여성 지배(sexism), 인간/자연 (anthropocentrism), 정신/몸(초월적 이원론), 백인/유색인(racism), 제1세계/제3세계 (neocolonialsim), 외모 차별(lookism), 유전자 차별(genism) 등의 우열 관계를 당연시하는 모든 이념이나 가치관들을 통칭한다." 이관표, "생태여성주의신학과 환경 위기의 문제: 전통 신론과 기독론의 생태학적·여성주의신학적 재구성에 관련하여", 『동서정신과학』 22권 1호(2019), 5.

생태계와 여성이라는 원초적 존재 방식은 양자 모두 현실적·구조적 악에 의해 억압과 착취를 당하는 공동의 피해자로 규정되어야 한다. 그리고 억압과 착취의 상황 안에서 기독교 신학의 출발점은 이러한 피해자의 해방이어야만 한다. 이러한 이유 때문에라도 에코페미니즘을 신학이 차용하게 된 것은 기독교의 당연한 수순이었는지도 모른다.

나아가 류터는 자신의 신학을 위해 에코페미니즘을 차용함으로써 기존의 전통 신학과 사회의 통념들을 억압과 착취의 도구로 간주하게 된다. 또한 그는 이 문제점에 대해 비판점을 제시하고 극복을 시도함으로써 사회적 문제 및 생태계 위기가 성차별을 통해 연결되어 결과를 만들어내고 있음을 통찰한다. 그리고 이것은 신학적으로는 남성 중심주의 및 가부장주의에 덧칠되어 나타났던 상징과 개념들을 지적하게 되고, 결국 우리는 이것들을 해체하고 탈-남성 중심, 탈-가부장주의를 넘어선 새로운 은유를 모색하여 이를 통한 삶의 전적인 변경을 시도하게 된다. 생태계 위기의 근원은 이미 사회 안에서 여성들의 폭력에 봉사하던 남성 중심주의 및 가부장주의였으며 우리는 이러한 숨겨진 사실을 밝히 드러내어 여기로부터 "탈"- 해야만 한다.[21] 오히려 먼저 반성되고 해체되어야 하는 것은 인간 중심주의 이전에 남성 중심주의이고 가부장주의라는 것이 에코페미니즘의 통찰이다. 생태학적인 문제의 해결 및 삶의 올바른 회복은 먼저 남성중심주의를 비판 및 해체한 이후에야 가능할 뿐이다.

물론 여기서 분명히 해야 하는 것은 에코페미니즘의 "탈-"성격의 목표가 결코 남성성의 배제나 말살이 아니라는 점이다. 오히려 그것의 목표는 가부장주의와 남성 중심주의 아래서 이루어진 여성의 억압을 직시하

21    Ruether, *Gaia and God*, 205.

면서 여성과 생태계의 해방을 추구함으로써 여성뿐만 아니라 남성의 온전한 인간성까지 회복시키는 것이다. 에코페미니즘은 탈-남성 중심을 통해 지구상에 존재하는 모든 것이 지배와 착취의 관계에서 벗어나 역동적이며 선한 상호관계로 회복되기를 요구한다. 탈-남성 중심주의를 통해 인간과 생태계 및 환경의 회복이 가능해진다.

## Ⅳ. "탈"-인간 중심주의로서의 포스트휴먼 주체

다음으로 우리는 탈-주체 중심과 탈-남성 중심을 포함하면서도 미래적 인간 이해를 위한 담론으로 나아가기 위해 "탈"-인간 중심주의를 주장하는 포스트휴머니즘을 살펴보며 이를 위해 다루게 되는 대상은 특히 브라이도티의 포스트휴먼 주체다.

인간 중심주의 이후의 시기를 주도해온 브라이도티는 포스트휴머니즘을 예측하면서 포스트휴먼 주체가 되기를 주장한다. 학문의 초기에 포스트모더니즘, 그중에서도 들뢰즈의 다양한 논의를 받아들였던 브라이도티[22]는 들뢰즈의 "유목적 주체"로부터 자신의 논의를 시작하며 특히 전통적 이원론 대립 체계의 철폐를 천명한다. 물론 이러한 이원론의 철폐가 요구된다고 해서 주체가 완전히 사라질 필요는 없다. 왜냐하면 주체가 어느 한 영역에 독점되었을 때 문제가 될 뿐 주체란 모든 것에 해당하는 보다 적극적인 개념이기 때문이다. 그리고 일차적으로 그녀가 머물렀던 주체

---

22  "브라이도티의 경우 들뢰즈의 신자연주의, 즉 신유물론은 신체성되기(생성)와 관련하여 이해된다." 릭 돌피언·이리스 반 데어 튠/박준영 옮김, 『신유물론: 인터뷰와 지도 제작』 (서울: 교유서가, 2021), 274.

의 모습은 그 어느 곳에도 머물지 않고 생기하는 유목적 주체였다.

유목적 주체를 수용하고 그 안에서 페미니즘의 근거를 만들어내던 브라이도티는 2013년에 이르러서야 미래적 철학 담론인 포스트휴머니즘과 포스트휴먼 주체에 대한 논의를 시작한다. 포스트휴머니즘은 안티휴머니즘과 함께 시작한다.[23] 그러나 우리는 어떤 것이 선이고, 어떤 것이 악인지를 쉽게 결정할 수 없다. 왜냐하면 안티휴머니즘은 시작은 좋으나 그것이 행동으로 옮겨졌을 때 폭력의 결과를 낳았고, 휴머니즘 역시 분명 생명 파괴의 폭력을 낳았지만 그렇다고 인간에 대한 존중이 잘못은 아니기 때문이다.[24] 오히려 브라이도티는 자신이 주장하는 포스트휴먼 주체는 휴머니즘과 안티휴머니즘 사이의 모순을 횡단하면서 그것의 문제점을 극복할 수 있는 단초가 된다고 생각한다. 그리고 이 단초는 곤경의 상황, 즉 현실에 대한 진단에서 시작한다.

이러한 진단으로부터 이제 그녀는 "사나운 탈인간 중심주의라는 곤경의 바다를 항해하도록 도와줄 나 자신의 대안적 형상화들의 실험"[25]을 통해 새로운 주체 이해를 찾는다. 기술 과학의 발달, 휴머니즘의 전복이 발생한 이때 브라이도티는 일종의 인간과 타생명 사이의 경계선을 의식하며, 인간만의 성벽을 넘어서고자 한다.[26] 그것의 가능 근거는 생명 및 물

---

23  "현시대 기술 과학의 발전이 만들어낸 포스트생물학적·포스트휴먼적 형상들과 조건들[은] 서구 근대 휴머니즘이 자명한 것으로 제시해온 인간의 정의에 강력히 도전하고 있다." 이경란, 『로지 브라이도티, 포스트휴먼』(서울: 커뮤니케이션북스, 2017), 2.

24  "비록 휴머니즘이 많은 면에서 문제적인 것은 사실이지만, 자유주의 편에서 개인주의의 자율성, 책임감, 자기결정권을 지지해왔고, 더 급진적인 전선에서는 연대, 공동체, 유대 맺기, 사회 정의와 평등의 원칙을 촉진해온 것도 사실이기 때문이다." 앞의 책, 8.

25  앞의 책, xvii.

26  "지금은 우리 시대의 과학과 생명 기술이 생명체 구조와 성질 자체에 영향을 주고 있으며, 오늘날 인간에 대한 기본 참조틀이 무엇이어야 하는지에 대한 우리의 이해를 극적으

질에 대해 새롭게 이해하는 것이며 생기론적으로 가정하는 것이다. 즉 인간을 대상으로 한 폭력을 거절하되 인간과 생명, 인간과 물질 사이의 다름이 흐릿해지는 탈-인간 중심이 가능할 때, 오히려 휴머니즘과 안티휴머니즘이 결과한 폭력은 극복될 수 있다는 말이다. 그리고 이러한 제안에서 브라이도티는 미래에는 지금까지 폭력의 주체였던 인간과 생명 모두를 감싸면서 생명의 평등주의로 나아가야 한다고 주장한다. 주체의 회귀나 절멸이 아니라 "관계적이고 횡단적이며 체현되고 환경에 속해 있는 포스트휴먼 주체성에 대한 전망이"[27] 요구되고 있다. 변화에 둔감하고 생명력을 지니지 않은 물질, 그리고 인간 문화의 영역에 대립쌍으로 여겨졌던 물질은 이제 이전의 유물론적 전통을 넘어 생기하는 주체로서 스스로 구성을 가능케 하는 것으로 규정되어야 한다.[28]

모든 존재자는 자기 생성을 해나가는 자로 규정된다. 모든 것이 자기 생성의 주체이며, 또한 그런 주체로서 과학기술의 극단적 발전 아래서 스스로를 구성해야 한다. 이러한 포스트휴먼 주체는 "인간의 생명에 특권을 부여하기를 멈추고 모든 생명체를 단일하게 취급한다는 점에서 탈인간 중심적이라고 말할 수 있는 현상이나 실천"[29]이다. 이러한 주체는 존재하는 모든 것이 같은 가치를 지닌다는 "일원론적 생성(되기)의 철학"(monistic philosophy of becomings)을 받아들이며, 그럼으로써 인간이라는 종을 해체

---

로 변화시키고 있다." 로지 브라이도티/이경란 옮김, 『포스트휴먼』(서울: 아카넷, 2015), 56.

27  이경란, 『브라이도티, 포스트휴먼』, xxiv.

28  신유물론자들이 말하는 "물질 또는 유물론이란 소박하고, 고대적인 판본으로서의 질료도 아니고 원자도 아니다. 그것은 때로는 생동하고, 때로는 힘의 흐름으로 우리 곁에 존속하는 진정한 객체로서 인간의 인식과 지성의 지배력을 빼져 달아나는 자연의 본체(noumena)다." 돌피언·반 데어 튠, 『신유물론』, 6.

29  이경란, 『브라이도티, 포스트휴먼』, 37.

하고 다른 생명 및 물질과의 혼합을 적극적으로 지향해야만 한다. 그리고 이제 포스트휴먼 주체는 차이의 사이를 횡단하기 위해 "동물-되기", "지구-되기" 그리고 "기계-되기"를 시도함으로써 모든 존재자와의 새로운 관계로 들어간다.

먼저 동물-되기란 동물을 자체로 가치 있게 인정하고, 인간의 대립자가 아닌 근접성을 가진 자, 그리고 혼종될 수 있는 자로 받아들이는 것으로 시작된다.[30] 두 번째, 지구-되기는 인간이 지구와의 관계를 재구성하는 것, 즉 자신이 지구가 되어보는 경험의 주체를 요청한다. 인간은 자기 생성과 생기론적 유물론을 통해 모든 것이 될 수 있고, 인간이라는 종의 특이점은 그다지 요구되지 않는다. 인간 중심을 벗어나 지구 중심적 존재자로서의 주체가 되어야 한다.[31] 세 번째 기계-되기는 지금 회자되고 있는 4차 산업 혁명 이후 트랜스휴머니즘의 시도와 함께한다. 인간의 능력을 증강시키려는 욕구는 이제 과학 및 생명 공학을 통해 몸을 변경시키고자 하며, 이것은 인간 중심을 벗어나 기계까지도 혼종하고자 시도하는 새로운 포스트휴먼 주체의 사명이 된다.[32]

---

30    "탈-인간 중심주의는 종에 위계가 있으며, 모든 사물의 척도인 인간에 하나의 공통 기준이 있다는 개념을 배제한다." 브라이도티, 『포스트휴먼』, 90-91. 그리고 과학과 기술 안에서 "포스트휴먼 주체는 인간과 동물의 상호관계가 인간과 동물 각각의 정체성을 구성하게 허용한다. 이 상호관계는 각각의 본성을 혼종화하고 변화시키고, 각각은 상호작용하는 중간 지대를 전면에 드러내는 변형과 공생의 관계를 맺는다." 이경란, 『브라이도티, 포스트휴먼』, 52.
31    "우선은 생기 있고 자기 조직적인 물질성이라는 역동적이고 지속 가능한 개념을 발전시켜야 하고, 다음으로는 앞 절에서 대략 설명한 탈-인간 중심적 관계들의 횡단선을 따라 주체성의 틀과 영역을 확대해야 한다." 브라이도티, 『포스트휴먼』, 109.
32    "나는 생명 공학 기술로 매개된 타자를 생기론적 관점으로 보자고 주장한다. 이 기계의 생기성은 결정론이나 내장된 목적 혹은 합목적성에 관한 것이 아니라 되기와 변형에 관한 것이다." 앞의 책, 119.

이처럼 포스트휴먼 주체는 인간 중심주의를 벗어나 동물, 지구, 그리고 기계와 혼합되고 평등하게 공존하는 주체다. 그리고 이러한 의미에서 더 이상 인간만이 주체일 필요는 없다. 모든 생명 및 물질까지 주체의 범위 안에 들어가며, 자신들이 가진 생기성을 통해 무엇이든지 될 수 있는 모든 것의 주체화가 요구된다. 이러한 의미에서 더 이상 인간론은 불필요하다. 인간은 혼합되기 이전의 한 단계에 불과하며, 오히려 이러한 혼합을 보다 적극적으로 받아들일 때, 인간은 미래에 알맞은 자일 수 있다. 인간은 특수한 종이 아니라 다른 것들과 혼합될 하나의 영역이고 이제 사라질 이름이며 본래 특수하게 취급될 것도 아니었다. 이처럼 포스트휴머니즘은 탈-인간 중심의 영역을 개방하며, 더 이상 인간만의 특이성이 요구되지 않는 미래를 앞서 보여준다.


## V. "탈-" 성격에 대한 비판과 뉴노멀 시대의 기독교 인간론

앞서 살펴본 것처럼 현대부터 미래에 이르는 인간의 이해는 모두 "탈"-의 성격을 지녔고, 이는 기존의 노멀에서 벗어나 뉴노멀을 주장하고자 하는 시도였다. 그것은 객체에 대한 주체의 우위성 혹은 주객 이분법에서 벗어나고자 했고, 여성에 대한 남성의 우위성 혹은 남녀 이분법에서 벗어나고자 했으며, 비인간 존재에 대한 인간 존재의 우위성 혹은 인간-비인간 이분법에서 벗어나고자 했다. 나아가 이제 인간은 4차 산업 혁명을 지나 도래할 포스트휴머니즘에 이르러 주체와 객체, 남성과 여성, 그리고 인간과 비인간 및 생명과 물질의 경계를 흐릿하게 하면서 그 사이에서 새롭게 "-되기(생성)"의 주체 됨을 요청받고 있었다.

물론 우리가 먼저 언급해야 하는 사항은 기독교 역시 이러한 "탈"-성격을 공유한다는 점이다. "프로테스탄티즘은 형이상학적으로는 회의론적 전통이다. 이것은 근대를 통해서 환원될 수 없고 그렇다고 근대의 영향력으로부터 완전히 벗어날 수도 없다."[33] 기독교는 철저히 절대화된 어떤 것에 저항하면서 자신을 구성한다는 점에서 "탈-"의 성격을 공유하면서도 이와 동시에 현대 철학 및 미래 철학이 "탈-"하고자 하는 근대의 유산을 종교개혁을 통해 지님으로써 포스트모더니즘의 "탈-" 대상이 되어버렸다. 즉 기독교는 현대 철학과 미래 철학의 "탈-"의 주체이자 대상이라는 이중적 위치를 지니는 셈이다. 따라서 이러한 이중적 위치 때문에 우리는 먼저 앞의 3가지 "탈-" 성격과 관련한 기독교적 평가를 살펴볼 필요가 있으며, 그 이후 여러 가지 평가를 통한 비판점에도 불구하고 이것을 통과하고 남겨진 사항들이 있다면, 이를 수용하여 뉴노멀 시대의 기독교 인간 이해를 새롭게 구성해야 한다.

## 1. 현대 철학의 "탈-" 성격에 대한 평가와 비판

첫째, 탈-주체 중심을 주장한 레비나스의 타자 윤리학은 현대의 이기주의와 인간 중심주의의 문제를 통찰하게 해준다. 왜냐하면 자기 자신만을 위해 한 종(種)의 주체적 우위성만을 기준으로 세상이 흘러왔기에 많은 폭력이 발생했고 타자 윤리학은 바로 이것을 드러냈기 때문이다. 그러나 타자 윤리학은 탈-주체 중심이라는 자신의 목표를 제대로 달성하지 못한 것으

---

33    Timothy Stanley, *Protestant Metaphysics after Karl Barth and Martin Heidegger* (Eugene, OR: Cascade Books, 2010), 29.

로 보인다. 왜냐하면 이것은 결국 타자를 절대화한다는 점에서 다시금 타자의 자리에 임의의 주체가 자신을 약자로 둔갑시켜 위치시킬 수 있는 가능성을 허용했기 때문이다. 지젝(Slavoj Zizek)에 따르면, "레비나스-데리다의 타자성은 일자 속에 존재하는 이러한 간극의 정반대, 즉 일자의 내재적 이중화의 정반대다. 즉 타자성에 대한 단정은 타자성 자체의 지루하고 단조로운 동일성에 다다른다."[34] 타자 윤리학은 주체성 대신 타자성을 말하지만, 타자성이 절대화되어 폭력을 행사할 수 있다는 점에서 자기 혹은 주체를 절대화하기 위한 열망에 다시금 노출되고 거기에 봉사하는 셈이다.

오히려 우리는 타자를 그 자체로 무조건 환대하라는 절대화로부터 뒤돌아 예수의 "이웃과 원수에 대한 사랑"(이웃-원수-윤리학?)으로 나아갈 필요가 있다. 타자에 대한 환대는 결코 우리가 할 수 없는 사항이다. 타자인 그가 누구인지, 나에게 어떠한 의미가 있는지 전혀 가늠할 수 없음에도 불구하고 그것을 각오해야 하는 절대적 수동성은 일면 멋지게는 보이지만 동시에 우리가 할 수 없기에 무의미한 영역이다. 오히려 이것은 "[타자의] 가면 너머에 모종의 숨겨진 실재적 내용이 있다고 믿"[35]는 것이며, 따라서 일종의 우상숭배의 가능성을 품고 있다.

이와 다르게 이웃과 원수에 대한 사랑은 우리에게 절대적 명령이면서도 그래도 해낼 수 있는 어떤 영역을 허락한다.[36] 우리가 해낼 수 있는

---

34  "오히려 이러한 모호한 정신주의는 그노시스 성향의 기독교 이단에 해당하리라는 것이 나의 주장이다. 유대교가 엄청난 희생을 감수하고 이끌어낸 이러한 승리에서 궁극적으로 희생되는 것은 유대교의 정신성 자체를 구성하는 가장 소중한 요소들이다." 슬라보예 지젝/김정아 옮김, 『죽은 신을 위하여: 기독교 비판 및 유물론과 신학의 문제』(서울: 도서출판 길, 2007), 16.

35  앞의 책, 224.

36  지젝은 이러한 하나님의 명령 앞에 인간이 처하게 되는 할 수 없는 영역과 할 수 있는 영역 사이를 다음과 같이 말한다. "신은 우리(인간)에게 텅 빈 S1, '주인-기표'를 주었으며,

영역이란 용서를 결정하기 이전에 타자를 이웃이나 원수의 관계 안으로 가지고 오는 일이다. 이제 "이웃은 불가해한 존재가 아니"[37]고 원수 역시 절대적 타자성에 불가해하게 머물러 우리로 하여금 용서의 걱정과 불안에 떨게 하는 그런 존재가 아니다. 타자를 이웃이나 원수로 만드는 것은 우리가 할 일이다.

　물론 타자와의 관계가 성립된 이후에 용서, 사랑, 환대를 실행하는 것은 절대적 명령이기에 불가항력적인 영역이다. 비록 타자와의 관계가 이웃이든 원수든 간에 우리는 용서하고 사랑하며 환대해야 한다. 그러나 공의와 사랑의 하나님은 최소한 우리에게 명령하신 그 타자가 알 수 없는 영역에 머물도록 하는 영지주의적 신이 아니라 적극적으로 우리로 하여금 그들과 관계 맺게 하시는 분이고, 나아가 우리가 왜 그 타자를 용서하고 사랑하며 환대해야 하는지 그 관계 안에서 설득해주시는 분이다. 우리는 "절대적으로 사랑하라!"는 하나님의 명령을 수행해야 하는 의무에 서기 직전에 그 대상이 이웃이 될지 원수가 될지 결정할 수 있는 능동성을 수여받았다.

　우리가 타자를 이웃의 관계로 데려오면 천국 같은 사랑의 요청이 남겠지만, 원수의 관계로 삼아버리면 우리에게는 지옥 같은 명령의 복종만이 남을 뿐이다. 하나님의 절대적 명령을 준행하는 그 사건을 천국으로 만들지, 지옥으로 만들지는 나의 능동성의 영역이다. 그래서 예수는 절대적

---

이것을 S2의 사슬로 보완하는 것은 인간의 몫이다. [...] 신의 행위에 맞는 [...], 신의 행위의 의미를 결정 [...], 신의 행위에서 의미[를 찾음은] 인간의 몫이다. 우리는 예정론에 순응하듯 우리에게 주어진 광적인 능동성에 순응한다. 즉 사건은 순수-공백의 기호이며, 우리는 그것의 의미를 생성하기 위해 노력해야 한다." 앞의 책, 20.

37　　앞의 책, 224.

인 사랑을 선포한다. 절대적인 사랑의 선포는 이미 하나님의 절대적 용서와 사랑의 명령을 준행하기 전에 이미 타자를 절대적으로 이웃으로 머물게 한다. 처음부터 원수를 만들지 않았다면, 절대적 사랑과 환대의 명령은 사실상 지키지 못할 명령이 아니었다. 예수는 사랑을 선포하면서 불가능하게 보이는 유대교의 타자의 환대를 모든 이들이 할 수 있는, 그리고 결코 하나님의 무자비한 명령이 아닌 이웃 사랑으로 완성시켜버린다. 여기에 비해 타자의 윤리학은 탈-주체 중심주의를 불러일으켰으나 타자성의 불가해성과 불가능성에 의해 또 다른 (타자의) 주체적 횡포를 이 시대에 불러오고 있다.

둘째, 탈-남성 중심을 제시한 에코페미니즘의 역할은 분명 중요한 것으로 보인다. 에코페미니즘은 현실에 드러나지 않았던 세상의 폭력과 생명 말살의 근거를 가부장주의, 즉 남성 중심주의로 통찰하고 그것의 극복을 주장함으로써 철학과 신학에 상당한 영향력을 끼쳤다. 그러나 이러한 장점에도 불구하고 에코페미니즘 역시 한계를 지닌다. 그것은 바로 여성의 자연성 이미지를 강조함으로써 다시금 마주하는 여성에 대한 일방적인 폭력적 규정이다.

여성의 이미지는 왜 자연과 비견되어야 하며, 그 둘은 왜 반드시 결합되어야 하는가? 여성이 지닌 산출 능력은 분명 고귀하지만 그렇다고 자연과 비견될 필요는 없다. 임신과 출산은 할 수 없지만 남자 역시 생명의 씨앗을 몸에서 만들어내고 있고, 보다 작은 세포의 영역에서는 세상의 모든 생명체와 물질들이 남녀 구분 없이 지속적인 자기생산의 과정 안에 있다. 여성이 출산 이미지를 가졌기에 자연과 가깝게 연결되고 그럼으로써 기후 위기 및 생태계 위기를 더 잘 극복할 수 있다는 일련의 생각들은 절대적 해결책이 될 수 없다. 에코페미니즘은 탈-남성 중심주의를 극복하려

한다는 장점을 지닌 반면, 여전히 여성을 인간의 관점에서 이해한 "자연" 개념과 연관시킴으로써 여성성 자체를 왜곡시키는 한계를 지닌다.

셋째, 미래 인간론 중 포스트휴머니즘의 문제는 기존의 "정상적임"을 완전히 해체하고 비록 심각한 문제점을 지닌 것이 있더라도 그것 역시 인정해야 한다고 주장함과 동시에 문제점을 지닌 비정상적인 것을 정상적인 것으로 만들려는 욕망에 봉사하고 있다는 점이다. 즉 개인이 가진 사회적 영향력과 자기 생각과 정체성이 다른 이들에게 끼칠 결과도 고려하지 않고 그 어떤 것이든 자신의 욕망에 따라 허락될 수 있다고 주장하는 포스트휴먼의 유목적 주체 이해는 결국 자신의 자유와 욕망을 실현시키기 위해 다른 이들의 삶과 생명을 위협할 수 있는 문제를 지닌다. 또한 "-되기"를 통해 고유한 존재 방식으로서의 "차이"를 다시금 망각하고 무시하는 결과를 초래할 수 있다.

"되기"는 일견으로는 차이를 좁혀 차별을 없애는 것으로 보이지만, 오히려 고유한 차이를 말살시켜버리고 각각이 가진 가치를 떨어트리는 역할을 할 수 있다. 모든 생명체가 자신의 모양 그대로 차이를 가지고 창조된 것은 그 자체로 가장 알맞은 의미와 위치를 갖고 있기 때문이다. 혼종화시키는 다양한 현대 기술은 겉으로는 인류의 발전과 병에 의한 고통으로부터의 해방을 이유로 다양한 실험 결과를 도출해내고 있지만, 그것들은 결국 피조물로서 우리의 능력 이외의 것을 행하고 결국 자기 자신이 신의 자리를 차지하려는 인간의 욕심을 보여준다. 그렇다면 우리는 이런 비판들을 잊지 않으면서도 어쩔 수 없이 미래에 받아들이게 될 이 논의들을 통해 뉴노멀 시대의 기독교 인간 이해를 모색할 수 있을까?

## 2. 뉴노멀 시대의 기독교 인간 이해

첫 번째, 미래의 기독교 인간 이해는 먼저 "존재의 수동성"을 철저히 포함해야 하며, 이것은 탈-주체 중심주의의 흐름을 받아들이면서 인간의 절대화에 저항하는 것으로부터 시작한다. 전통적 인간론은 스스로를 절대화함으로써 오직 인간만이 다른 생명체를 마음대로 지배할 수 있다고 생각해왔다. 또한 인간은 4차 산업 혁명을 지나 미래로 나아가면서 스스로를 기계화하고 이를 통해 영생과 더불어 타 생명체에게 과한 폭력을 선사하게 될 증강 인간의 실현으로 진입하기 시작했다. "모든 살아 있는 것들은 계속해서 살아가려고 애쓴다. 그리고 유독 인간은 영생을 꿈"[38]꾸며, 이를 위해 인류는 모든 것을 과학이 제공하는 기계로 바꾸기 시작했다. 그러나 우리는 이러한 자기 절대화의 욕망을 극복하기 위해 오히려 내가 나의 능력이 아니라 창조된 수동적 존재, 그것도 가장 마지막 6일째 피조된 존재자라는 기독교의 고백에 주의를 기울여야 한다.

먼저 "태초에 하나님이 천지를 창조하셨다"라는 기독교의 고백은 인간이 하나님에 의해 창조되었음을 분명하게 드러낸다. 그리고 기독교는 인간이 6일째, 즉 가장 나중에 창조된 자에 불과하다고 고백한다. 인간은 하나님의 형상을 닮았지만, 늦둥이 존재자다. 6일째에 창조된 인간은 하나님에 의한 수동적 존재자이면서 동시에 앞서 5일간 창조된 다른 피조물들 이후 그것들의 바탕 위에서 창조되어 생존할 수 있었던 가장 수동적 존재자다. 인간은 하나님에 의해서만 존재할 수 있고 동시에 하나님께서 우리

---

**38**    스티브 케이브/박세연 옮김, 『불멸에 관하여: 죽음을 이기는 4가지 길』(서울: 엘도라도, 2015), 14.

앞서 창조하신 다른 피조물들 가운데서만 존재할 수 있을 뿐이다. "우리가 창조되었고 또한 창조되고 있다는 사실은 우리의 삶이 다른 이들의 희생에 의해 이루어지고 있다는 것, 나아가 우리는 늘 그들의 희생에 빚을 지고 살고 있음을 의미한다."[39] 우리가 창조되었다는 점은 이런 희생의 과정 안에서 우리 역시도 다른 이들의 희생에 뛰어들어야 함으로 이어지며 이것은 예수 그리스도의 대속을 따르는 일이다. 십자가 사건은 구원과 더불어 모든 존재자가 따라가야 하는 분명한 인간의 자기 이해여야 한다.

두 번째, 기독교 인간론은 "존재의 일원성"을 받아들여야 하며, 이는 포스트휴머니즘이 우리에게 던져주는 인간과 다른 생명 및 물질과의 평등을 의미한다. 물론 이러한 평등성은 포스트모더니즘의 안티휴머니즘과 같은 인간의 비하가 아니라 다른 생명 및 물질들을 인간적 가치의 차원으로까지 끌어올리려는 노력이다. 현대의 과학기술과 생명 공학은 인간 중심주의를 품고 있으며, 이는 곧 모든 존재자가 단지 도구나 재료 혹은 부품이나 원료라는 왜곡된 존재 이해를 생산하기 때문이다. 여기서는 인간 역시 가공을 위한 재료로 취급된다. 그러나 한 영역이 인간의 욕망에 따라 증강되는 상황은 결코 모든 것에 좋을 수 없다. 또한 인류라는 하나의 종, 게다가 그 종 안에서도 권력을 지니고 돈을 많이 소유한 개별 인간의 행복과 신체 증강을 위해 과학 시술이 사용될 것이며, 이는 그렇지 않은 모든 존재자에게 폭력이 되고 만다. "누군가는 어쩔 수 없이 다른 이들보다 우월하고 따라서 인간의 경험들이 서로 충돌할 때는 최적자가 다른 모든 이를 누른다."[40] 이러한 현상 앞에서 이제 경계인과 생명들과 물질들은 그저

39    이관표, "신학의 원초적 방법론으로서의 철학적 신학", 「人文學研究」 29집(2018), 232.
40    유발 하라리/김명주 옮김, 『호모 데우스: 미래의 역사』(서울: 김영사, 2017), 350.

폭력과 말살에 노출될 수밖에 없다.

기독교 인간론은 인간 중심주의가 전체 존재의 관점에서 볼 때 장미 빛 미래만을 약속하고 있지 않다는 점을 통찰해야만 한다. 왜냐하면 인간의 존재 됨은 다른 생명들의 희생에 빚진 것이기 때문이다. 그리고 "나는 나의 존재에 있어 다른 이들의 생명 희생의 빚을 지고 있는 것과 마찬가지로 다른 이들을 위해 희생하고 내어줄 수 있어야"[41] 하기 때문이다. 만약 인간이 영원히 죽지 않고 자신의 생명을 유지한다면, 그가 하고 싶은 대로 편한 방식대로만 살아간다면, 그것은 이기주의다. 그럼으로써 끊임없이 다른 생명과 물질의 죽음과 희생만을 강요하게 된다. 바로 이것을 비판하고 극복할 수 있는 인간 이해, 그리고 스스로의 죽음과 희생을 제시할 수 있는 것이 기독교 인간 이해다.

마지막 세 번째로 미래의 기독교 인간 이해는 "존재의 유목성"을 받아들여야 하며, 유목성의 "되기"를 통해 에코페미니즘이 제안하고 있는 환경 위기와 생태계 위기 극복에 긴밀히 연관되어야 한다. 기후 위기는 이미 과거로부터 고찰되기 시작하여 현재를 관통하고 미래로까지 확장될 위기 상황을 경고하는 문제다. 예를 들어, 다큐멘터리 "플라스틱의 역습"이 플라스틱의 심각성을 고발한 것처럼 쓰레기 플라스틱은 이미 자연 생태계 안에 침투 및 섭취되어 인간과 모든 생명체의 죽음을 불러오고 있으며, 나아가 생명체의 생존을 극단적으로 위협하는 지경에 이른 것으로 보인다. 이외에도 인간이 세상의 중심이라는 잘못된 생각, 그리고 주체 이외의 모든 것은 주체를 위해 봉사하는 도구나 재료에 불과하다는 생각

---

41    이관표, "하이데거와 근대 철학: 데카르트의 '코기토(COGITO)' 비판을 통해 현대 위기 극복의 단초 찾기", 「현대유럽철학연구」 53권(2019), 145.

등을 통해 나타난 다양한 환경 위기들이 생명 전체를 절멸로 몰아가고 있는 상황이다.

미래 뉴노멀 시대의 기독교 인간 이해는 앞서 우리에게 닥쳐올 포스트휴먼 주체의 "-되기"를 긍정적으로 받아들여 스스로를 전체 생명과 더불어 지구에 일치시키는 상상과 행동을 시도할 수 있어야 한다. 물론 포스트휴먼 주체의 문제점, 즉 인간과 타 동물 종 사이의 간격을 무마시키고 어떤 혼종적 혼란을 가져올 수 있는 한계점은 잊지 않아야 한다. 그러나 이와 별개로 인간 스스로가 "-되기"를 통해 인간과 동물, 인간과 지구 사이를 횡단하며 그들의 아픔과 고통을 이해하고자 시도하는 것이 필요하며, 나아가 이것은 지금까지의 일방적 관계와 전적으로 다른 새로운 관계성을 모색하는 길이다. 인간은 포스트휴먼 주체의 기본적 비판점을 인식하되 이와 동시에 이러한 비판에도 불구하고 긍정할 수 있는 새로운 주체의 특성 안에서 모든 것과 전적으로 다른 관계성 모색을 배워야 하고, 이것이 우선 인간이 현재에 대면하고 있으며 미래에도 대면할 환경 위기에 대항하는 기독교 인간 이해의 단초가 된다.

이처럼 기독교 인간론은 "탈-"의 성격을 통해 문제를 만들어왔던 주체 중심주의를 넘어서고, 남성 중심주의를 극복해야 하며, 인간 중심주의를 벗어나 뉴노멀 시대의 요청에 대답해야 한다. 이러한 대답을 통해 이제 기독교 인간 이해는 다음과 같은 규정을 획득한다. 인간은 마음대로 존재할 수 없는, 즉 늘 다른 이들에 의해 "존재되는 자(존재의 수동성)"이며, 또한 다른 생명과 물질 모두가 인간 못지않게 "소중하게 여겨지면서도(존재의 일원성)" 인간과 생명 및 물질 "사이를 횡단하여 되어보면서(존재의 유목성)" 현대와 미래를 지배하고 있는 환경 위기, 생태계 위기에 저항할 수 있는 자다.

# VI. 결론

지금까지 우리가 다루었던 이론은 현대 철학의 최신 경향들이며, 이는 포스트모더니즘의 탈-주체 중심주의, 현대 에코페미니즘 신학의 탈-남성 중심주의, 그리고 포스트휴머니즘의 탈-인간 (중심)주의였다. 첫째, 우리는 레비나스를 통해 타자 중심적인 사유, 즉 타자 윤리학을 살펴보았다. 타자 윤리학은 결국 반-주체 중심주의라는 포스트모더니즘 사유를 가능케 했으며, 이를 통해 미래의 인간론을 새롭게 변경시킬 첫 번째 근거를 마련했다.

둘째, 현대 페미니즘 중 기독교 신학과 밀접한 연관을 맺고 있는 에코페미니즘을 다루었다. 대표적인 에코페미니즘 학자인 류터는 탈-남성 중심주의 전략을 가지고 에콜로지와 페미니즘의 연대와 연합을 제안한다. 그에 따르면 세계의 차별적 현실은 남-여의 차이에 대한 차별과 더불어 인간과 그 외 자연 사이의 차별이 연관되고 긴밀히 협조하고 있기 때문이다. 따라서 연대성의 차원에서 여성과 자연은 함께 차별을 극복하기 위한 대안을 모색해야 하며 이를 통해 환경 위기와 생태계 위기를 극복할 수 있다.

셋째, 우리는 탈-인간 중심주의를 주장하는 포스트휴머니즘의 논의를 브라이도티를 통해 살펴보았다. 그녀는 유목적 주체로서 포스트휴먼 주체를 제안하고, 적극적 생기 사건으로의 "-되기"를 수행하도록 우리에게 요구했다. 물론 이러한 "되기"는 각 존재자의 고유함과 가치를 해체한다는 한계를 지니고 있지만, 오히려 이러한 비판점들을 잊지 않고 적극적으로 "되기"를 수행하면서 새로운 관계를 모색할 때, 이것은 미래의 기독교 인간 이해의 중요한 단초가 될 수 있을 것이다.

미래의 기독교 인간 이해는 결코 현대 철학과 미래 사유의 "탈-"의 성격을 넘어설 수도 피할 수도 없다. 그러나 우리는 이러한 어쩔 수 없음에도 불구하고 그것이 지닌 문제점을 분명히 지적함과 동시에 그것을 적극적으로 수용할 수 있어야 한다. 이러한 적극적 수용은 주체 중심주의를 넘어서는 것, 남성 중심주의를 극복하는 것, 그리고 인간 중심주의를 벗어나는 것에서 시작해야 하며, 그럼으로써 우리가 필연적으로 맞이할 수밖에 없는 미래의 뉴노멀 시대에 가치 있는 기독교 인간 이해로 이어져야만 한다. 그것은 다음과 같은 이해다. 인간은 마음대로 존재할 수 없는, 즉 늘 다른 이들에 의해 "존재되는 자(존재의 수동성)"이며, 또한 다른 생명과 물질이 모두 인간 못지않게 "소중하게 여겨지면서도(존재의 일원성)" 인간과 생명 및 물질 "사이를 횡단하여 되어보면서(존재의 유목성)" 현대와 미래를 지배하고 있는 환경 위기, 생태계 위기에 대해 저항할 수 있는 자다.

# 참고문헌

강남순.『현대여성신학』. 서울: 대한기독교서회, 1994.

돌피언, 릭·이리스 반 데어 튠/박준영 옮김.『신유물론: 인터뷰와 지도 제작』. 서울: 교유서가, 2021.

레비나스, 엠마누엘/강영안 옮김.『시간과 타자』. 서울: 문예출판사, 2001.

_____/양명수 옮김.『윤리와 무한』. 서울: 다산글방, 2005.

_____/서동욱 옮김.『존재에서 존재자로』. 서울: 민음사, 2001.

레스쿠레, 마리 안느/변광배 외 역.『레비나스 평전』. 서울: 살림, 2006.

류터, 로즈마리 레드포드/이우정 편역.『여성들을 위한 신학』. 서울: 한국신학연구소, 1985.

브라이도티, 로지/이경란 옮김.『포스트휴먼』. 서울: 아카넷, 2015.

앤더슨, 마가렛 L./이동원·김미숙 옮김.『성의 사회학』. 서울: 이화여자대학교출판부, 1997.

윤효녕·윤평중·윤혜준·정문영.『주체 개념의 비판: 데리다. 라캉, 알튀세, 푸코』. 서울: 서울대학교출판문화원, 2017.

이경란.『로지 브라이도티, 포스트휴먼』. 서울: 커뮤니케이션북스(주), 2017.

이관표. "4차 산업 혁명 시대 이후의 의학적 인간 현상과 후기 하이데거의 존재 사유적 성찰: 인공 대체 기능물의 생명체 내외부로부터의 생산, 그리고 그 안에 놓인 트랜스휴머니즘의 문제에 관련하여." 「인간연구」 45호(2021), 7-40.

_____. "생태여성주의신학과 환경 위기의 문제: 전통 신론과 기독론의 생태학적·여성주의신학적 재구성에 관련하여." 「동서정신과학」 22권 1호(2019), 1-18.

_____. "신학의 원초적 방법론으로서의 철학적 신학." "人文學硏究"29집(2018), 211-241.

_____. "하이데거와 근대 철학: 데카르트의 '코기토(COGITO)' 비판을 통해 현대 위기 극복의 단초 찾기." 「현대유럽철학연구」 53권(2019), 145-172.

_____.『하이데거와 부정성의 신학: 하이데거의 죽음 이해와 무 물음 그리고 그 신학적 의미』. 서울: 동연출판사, 2021.

이관표·양은경. "여성주의 관점을 통한 문화콘텐츠 내 여성영웅성 연구: 디즈니 애니메이션, 뮬란과 모아나의 여성 영웅적 서사구조 분석을 중심으로." 「인문사회

21」11권 6호(2020), 199-214.

지젝, 슬라보이/김정아 옮김. 『죽은 신을 위하여: 기독교 비판 및 유물론과 신학의 문제』. 서울: 도서출판 길, 2007.

케이브, 스티브/박세연 옮김. 『불멸에 관하여: 죽음을 이기는 4가지 길』. 서울: 엘도라도, 2015.

하라리, 유발/김명주 옮김. 『호모 데우스: 미래의 역사』. 서울: 김영사, 2017.


Levinas, Emmanuel. *God, Death, and Time*. Translated by Bettina Bergo. Stanford: Stanford University Press, 2000.

Ruether, Rosemary R. *Gaia and God: An Ecofeminist Theology of Earth Healing*. San Francisco: HarperCollins, 1992.

Stanley, Timothy. *Protestant Metaphysics after Karl Barth and Martin Heidegger*. Eugene, OR: Cascade Books, 2010.

# 자연과 대화하는
# 기독교 신앙

## - 존 햅구드의 신학적 자연관 연구*

이상은

* 이 논문은 2019년 7월 1일부터 2022년 6월 30일까지 대한민국 교육부와 한국연구재단의 지원을 받아 수행된 연구(NRF 2019S1A5A2A03034618)로서 다음과 같이 출판되었다. 이상은, "자연과 대화하는 그리스도교 신앙―존 햅구드(John Habgood)의 신학적 자연관 연구", 「신학사상」 200집(2023. 03), 115-146.

# I. 서론

"분열되지 않은 마음(An Undivided mind)은 결국 분열되지 않은 진리(An Undivided truth), 사물의 심장에서 하나 됨(oneness)을 추구한다. 그것은 절대 환상에 불과한 것이 아니다. 통전적인 지적 추구는 분열과 한계, 그리고 불확실성에도 불구하고 결국 우리가 하나의 실재를, 그리고 하나의 진리를 만나게 될 것을 전제하고 있음을 보여준다."[1]

영국 요크 대주교로서 교회의 지도자이자 사상가로 활동하다가 팬데믹이 지구촌을 덮기 직전 소천했던 존 햅구드(John Habgood, 1927-2019)는 이러한 말과 함께 자연을 대하는 믿음의 태도에 대해 설명한 바 있다. 그는 학창 시절에는 무신론자였지만, 신앙을 가진 과학자로 전환해서 신학자로서, 교회 지도자로서 생명 윤리와 의료 윤리 분야에 족적을 남겼고 20세기 말 수행된 과학과 종교의 대화에 큰 영향을 끼친 지도자로 많은 담론도 남겼다. 그의 신학적 활동에 누구보다 큰 관심을 가지고 있었고 동지 의식을 느낀 알리스터 맥그래스(Alister E. McGrath)는 이 영국 성공회의 지도자가 수행했던 지적 대화가 특정한 자세에 천착하지 않고 지적 세계

---

1    John Habgood, *Confessions of a Conservative Liberal*, (London: SPCK, 1988), 95. 햅구드의 이 말을 주목하는 가운데 그를 소개하는 논문을 작성한 맥그래스는 "분열되지 않은 마음"이라는 단어를 자신의 논문 제목으로 붙인 바 있다. Alister. E. McGrath, "An Undivided Mind: John Habgood on Science and Religion," *Journal of Anglican Studies* 19 (2011), 69. 맥그래스는 햅구드가 마거릿 대처(Margaret Hilda Thatcher) 총리의 찬사와 더불어 1983년 요크 대주교(Archbishop)로 취임했던 사실을 상기한다. 그는 남작(Baron)의 작위를 가지고 있던 성공회 사제이자 영국 국교회의 지도자로 활동했다. 그의 활동에 대해서 영미권의 신학자들은 많은 관심을 표해왔는데, 그의 신학에 대해 포괄적인 소개를 제공한 것은 데이비드 윌번(David Wilbourne)이다. David Wilbourne, *Just John: The Authorized Biography of John Habgood, Archbischop of York, 1983-1995* (London: SPCK, 2020).

를 향한 관대한 자세를 취함으로써 이후의 활발한 학제 간 대화의 장에 방향을 제시했다는 면에서 큰 족적을 남겼다고 평가한 바 있다.[2]

맥그래스가 높게 평가한 바와 같이 햅구드는 도킨스와 맥그래스 사이에 펼쳐진 진화론 논쟁이 일어나기 훨씬 오래전에 신예 학자 도킨스와의 논쟁을 통해 대중에게 깊은 인상을 심어주었던 교회 지도자이기도 했다.[3] 대중들로부터 많은 비판과 찬사를 함께 받았던 이러한 논쟁의 역사를 뒤로 하고 그는 과학과 자연에 대한 깊은 통찰과 담론을 통해 기독교 신앙이 자연을 어떻게 다루어야 하는지에 대해 끝없이 모색해나갔던 신학자이기도 했다.[4] 자연에 대한 이러한 햅구드의 시각은 그의 기포드 강연 『자연의 개념』(The Concept of Nature)에 함축적으로 담겨 있다.[5] "자연"이라는 개념을 기독교가 어떻게 다룰 수 있을지, 미래를 향한 신학적 지평에서 어떻게 다루어나가야 할지를 다룬 이 저술을 통해 햅구드는 맥그래스가 주목한 것처럼 "하나 됨"의 시각이 어떻게 구현되어나갈 수 있을지에 대해 모색한 바 있다.[6] 아래에서는 이와 같은 햅구드의 기포드 강연을 중심으로

2    McGrath, "An Undivided Mind," 83.

3    존 브룩(John H. Brooke)이 발간한 기포드 강연 안내서인 『자연의 재구성』(Reconstructing Nature)은 1992년에 있었던 도킨스와 햅구드의 논쟁을 소개하고 있다. John H. Brooke, Reconstructing Nature: The Engagement of Science and Religion (Oxford: Oxford University Press, 1998), 7. 당시 "눈먼 시계공"을 통해 유명세를 얻기 시작한 도킨스와 요크 대주교 햅구드의 논쟁은 "대주교께서 원숭이도 영혼을 가지고 있다고 하셨다"는 헤드라인과 더불어 소개된 일화와 함께 소개되고 있다. The Daily Telegraph, September 9. 1994, Brooke, Reconstructing Nature, 11에서 재인용.

4    맥그래스에 따르면 두 사람의 논쟁은 독설로 유명했던 도킨스의 판정승처럼 끝났으며, "인디펜던트"를 포함한 언론 보도 역시 그러한 인상을 남겼다. 그러나 도킨스 자신은 후에 햅구드를 지나치게 몰아붙였던 것에 대해 후회를 남기기도 했다고 전하고 있다. McGrath, "An Undivided Mind," 78.

5    John Habgood, The Concept of Nature (London: Darton, Longman and Todd, 2002).

6    햅구드에 대한 논의와는 별도로 맥그래스는 "자연"에 대한 논의의 중요성을 언급하면서

그가 제시했던 자연에 대한 시각을 서술해나가고자 한다. 그것을 위해 우선 햅구드가 자연과 과학에 대해 가졌던 문제의식을 살펴보는 것에서 시작할 것이다.


## II. "자연"을 바라보는 기독교 신앙의 자세를 향한 질문

### 1. 자연이라는 수수께끼, 해답을 향한 모색

본문을 다루기에 앞서 우선 "자연"이라는 개념을 다루는 작업이 기독교의 입장에서는 결코 만만한 작업은 아니라는 사실을 언급할 필요가 있다. 기독교 신학에서 "자연"이라는 개념은 항상 양향성을 지닌 개념으로 떠오른다. 자연이라는 개념은 우선 창조주와 피조물이라는 도식 속에 이해되는 개념으로 다가온다. 피조세계로서의 자연, 창조와 보존, 그리고 섭리의 대상으로서의 자연이라는 말과 같은 개념을 통해서다. 이러한 관점은 특히 중세부터 근대이전까지의 세계에 영향을 끼쳤던 개념이기도 하다. 반면 자연과학과 그에 따른 세계관의 발전에 따라 근대 이후 자율적인 세계

이 개념이 내포하고 있는 세 가지 의미를 언급한 바 있다. 그에 따르면 일반적으로 자연은 다음과 같은 세 가지 의미를 가지고 정의될 수 있다. 첫째, 실재론적 개념으로 "자연"이 물리적 세계에서 지속적으로 작동하는 구조, 과정 혹은 인과율적 힘과 같은 개념으로 이해되는 방식, 둘째, 형이상학적 차원으로 인류를 구별된 본성 그리고 비인간에 대한 관계 안에서 구별하는 방식, 셋째, 세계의 규칙적으로 관찰 가능한 외양에 대해 설명하는 개념 혹은 용어의 방식과 같은 세 가지 개념이다. 이 중 세 번째 방식의 경우에는 주로 근대 이후의 자연과 도시 혹은 산업 환경을 구별하여 설명하는 방식을 의미하며, 경우에 따라서는 환경 문제와 관련된 맥락으로 사용하는 용어다. Alister E. McGrath, *A Scientific Theology: Nature* (London: T & T Clark, 2006), 81-82.

로 부각된 "자연" 개념에 대한 이해도 있다. 이와 같은 자연의 개념은 이후 "자연신학"의 발전을 수반하는 역할로 이어지기도 했다.[7] 그리고 자율을 강조하는 세속 사회의 흐름 속에서 자연신학 역시 신앙과 점차 분리되는 가운데 독자적인 영역을 구축해나갔다.[8] 자연신학의 분야에서 이루어진 이와 같은 흐름은 20세기 초반 칼 바르트(Karl Barth)에 의해 촉발된 자연계시의 비판에 이르기까지 때로는 대화, 갈등과 논쟁을 지속하면서 이어져 나가기도 했다.[9]

　　20세기에 이루어진 다양한 논쟁이 여전히 명쾌한 결론으로 이어지지 못한 채 지속적인 대화로 이어지고 있는 오늘의 현실에서 본질적인 질문은 결국 "자연" 개념 자체에 대해 조명해나가면서 지성의 길을 모색해나

---

7　　맥그래스는 자신의 『과학적 신학: 자연』(A Scientific Theology: Nature)을 통해서 아퀴나스, 그리고 칼뱅과 같은 신학자들에게 이미 자연신학의 개념이 상존해 있었지만, 근대 사회에서 언급되는 "자연신학"의 개념은 사실상 17세기 혹은 18세기 영국에서 시작된 지적 사회의 흐름에서 발생한 논쟁적 개념임을 언급하고 있다. McGrath, A Scientific Theology: Nature, 242. 다시 말해서, "자연신학"이라는 용어의 근대적 개념의 사용은 17세기 영국의 지적 토양의 맥락에서, 예컨대 존 윌킨스(John Wilkins)의 『섭리의 무신론의 어두움』(The Darkness of Atheism of Providence, 1649) 혹은 월터 찰턴(Walter Charleton)의 『자연의 빛에 비추어본 축출된 무신론의 어두움』(The Darkness of Atheism Dispelled by the Light of Nature, 1652), 존 레이(John Ray)의 『창조의 사역에 나타난 하나님의 지혜』(Wisdom of God Manifestered in the Works of the Creation, 1691)와 같은 일련의 저술들을 통해 형성되어나갔다고 맥그래스는 파악하고 있다.

8　　맥그래스는 17세기 이후 자연신학의 발전을 강화시켜준 네 가지 중요한 전개의 측면을 언급한다. 성서적 비평주의의 흥기, 교회론적 권위에 대한 거부, 자연 종교의 추구, 기계적 세계관의 지속적인 흥기와 발전과 같은 측면이다. McGrath, A Scientific Theology: Nature, 244.

9　　일반적으로 바르트의 신학이 자연신학에 대해 거부감을 표명했던 것으로 알려진 데 반해, 토마스 토런스(Thomas F. Torrance)는 바르트의 신학에서 자연신학의 가능성을 발견할 수 있다는 견해를 피력한 바 있다고 전해진다. McGrath, A Scientific Theology: Nature, 280 이하.

가는 것이라고 맥그래스는 밝힌 바 있다.[10] 여기서 "자연"에 대한 햅구드의 분석은 바로 이러한 부분을 지향하고 있다고 볼 수 있다. 그는 기독교 신앙의 입장에서 볼 때, 자연의 개념은 결코 대립이나 분리된 영역에 머물러서는 안 되고 대화와 통합의 영역을 지향해나가야 하는 분야라는 주장과 함께 논의를 시작한다. 이를 위해 그는 우선 "자연"이라는 말이 내포하는 다양한 의미를 탐구하며 그 기원에 대해 추적해나간다. 그는 우선 자연이라는 개념이 다양한 내포를 담고 있다는 사실을 지적한다. 예컨대 그것은 사물의 본질적 특성에 대한 언급으로서의 자연, 사물이 있는 그대로 존재하도록 만드는 힘으로서의 자연, 존재하는 모든 것의 기술로서의 자연과 같은 세 가지 기준이다.[11] 동시에 그는 "자연"이라는 개념이 자연과학에서는 어떻게 사용되고 있는지 그 용례에 대해 분석하면서 근대의 자연과학이 실재(Reality)에 대해 순진한 접근을 취하는 가운데 이 주제를 막상 제대로 다루지 못해왔다고 비판을 제기한다.

그에 반해서 햅구드가 상정하는 것은 앞서 언급한 것과 같이 "하나의 실재", "하나의 진리" 추구에 관한 자세다. 그렇다면 햅구드는 어떤 이유에서 "자연"에 대해 이와 같은 통전적 시각을 추구하게 된 것일까? 이에 대한 이해를 얻기 위해서는 믿음과 과학에 대한 햅구드의 시각이 형성된 배경을 살펴볼 필요가 있다. 맥그래스는 무신론자로서 학업을 시작했던 햅구드가 케임브리지에서 신앙심이 두터운 대학 동료들의 영향으로 복음주의 단체였던 케임브리지 기독학생연합회(CICCU, Inter-Collegiate Christian Union)에서 활동을 시작했고 후에 무대를 성공회로 옮겨갔던 일화에 대해

---

10    앞의 책, 249.
11    Habgood, *The Concept of Nature*, 1-2.

소개한다.[12] 그 이유는 당시 복음주의 권역이 가지고 있던 반지성주의적·성서 문자주의적 성향을 햅구드가 받아들이기 어려웠기 때문이었다. 다른 한편, 햅구드는 과학이 스스로 지적 영역에 만족하는 방식을 취하는 성향, 즉 오늘날 "과학주의"(scientism)라고 부르는 방향에 경도되는 것에 대해서도 비판적으로 바라보았다. 다시 말해서 햅구드에게는 종교적 근본주의도 과학적 실증주의도 극복해야 할 대상으로 다가왔다. 이에 반해 그는 진화론과 믿음, 과학과 종교 사이에 적절한 관계가 성립되어야 한다는 주장을 펼쳐나갔다.[13] 다시 말해서 과학은 스스로 특정한 분야나 방법론에 매달려 전체를 보지 못하는 오류를 범해서 안 되고, 신앙 역시 권위주의적 경향에 안주하면서 대화를 차단해서도 안 된다는 것이다.

맥그래스는 이와 같은 햅구드의 관점에 "실재의 상호작용의 복합성의 인지"(the recognition of the intractable complexity)라는 이름을 붙인다.[14] 그에 따르면 자연과학은 다양한 대화가 가능한 가능성의 스펙트럼에 스스로를 맡기며 협소한 범위를 넘어서야 한다. 단지 자연과학뿐 아니라 모든 학문 분야가 이러한 가능성에 스스로를 내맡겨야 한다.[15] 따라서 과학과 종교는 기존에 그렇게 받아들여져왔던 "어떻게"(how)와 "왜"(why)라는 접근으로 분리되어서는 안 된다.[16] 종교적 근본주의 혹은 과학적인 실증주의적 접근이라는 것은 지난 세기의 유물일 수 있을 뿐 진리를 향한 도상에서

---

12　McGrath, "An Undivided Mind," 69-70. 맥그래스에 따르면 햅구드가 케임브리지 시절 기독교 과학자들과 가진 교류는 그의 학문 여정에 큰 영향을 끼치게 되었는데, 이때 활동을 했던 인물로는 로즈(H. T. Rhodes), 도널드 맥케이(Donald G. MacKay) 그리고 존 폴킹혼(John Polkinghorne)과 같은 인물들이 있다.

13　McGrath, "An Undivided Mind," 70.

14　앞의 논문, 73.

15　앞의 논문.

16　앞의 논문, 74.

수행하는 대화의 전제가 될 수는 없다는 말이다. 실제로 과학과 믿음은 상호작용을 하는 대상으로 작용할 뿐, 완전히 분리되어 설명되는 것이 불가능하다고 햅구드는 주장한다.[17]

이것은 필연적으로 과학과 종교의 대화 혹은 모든 과학적 작업의 전제에는 해석학적 근간이 깔려 있다는 주장으로 이어지게 된다. 실제로 햅구드는 "과학은 종교 없이 살아남을 수 있는가?"(*Can Science Survive Without Religion?*, 1990)라는 제하의 강연을 통해 과학과 신앙 사이의 관계는 독립의 관점으로도 의존의 관점으로도 설명될 수 없고, 단지 상호 의존이라고 하는 개념하에서만 이해될 수 있을 뿐이라고 주장한 바 있다.[18] 그에 따르면 인간과 세계는 상호작용하며, 종교적·문화적 맥락과 분리된 과학이란 존재하지 않는다.[19] 모든 과학은 해석학적 지반 혹은 신념의 기반을 염두에 두고 수행된다. 종교적·문화적 맥락과 별개로 이루어지는 과학은 존재할 수 없다. 햅구드는 이러한 해석학적 신념 위에 학문적 대화를 넘어서 생명 윤리를 비롯한 다양한 담론에서 사회적·공적 책임을 감당하는 신학자의 자세를 강조하기도 했다.[20]

여기서 다시 햅구드가 주목했고 기포드 강연을 통해 소개했던 "자연"

---

17　John Habgood, "Can Science Survive Without Religion?," *RSA Journal* 139 (1991), 242.
18　앞의 논문. 햅구드의 본 원고는 1990년 리즈(Leeds) 대학교에서 실행한 강연의 내용이다.
19　1990년 강연을 마치고 학생들과 대화를 진행하면서, 극동 지역(일본으로 추정됨)에서 연구원으로 일한 경험이 있는 한 연구원의 질문에 대해 햅구드는 과학은 이미 연구 주제의 선택부터 사회적·문화적 영향을 받는 가운데 수행되기 때문에 객관적·중립적 학문이란 존재할 수 없다는 의견을 피력하고 있다. 앞의 논문, 249.
20　햅구드가 수행한 많은 기여는 의료 윤리 분야, 생명 윤리의 작업에서 인지된다. 또한 그는 이안 램지 센터의 센터장으로 취임한 바 있다. 의료 윤리 분야에 대한 그의 저술은 다음을 참조하라. John Habgood, *A Working Faith: Essays and Addresses on Science, Medicine, and Ethics* (London: Darton Longman & Todd, 1980).

의 개념에 대해 살펴본다면, 그는 "자연"이라는 개념과 함께 위에서 살펴본 신앙과 과학의 관계, 하나 됨을 추구하는 활발한 지적 추구의 활동장을 염두에 두고 있다. 한편으로 그는 자연의 개념과 관련된 보편적 적용이 가능한 자연·도덕적 법칙이 있는지 질문하기도 하고, 문화적 관점에서 인간은 어떻게 자연에 영향을 주고자 상호작용을 시도해왔는지 질문하기도 한다. 그러나 결국 그는 신학자로서 다양한 주제를 총괄적으로 종합하는 가운데, 신에 대한 믿음과 연관하여 종말론적·목적론적 차원에서 기독교적 자연관을 어떻게 세워나갈 수 있을 것인가를 질문한다. 아래에서는 이와 같은 햅구드의 추구에 대해 보다 자세히 살펴보도록 한다.

## 2. 자연을 향한 햅구드의 질문: 목적론과 인과율에 입각한 자연의 이해는 적절한가

앞서 살펴본 바와 같이 햅구드는 과학과 종교, 자연과 신앙을 분리해서 볼 수 있다고 생각하지 않았다. 그것은 본질적으로 하나의 존재, 하나의 진리를 지향해나가는 특성을 공유하고 있다.[21] 그러나 궁극적으로 신학적 관점에 따른 목적론적 일치성을 지향하는 자연에 대한 해답을 내놓기 전에 햅

---

21  이러한 시각은 고대로부터 근대 이전 중세에 이르기까지 지속적 시각 속에 이루어져왔다. 철학자 김진은 전통적으로 형이상학이 일반 형이상학과 특수 형이상학을 구분했고, 일반 형이상학인 "존재학"을 제1철학으로, "신학"을 특수 형이상학으로 규정하는 가운데 존재 일반에 대한 학문적 성찰과 최고 존재자에 대한 형이상학적 성찰을 함께 다루어왔다고 말한다. 그에 따르면 아리스토텔레스의 형이상학의 체계에서 볼 때 존재론과 신학의 구별은 사실상 무의미했다. 이러한 시각은 기독교가 세계 종교가 되면서 신중심적 사고 아래에서 세계의 인식을 수행했던 중세까지 이어져 내려왔으며, 이러한 체계에서 형이상학은 곧 존재론적 특성을 가지고 있었다. 이러한 존재론적 특성은 끝없이 변화하는 존재자의 양상에도 불구하고 그 이면에 본질이나 존재의 동일성을 추구하는 시각을 강조한다. 즉 서구의 고대와 중세에 "퓌시스"는 곧 "메타피직"과의 연관성 아래에서 질문되는 주제였다는 것이다. 김진, 『퓌지스와 존재사유』(서울: 문예출판사, 2003), 12.

구드는 "자연" 개념에 대해 다양하고 포괄적인 해석을 살펴보는 작업을 시작한다.

햅구드에 따르면 "자연"은 상당히 다양한 개념에 따라 해석되어온 말이다. 햅구드는 이러한 개념을 크게 다섯 가지 개념을 중심으로 정리하려고 시도한다. 우선 근대 이후의 사람들은 "자연"이라는 말을 들을 때 "객관적"(obvious), "적절한"(appropriate), "환경 안에서 기대될 수 있는 어떤 것"과 같은 말들을 떠올리곤 했다.[22] 다른 한편으로 "자연의 본성"(the nature of Nature)이라는 말에서 볼 수 있듯, 자연이 사물의 특별한 본질을 의미하는 것으로 사용될 때도 있다. 그런가 하면 다른 한편으로 "어머니 자연"과 같은 단어에서 보여주는 것처럼 존재하는 모든 것을 포괄하는 의미로 사용되기도 한다. 이러한 용례와는 달리 신학적 견지에서 볼 때, "자연신학"(natural theology)과 같은 용어에서 볼 수 있는 것처럼 특별한 계시에 의해 알려지는 것과 비교되는 의미에서 감각적 증명의 대상으로 반추되는 어떤 것을 가리키는 의미로 사용되기도 한다.[23] 어떤 것이 되었든, "자연적"(natural)이라는 말이 객관적이고 보편적인 개념을 상정하는 것에 비해, 자연신학이라고 할 때는 주체적이고 인격적인 개념을 전제로 하는 학문 개념을 상정하고 있는 것처럼 보인다.[24] 다른 한편 인간 본질(human nature)과 같은 단어에서 볼 수 있는 것처럼 위에서 언급한 자연의 본질과 같은 개념으로 사용되는 경우도 있다.

물론 여기서 언급된 다섯 개의 범주가 자연의 개념을 보여주는 모든 예라고 보기는 어렵다. 그보다는 훨씬 다채로운 개념으로 사용되고 있는

---

22    Habgood, *The Concept of Nature*, 1-2.
23    앞의 책, 2.
24    앞의 책.

까닭이다. 하지만 햅구드는 이 개념들을 다시 종합해서 기독교의 자연관의 특성을 고찰하고자 할 때, 우선적으로 그리스의 자연관과의 비교를 통해 접근해나가기 시작할 수 있다고 판단한다. 그리고 그 특성을 비교해볼 때, 기독교의 자연관은 그리스의 자연관과 많은 부분에서 공통점을 갖고 있다는 사실을 파악하고 있다. 일반적으로 기독교 신학은 자연을 하나님의 창조의 대상으로, 그리고 하나님의 섭리와 주관하심의 대상으로 이해하는 경향이 있다. 또한 이러한 자연에는 설계와 목적이라는 개념이 적용된다는 관점이 견지된다. 그런데 이러한 기독교의 자연관은 사실은 그리스의 자연관으로부터 영향을 받아 형성된 것이 아니었을까?[25] 햅구드는 이러한 질문에 대답을 찾기 위해 고대 그리스 어원의 탐구에서 시작한다. 고대 그리스 세계에서는 자연을 가리키는 말로 "퓌시스"(*phusis*)라는 단어를 사용했다.[26] 물리학을 가리키는 말인 피직스(physics)의 어원이 되기도 한 퓌시스라는 단어는 사물의 본성에 대한 연구를 가리키는 말로서 이 개념에 대해, 특히 심도 있는 설명을 제시한 인물은 『형이상학』(*Metaphysics*)의 저술가 아리스토텔레스다.[27] 그에 따르면, "자연"은 변하지 않는 하늘과 구별되는 것으로서, 변화 가운데 놓여 있는 변하지 않는 요소인 실체

---

25  앞의 책, 3.
26  햅구드는 자연에 해당하는 고대어로 그리스 세계의 "퓌시스"(*phusis*)와 로마 세계의 "나투라"(*natura*)라는 두 단어가 사용되었던 사실에 주목한다. 이 중 "퓌시스"라는 말은 사물의 본성을 가리키는 말로 사용되었고, "나투라"는 태어난 것을 의미하는 말로 사용되었다. 기독교에 보다 의미를 주는 말은 "퓌시스"다.
27  아리스토텔레스에 따르면 "퓌시스"는 우선 생장하는 사물의 생성을 의미한다. 그리고 생장하는 사물 안에 내재하여 그 사물이 비롯되는 원인에서 생장하기 시작하는 제일의 것을 의미하기도 한다. 동시에 그것은 자연에 의해 존재하는 사물을 의미하기도 한다. 광의의 개념에서 퓌시스는 일반적으로 모든 실체를 의미하는 말로 사용되기도 한다. 아리스토텔레스/이종훈 옮김, 『형이상학』(서울: 동서문화사, 2016), 133-135.

(substance)와 대조를 이루는 개념이다. 다시 말해서 퓌시스란 각 사물이 가지고 있는 변화 가능한 형식을 의미하는 말이었다.

햅구드는 아리스토텔레스의 형이상학에서 제시한 "퓌시스" 개념이 내포하는 개념들에 대해 논구한다. 그리고 그 의미가 "스스로 안에 있는 운동의 원천을 가진 사물의 본질"이라는 사실에 주의를 기울인다.[28] 말하자면, 모든 살아 있고 움직이는 동물들, 그리고 식물들은 "자연적"(natural)이며 자신의 퓌시스를 갖고 있다. 그에 반해서 살아 있지 않은 것들, 곧 산과 바위들 그리고 집과 같은 사물들은 아무런 운동의 원천도 갖지 않는다. 한편, 어떤 외적 요소들에 의해 그들에게 부과된 기능을 가진 사물들은 모종의 내적 조직이나 형태를 갖고 있기도 하다. 예컨대 침대는 나무로 만들어져 있으며 자신의 내적 조직이나 형태를 갖고 있다. 그러나 이러한 사물을 자연적이라고 말하지는 않는다. 그 스스로 안에 어떠한 조직적인 원천을 갖고 있지 않기 때문이다. 다시 말해서 햅구드에 따르면, 아리스토텔레스는 퓌시스의 개념을 엄격하게 "스스로 안에서 운동의 원천을 가진 사물들의 본질"이라는 의미를 가진 것과 내적으로 목표를 향해 움직이는 살아 있는 사물이라는 의미를 가진 것으로 이해했다.[29] 즉 퓌시스는 "목적-지향적 행동"을 가지고 있는 것이며, 인과성(causality)을 가지고 있다는 말로 설명이 될 수 있다는 것이다.[30]

또한 햅구드는 아리스토텔레스가 이해한 자연이 본질적으로 유기체적인 것이라는 사실에 주의를 기울인다.[31] 그에 따르면, 아리스토텔레스는

---

28    Habgood, *The Concept of Nature*, 7.
29    앞의 책, 8.
30    앞의 책, 11.
31    앞의 책.

사실 사물의 물질적 구성에 별 관심을 기울이지 않았다. 대신에 그는 퓌시스의 개념을 첫째로 "물질", 둘째로 "본질"이라고 하는 두 개념으로 구분하면서 어떤 것의 본성(nature)을 사물 그 자체의 본질적 존재로 보는 가운데, 그것이 사물을 만드는 형태와 특성에 주목했을 뿐이었다. 그런데 여기서 햅구드는 아리스토텔레스가 중시했던 핵심이 살아 있는 것들이 그를 향해 움직여 나가는 목적에 있었다는 사실에 주목한다. 이러한 방향성은 사실 기독교가 중요하게 파악했던 본질이기도 했다. 실제로 아리스토텔레스나 기독교는 모두 "궁극적 목적"을 향한 중요성을 주목해보았다는 면에서는 공통점이 있다.[32]

그러나 이와 같은 공통점이 있음에도 불구하고 아리스토텔레스의 형이상학적 착상이 기독교에 의해 전적으로 수용되기는 어렵다는 점을 햅구드는 지적한다. 첫째로, 아리스토텔레스의 연역적 방법 자체가 학문의 우상이라는 이름으로 베이컨에 의해 이미 비판을 받은 맹점이 있으며, 둘째로 그가 전개했던 목적론적 방법이 오늘날과 같은 세계관에서 본다면 더욱 설득력을 얻기 힘들다는 점에서 그러하다. 예컨대 오늘날 많이 언급되는 바와 같이 목적론적 관점에서 볼 때 설명이 불가능한 신체의 기관들의 의미를 어떻게 설명할 수 있을까?[33] 사실상 아리스토텔레스의 설명 방

---

32    앞의 책, 14. 아리스토텔레스의 목적인에 중심을 둔 신학은 중세 유신 논증에도 큰 영향을 끼쳤으며, 근대의 윌리엄 페일리(William Paley)를 포함한 설계 논증에도 적지 않은 영향을 끼친 것으로 보인다.

33    앞의 책, 9-10. 햅구드의 이 말은 지적 설계론에 대한 비판일 수도 있다. 설계의 개념은 목적론적 방향을 염두에 두고 이해될 수 있다. 그런데 인간의 신체에는 설계 개념과는 맞지 않는 구조가 분명히 관찰되고 있다. 햅구드는 연어의 움직임에 대해 살펴보면서, 이 어종은 회귀의 목적으로 대양으로 나아가는 게 아니라는 사실을 염두에 두어야 한다고 설명한다. 물 안에 있는 화학적 신호와 반응, 환경에 따른 진화 등에 의해 움직일 뿐, 단지 이 어종이 우수한 회귀 능력을 가지고 있다는 사실 하나만으로 애당초 그렇게 설계되었

식들은 햅구드에 따르면 환원주의적(reductionist) 방식이라고 언급될 수 있다. 이러한 관점에서 본다면, 모든 현상은 근본적인 구성적 행동의 의미에서만 설명이 이루어질 수 있고, 단지 효과적인 원인만이 받아들여질 수 있다. 따라서 햅구드는 단순한 목적론적 관점으로 환원시켜 설명하는 방식에 대해서 회의를 제기한다. 그 대신에 그가 제시하는 방식은 유기체적 관점으로 설명하는 방식을 전개하는 것이다. 예컨대 아리스토텔레스는 목적-지향적 체계의 예증으로 인간의 손을 언급하면서, 손가락의 목적은 손 전체의 목적 아래에서 이해될 수 있는 개념으로 설명될 수 있지만, 유기체적 관점을 적용한다면, 손 전체의 목적뿐 아니라 각각의 손가락 하나의 의미에 관심을 기울여야 한다고 주장한다는 사실을 햅구드는 언급한다. 전체는 부분 없이 의미를 갖지 못하고, 부분은 전체와의 조화 속에서 의미를 얻을 수 있기 때문이다.[34]

다시 말해서 햅구드는 아리스토텔레스의 인과율이 전체 체계라는 맥락을 이해할 때만 온전히 받아들여질 수 있다고 판단한다.[35] 햅구드에 의하면, 아리스토텔레스의 시각을 참조했던 기독교 신학 역시 이러한 부분을 염두에 두어야 한다. 궁극적 원인에 대한 개념 설명에 너무 많은 무게를 실어서는 안 되며, 대신에 복잡한 유기체적 체계를 고려하는 특성을 염두에 두고 설명을 구사해나가야 한다. 한편으로 기독교 신학이 수 세기에 걸쳐 아리스토텔레스의 신학의 영향을 수용했던 이유는 그가 제시했던 목적론적 관점이 인과율을 중시하는 기독교의 세계관에 상응하는 부분이 있었기 때문이긴 하다. 그러나 햅구드에 따르면 아리스토텔레스도, 그리

---

다고 주장하는 것은 적절한 설명이 아니라는 것이다.
34  앞의 책, 10.
35  앞의 책, 11.

고 기독교의 관점도 단순한 인과율의 차원을 넘어서는 복잡성의 차원을 논의할 필요에 직면하고 있으며, 이에 따라서 자연을 바라보는 자신의 관점도 재정립해야 할 필요성에 놓여 있다.

## 3. 객관적·합리적 탐구 방법은 자연을 연구하는 유일한 길인가

목적론과 인과율에 입각한 이와 같은 고찰과 함께 햅구드는 자연을 탐구할 때 "객관적·합리적 탐구의 방법이 가능한가? 혹은 유효한가?"라는 질문을 제기한다. 일반적으로 자연은 합리적이고 일반적인 법칙이 주어져 있는 부분이라는 시각이 편만해 있다. 이에 대해서 햅구드는 자연의 법칙이 객관적·합리적 그리고 규정적으로 주어져 있는 것이라는 시각은 받아들이기 어려운 것이라고 주장한다. 이와 같은 시각, 즉 자연에 내포되어 있는 법칙성, 소여성(所與性, givenness)에 대한 확신은 햅구드에 의하면 오늘날 한의학과 같은 대체 의학의 주장에서 발견될 수 있다.[36] 많은 대체의 학자는 자연의 법칙을 거슬러서는 안 되는 인간의 특질에 대해 이야기하고 있다. 이러한 자세는 또한 햅구드에 따르면, 기독교 신학 전통에서는 클레르보의 베르나르두스(Bernardus de Clairvaux)에 의해 제시된 바 있으며, 생리학자 캐넌 역시 우리의 내적 환경의 복합체를 언급하기 위한 말로 "항상성"(homeostasis)이라는 말을 사용한 바 있다.[37] 즉 우리의 신체에는 세포가 흐르는 유동체가 담겨 있고, 외부 환경의 변이들에도 불구하고 우리의 몸을 지속적 상태로 유지해주는 기제가 있다는 말이다. 생명 그 자체는

---

36    앞의 책, 15.
37    앞의 책.

자신이 가지고 있는 자연적 균형 속에 놓여 있고, 이 균형을 깨지 않기 위해 인공적 방법의 의학적 적용은 권장되지 않는다는 주장도 제기되어왔다. 햅구드는 인간의 신체적 균형뿐 아니라 자연 역시 포괄적 의미에서 전체 물리적 우주에 주어진 소여성의 특징을 염두에 두는 가운데 설명되는 특성이 있었음을 언급한다.

그러나 주어져 있는 힘으로서의 자연이라는 이러한 시각을 어느 정도 받아들인다고 하더라도, 햅구드는 인간의 의식 활동이 자연을 연구하는 주체로 작용하는 한 자연에 대한 객관적인 접근은 없다고 주장한다.[38] 예컨대 제1차 세계대전 직후 아인슈타인의 상대성 이론은 독일의 자연과학자들로부터 대대적인 공격을 받은 바 있는데, 이는 아인슈타인의 이론 뒤에 유대교적 관념이 담겨 있다는 선입견이 작용했기 때문이다.[39] 또한 제2차 세계대전 이후 소비에트 연방에서 진행된 트로핌 리센코(Trofim Lysenko)의 실험은 마르크스주의적 관점에 따른 실험 결과 및 유전학적 왜곡을 동반했는데, 이는 리센코가 이념적 전제에 따라 획득 형질의 유전이 가능하다고 주장했고 이러한 주장에 반대하는 과학자들을 숙청하면서 자신의 이론을 관철시켰기 때문이었다. 그 결과는 농업 분야에 일어난 대재앙이었다.[40] 이러한 예에서 볼 수 있듯이 자연에 대한 이해와 접근은 상당 부분 문화적 관점에서 접근되거나 정치화되는 가운데 다루어지기도 한다. 나치 정권 치하에서는 그들의 자연철학에 따라, 소비에트 연방에서는 이데올로기에 따라 채색된 역사가 있었다. 그 까닭은 예컨대 소비에트 연방에서는 마르크스주의가 궁극적 가치를 지니고 모든 것을 포괄하는 과

---

38   앞의 책, 16.
39   앞의 책, 17.
40   앞의 책.

학으로 작용하고 있었기 때문이다. 앞서 언급했듯이 햅구드는 자연에 대한 연구에서 우리는 어떠한 경우에도 중립적 입장을 취할 수 없다고 주장한다. 자연은 관찰하고 해석하는 입장에 따라 다르게 채색되어 나타날 수밖에 없다. 따라서 햅구드는 우리의 자연 이해가 어떤 식으로든 모종의 세계관과 연관이 되어 있음을 받아들이고, 기독교적 해석의 명료성은 무엇인지에 대해 끝없는 질문을 제기해야 함을 주장한다.[41]

그렇다면 기독교적 관점에서 적절한 자연 연구의 길은 무엇일까? 이 질문과 관련해서 햅구드는 자연에 대한 연구가 넓은 시야와 다양한 수준의 이해를 요구한다고 주장한다. 자연에 대한 우리의 연구는 하나의 길에서 수행될 수 있는 것이 아니라 다양한 요소가 함께 고려되어야 한다.[42] 여기서 햅구드는 현대 과학의 핵심에서 자연의 이해와 그것을 지배하는 법칙 사이의 연결고리로 작용하는 수학 분과에 대해 질문을 제기한다. 수학은 한편으로 실재를 발견하고자 추구하는 길에서 양향성을 갖는다. 그것은 한편으로 법칙의 설명을 위해 발명되거나 발견되는 특성을 가지고 있다. 동시에 그것에 기반을 두고 자연법칙을 설명하는 기초로 받아들이는 양쪽 측면을 가지고 있다. 한편으로 추상적 사유의 형식을 취하는 수학은 왜 실험의 결과들과 맞아떨어지는 것처럼 보이는가라는 질문이 제기될

---

41  앞의 책, 18.
42  앞의 책, 28. 자연과학의 측면에서 이러한 모델을 제시했던 인물은 햅구드에 따르면 생물학자 에드워드 윌슨(Edward O. Wilson)으로 볼 수 있다. 윌슨은 샌드위치 모델로 알려진 모델의 상호작용을 통해 과학의 층위를 설명해나갔다. 샌드위치의 위치에 속해 있는 각각의 과학 분과는 다른 분과에 흡수될 필요가 없이 나름의 역할을 수행하면 된다. 그러면서 동시에 전체 과학의 이해에 기여한다. 맥그래스의 경우도 자연신학을 관찰하는 다양한 시각을 제시한 바 있다. 예컨대 자연신학을 보는 두터운 층과 얇은 층과 같은 개념이다. Alister E. McGrath, *Re-Imagining Nature: The Promise of a Christian Natural Theology* (Hoboken: Wiley Blackwell, 2017), 22-25.

수 있다. 이러한 법칙성에 기반을 두고 신학자 토런스는 교리와 법칙을 설명하는 데 있어서 자연과학의 설명 법칙으로서의 수학적 유비가 가진 기능에 주의를 기울이기도 했다.[43]

햅구드는 『과학과 종교』(Science and Religion)라는 저술에서 이와 같은 수학에 대한 질문 혹은 수학적 진리가 과학의 기반이 될 수 있는가라는 질문을 제기한 바 있다.[44] 거기서 그는 비슷한 질문을 제기했다. 일반적으로 과학은 객관적이고 합리적인 기반 위에 서 있다고 생각하는 경향이 있다. 특히 이러한 의견은 수학 법칙에 의해 뒷받침되는 것으로 받아들여진다. 즉 수학에 의해 뒷받침될 수 있는 과학이어야 신뢰의 대상이 된다는 말이다. 그러나 햅구드는 질문을 제기한다. 수학에 의해 뒷받침을 받는 과학의 "객관성"이란 가능한 것인가?

여기에 대해서 햅구드는 과학의 객관성이란 신화에 도전을 제기한다. 문화를 전제로 하지 않은 순수 수학적 방법에 따른 과학의 전개는 가능한 것일까? 우선 햅구드는 다신론을 믿었던 그리스인들 역시 순수한 사유의 능력을 믿으면서 수학에 대한 확신을 키워나갔던 역사를 갖고 있었음을 회고한다. 그들에게 수학은 질서를 부여해주는 원리로 작용했다. 그리스인들이 발전시켰던 기하학적 분석은 처음에는 물리학이나 천문학에, 다음으로는 공학에 기반을 주는 것으로 발전되어나갔다. 근대에 와서 수학은 과학에 필수 불가결한 요소가 되었고 수학적 공리가 도출되지 않

---

43    McGrath, *A Scientific Theology: Nature*, 279-283. 토런스에 대한 포괄적인 설명은 다음
      저술을 참조하라. Alister E. McGrath, *T. F. Torrance: An intellectual Biography* (London:
      T & T Clark, 1999). Wolfgang Achtner, *Physik, Mystik und Christentum* (Frankfurt(M):
      Peter Lang, 1991).

44    John Habgood, *Religion and Science* (London: Mills & Boon, 1964), 14.

는 한 "과학적"(scientific)이라는 말을 붙일 수 없다는 의견이 지배적으로 되었다. 하지만 햅구드는 이러한 입장에 대해 과학자들의 연구 역시 이해(understanding)의 차원에서 해석되는 주제라고 주장한다.[45] 과학자들의 목적은 그가 연구하고 있는 현상을 이해하는 데 놓여 있기 때문이다. 그리고 과학의 진보는 과학자들이 점점 더 만족스러운 모델을 개발함에 따라 이루어진다. 궁극적으로 유일하게 만족스러운 모델은 그 자체가 완전히 이해될 수 있는 하나로 주어질 때 성취된다. 수학은 이러한 목적을 위해 기여한다. 수학은 그것이 완전히 이해될 수 있는 생각의 체계로 이해된다는 면에서 가치가 부여되기 때문이다. 만일 누군가가 태양계의 궤도를 거대한 돌이 선을 따라 움직이는 것으로 설명한다면 여러 논란이 제기될 수 있겠지만, 수학적 방정식으로 설명을 할 수 있다면 그 의미는 다른 차원으로 받아들여진다. 뉴턴의 법칙에서 알 수 있듯이 법칙을 통해 예측 가능한 세계가 문제가 되기 때문이다. 따라서 수학은 과학자들의 손에 있는 가장 강력한 도구로 작용한다. 사실상 우리가 이야기하는 과학의 발전은 수학의 발전과 밀접한 관계 아래서 진행된다.

그런데 햅구드는 과학과 수학 사이의 파트너십에서 위험이 발생할 수 있다고 본다. 특히 수학이 매우 쉽게 지적 상위의 자리로 올라갈 수 있다는 점에서 그러하다.[46] 수학은 그 자체로 신비주의화의 대상이 될 수 있다. 예컨대 기원전 6세기에 수의 비율(properties)을 통해 세계의 비밀을 발견할 수 있다고 믿었던 피타고라스 학파의 예에서 이러한 모습을 볼 수 있다.[47] 당시에 그리스인들은 세계의 완전한 형체가 구(球)의 형태를 띠고 있

---

45    Habgood, *The Concept of Nature*, 26.
46    앞의 책, 6. Habgood, *Religion and Science*, 14.
47    Habgood, *Religion and Science*, 16.

어야 한다고 믿었기 때문에 천구체 역시 구로 생각했다. 그리고 10은 중요한 수였기 때문에 10개의 천구체가 있어야 했다. 만일 6이라는 숫자에 의미를 부여한다고 가정하면, 여섯 코끼리, 여섯 오렌지와 같은 개념들에서 이야기하는 것처럼 주어진 수의 형식이 중요할 뿐 실제로 여섯 코끼리가 무엇을 하고 있는지는 중요하지 않게 된다. 마찰 없는 풀밭의 경사면으로 미끄러져 내려가는 하마를 상정하면 하마나 풀밭은 관심이 없고 경사면의 각도와 속도부터 계산하기 시작한다. 이러한 상황 자체는 매우 무의미한 결과를 낳을 수 있다. 그런데도 수학적 설명은 왜 그렇게 중요성을 얻게 된 것일까? 햅구드는 이를 "실재"에 대한 그리스인들의 이해에서 비롯된 것으로 판단한다.[48] 플라톤을 비롯한 그리스인들은 우리의 세계를 경험에 의한 세계가 아니라 "이념들" 혹은 "형태들"이 구현된 세계로 판단한다. 이 세계는 완전한 실재의 불완전한 그늘일 뿐이다. 따라서 그 순수한 이데아적 사유에 의해서만 진리가 알려질 수 있다. 그리고 그들은 이러한 순수한 사유의 가장 높은 표현이 수학 안에서 구현될 수 있다고 믿었다.[49] 수학은 실재를 향한 실마리이자 이상적인 설명의 수단들이라는 것이다.

햅구드에 따르면, 수학에 대한 이러한 기대는 그 이면에 추상화의 위험을 내포하고 있다.[50] 수학은 일상과 경험에서 벗어난 관념적 수단으로 작용할 수 있다. 또한 이러한 관념적 수단으로서의 수학은 경험을 벗어난 추상의 세계로 인도할 위험을 안고 있다. 따라서 플라톤의 수학 의존을 비판하면서 아리스토텔레스는 경험에서 시작하고자 한다.[51] 아리스토텔레

---

48    앞의 책.
49    앞의 책, 16-17.
50    앞의 책, 16.
51    앞의 책, 18.

스는 자연의 의미를 목적과 의도에 비추어 설명하고자 했다. 사물이 높은 곳에서 낮은 곳으로 떨어지는 이유는 그것의 본성(nature)이 그렇게 설정되어 있기 때문이다. 수학적 설명은 별로 중요치 않다. 이러한 설명 방식은 생물학에 훨씬 큰 도움을 주었다. 왜 지적인 생물은 네발이 아니라 두발로 걷는 것일까? 햅구드가 보기에 목적인에 따른 아리스토텔레스의 생물학적 설명은 이에 대한 대답을 제시해주는 것처럼 보인다. 그에 비해 물리학은 별로 해답을 제시하지 못하는 것처럼 보인다. 그런데 근대 이후의 과학은 물리학적 세계관이나 수학에 훨씬 더 많이 의존해왔다. 그 반면에 아리스토텔레스는 근대 이후의 세계에서 별 큰 영향을 끼치지 않는 것처럼 보인다. 그러나 햅구드는 아리스토텔레스가 전체는 단순히 부분의 총합에 불과한 것이 아니라는 사실을 민감하게 바라본 인물이었다는 사실을 주목해야 한다고 재평가한다.[52]

과학이 총체적 지식을 어떻게든 파악할 수 있다고 하는 전제 위에 구성되어 있다는 의미에서 살펴볼 때, 햅구드는 아리스토텔레스의 시각은 여전히 설득력이 있다고 주장한다.[53] 그가 주목하는 바와 같이 과학에는 여전히 총체적 지식을 파악할 수 있다는 환원주의적 사고가 남아 있는데, 이러한 양상은 오늘날 대통합이론(theory of everything)의 추구에서도 드러나고 있다. 이러한 환원주의적 시각에도 불구하고 햅구드는 자연을 연구할 때 다양한 분과의 협업이 필요하다고 정리한다. 모든 설명은 어느 정도의 수준을 갖추고 있으며, 크든 작든 인간적 관점의 어떤 요소들을 반영하고 있다. 한편으로 실재에 대한 우리의 생각은 가설 체계에 따라 평가될

---

52  앞의 책, 20.
53  앞의 책. 그가 지적하는 바와 같이 우리가 오늘날 사용하는 "과학"이라는 말은 19세기 중반이 돼서야 겨우 등장한 말이라는 사실을 염두에 둘 필요가 있다.

수 있다. 우리는 궁극적 실재를 사물의 세밀한 구조에서 들여다보면서 파악해나가고 있지만, 이러한 이해의 수단이 되는 수학은 발견되거나 발명되는 특성을 갖고 있다. 즉 그것은 하늘에서 떨어진 법칙들이 아니다. 따라서 햄구드는 우리가 아리스토텔레스가 제시했던 유기체적 관점에서 실재를 들여다볼 수 있어야 한다고 주장한다. 햄구드는 실재, 특히 우리가 지금 그리고 여기서 직면하는 실재는 유기체적 관점을 취한다고 파악한다. 모든 합리적 설명은 전체적·통합적 관점이 아닌 서로 다른 수준의 합리적 이해를 필요로 한다.

## 4. 자연의 관찰, 과학적 지식 추구의 한계는 무엇인가

앞서 살펴본 바와 같이 햄구드는 유기체적·목적론적 관점을 중시하는 상호 의존적 형태의 과학 담론의 필요성을 역설하고 있다. 그렇다면 이러한 자연의 관찰 및 과학 연구에서의 한계는 어디에 있는 것일까? 햄구드는 『과학과 종교』에서 마이클 폴라니(Michael Polanyi)를 인용하는 가운데 명료한(articulate) 지식과 불명료한(inarticulate) 지식이 나뉠 수 있는지에 대해 질문한다.[54] 여기서 불명료한 지식은 예컨대 언어에 대한 우리의 지식에서 찾아볼 수 있다. 우리는 언어를 배우기 시작할 때 의자, 나무, 왕 등을 가리키는 단어를 배우면서 이것이 언어가 곧바로 지시하는 것이라고 오해하기 쉽다.[55] 그러나 기표(signifiant)는 기의(signifié)와 반드시 일치해서 기호를 형성하는 것이 아니다. 한 사람을 왕이라고 부르는 것은 단지 한

---

54    앞의 책, 136.
55    앞의 책.

인물을 지시어로 가리키는 것보다 훨씬 복잡한 의미를 내포하고 있다. 각 언어는 언어가 담지하고 있는 내포적 의미의 형성 과정을 거친다. 이에 비해 과학자들은 자신의 인공적 언어를 구성하고자 시도한다. 그들은 이 과정에서 이미 형성되어 있는 다수의 일상어, 즉 라틴어 용어와 같은 것을 사용한다. 따라서 햄구드는 과학적 언어 자체가 이미 광범위한 언어의 사용에서 도출된 추상적 작업이라고 언급한다. 사물과 기호의 관계에 대해 논리 실증주의자들이 취하는 방식과 달리 구조주의적 접근은 과학적 용어 사용이 이미 한계를 안고 있다는 사실을 보여준다고 햄구드는 주장한다.[56] 불분명한 지식의 또 다른 예는 인간 자신과 타자에 대한 지식의 예에서 볼 수 있다. 우리는 다른 인간 존재의 인식에 기반해서 우리 자신을 이해하기 시작한다. 이러한 상대적 인식 기반이 항상 올바른 것은 아니다. 또한 햄구드는 신학자들이 신에 대해 설명하는 언어 역시 불분명한 언어의 사용을 보여준다고 설명한다. "그분"을 기술하기 위해 우리가 호소하는 지식의 방식은 불분명한 지식의 방법이라고 할 수 있다.

명료한 지식의 형태가 지식 추구의 유일한 방법이 아니라는 점은 확실하다. 다만 특정 상황에서 우리의 지식이 모종의 명료성을 갖는 것처럼 보일 수 있을 뿐이다. 햄구드는 "과학적" 언어를 사용해서 종교적 지식의 기초를 쌓고자 할 때 우리는 과학의 경계 안에 있는 실재의 복잡한 지식에 대해서는 부분적 진술의 가능성만을 찾을 수 있을 뿐이라고 주장한다. 종교의 역사는 사실은 대단히 섬세하고 통찰의 측면을 안고 있다. 원시 종교는 자연의 리듬에 대한 그것의 해석과 결부되어 있었으며, 계절의 순환, 사람들에게 영향을 끼친다고 믿었던 천체의 운행과 관련된 설명 체계

---

56    앞의 책, 137.

에 기반을 두고 수행되었다. 과학의 진보 앞에서 이러한 설명은 모두 의미를 잃었다. 과학은 인격적 참여나 공감이 아니라 비인격적 탐구 방법에 의해 발전되어왔다. 과학은 불명료한 지식의 여지를 남기지 말아야 한다고 주장해왔다. 햅구드에 따르면 세계는 사물의 조합으로 볼 수 있으며, 신은 설명 가능한 하나의 대상 혹은 객체나 개념 중 하나로 사고되어야 한다.

그런데 햅구드에 따르면 이러한 사유 방식은 지식의 위계라는 문제를 수반하게 된다. 극단적인 명료성의 주장과 불명료성 사이에 지식의 위계가 발생한다. 그러나 막상 추상적 수준에서 대상을 바라보는 시각을 멈출 때, 정밀한 과학적 지식이 우둔하다고 비판하는 세계가 사실은 또 다른 의미를 가진 세계일 수 있다는 사실을 인지하게 된다. 햅구드는 고대의 종교가 지나친 인격적 개입을 통해 객체들에 대한 언어를 잘못 적용했다는 점에서, 역으로 과학적 무신론은 사물을 우리의 경험의 대상으로 축소시켰다는 점에서 오류가 있다고 주장한다.[57] 한편, 불가지론은 지식의 한계를 인지하는 곳에 지나친 확신을 두기 때문에 잘못된 길에 서 있다. 종교는 신의 존재를 상상하는 곳에서 종종 오류를 범한다. 종교적 지식은 대체로 불명료성의 성격을 지니고 있지만, 거기에는 인격적 개입을 통해 알려질 수 있는 종류의 지식이 있다. 이스라엘의 하나님은 관찰 대상이 아니라 인격적 관계의 존재로 알려지시는 분이다. 바알에 저항했던 예언자들이 지향한 신인식은 자연의 신비에 대한 호소라기보다 인간의 역사 안에서 일어나는 사건으로 나타나는 것이었다. 햅구드는 종교적 지식에 관해 "교리적" 즉 "도그마의"(dogmatic) 의미를 정확히 알 때 이를 논할 수 있다

---

57 앞의 책, 140 이하.

고 주장한다.[58] 모든 종교는 도그마가 되려는 방향을 갖는다. 많은 경우 도그마는 지적 무감각 혹은 다른 의견에 대해 불관용을 내포한다. 햅구드에 따르면, 우리는 "도그마"라는 말을 사용할 때, 그것이 실제로 의미하는 것이 무엇인지 살펴보는 자세가 필요하다. 기독교 도그마는 경탄(surprising)을 가진 것으로 보일 때 가장 잘 이해될 수 있다. 그러나 그것이 유사 과학의 수준으로 전락할 때는 한탄의 대상이 된다. 기독교 진리는 인격적 통찰에 관한 것이며, 신앙 공동체 안에서 알려지고 역사적 사실에 기반한 것으로서 인간에게 변화를 가져오는 특성을 갖는다는 점이 중시되어야 한다.[59]

## 5. 자연의 연구에서 추구해야 할 대상은 무엇인가

앞서 살펴본 바와 같이 햅구드의 관심은 객관적 관찰 대상으로서의 자연에 대한 연구에 놓여 있는 것이 아니라 인간과 대상의 상호작용 속에서 목적을 향해 나아가는 동반자적 인식의 구축에 있다고 요약할 수 있다. 이러한 관점에서 햅구드는 한걸음 더 나아가 자연에 대한 존중을 주장한다. 이것은 특히 오늘날 부각되고 있는 환경 문제에 대한 관심을 촉구한다. 근래에 와서 "자연 세계"(the natural world)의 의미에 대한 관심의 전환과 함께 "환경"이라는 말에 대한 인식도 변화되었다. 환경이라는 말은 인간과 자연의 관계를 다시 바라보게 만드는 개념이다. 자연이라는 복잡계의 네트

---

58    앞의 책, 144.
59    햅구드는 도그마의 의미에 대해 연애 관계에 있는 남녀의 비유를 통해 설명한다. 앞의 책, 145. 연애 상태에 돌입한 인물들의 심리를 기술하기 위해 도그마는 어느 정도의 의미를 가질 수 있을 것인가? 햅구드에 따르면, 도그마는 신앙의 대상이 아니라 단지 그것의 표현일 뿐이다.

워크 안에 있는 존재들로서 인간과 피조물 중 한 존재에게 좋은 것이 다른 존재에게는 안 좋을 수도 있다. 따라서 환경을 고려할 때 존재하는 모든 것이 완전히 구별된 것이 아니라 살아 있는 것들의 복잡한 네트워크로 구성되어 있음을 인식할 수 있는 상호 체제의 시각이 필요하다.[60]

핵구드는 기독교의 입장에서 볼 때 자연이 복잡하고 양가적인 측면을 동시에 가진 대상이라고 생각한다. 자연은 영광과 미에 대한 의식을 보여주는 곳이면서도 타락의 측면으로 묘사되는 양가성이 존재하는 곳이다. 자연을 바라볼 때 인문학자와 사회과학자 및 자연과학자는 각자 다른 시각에서 자연을 바라볼 수밖에 없다. 따라서 자연에 대한 설계 개념의 적용, 목적 개념의 적용 혹은 자연과 문화의 구별 등의 모든 작업은 일종의 표준화에서 발생되는 구별이라고 할 수 있다.[61] 종교를 믿는 신앙인들의 경우, 종교적 기능이 곧 자연적인 것이라고 믿고 경계를 강화하고자 추구하는 경향이 있는데, 핵구드는 이러한 경향은 자칫하면 이데올로기적 해석을 야기할 수 있다는 점을 주장한다. 또한 이러한 과정에서 유사 과학적인 문자주의적 경향이 발생하기도 한다. 살아 있는 하나님에 대한 믿음이 자신들이 설정해놓은 경계선 안으로 밀려 들어가며, 적대 세력에 대한 분

---

60   핵구드에 따르면 근래에 자연 개념에 대한 진일보한 관점을 제공해준 것은 몰트만의 "창조 안에 계신 하나님"(*Gott in der Schöpfung*)의 강연을 통해서였다. Habgood, *The Concept of Nature*, 75, 177. 몰트만은 초월적 능력을 제한하고 창조와의 친교로 들어오신 하나님에 대해 설명한다. 그리고 인간 중심주의(anthropocentrism)와 생물학 중심주의(biocentrism)를 넘어 타협 없는 하나님 중심의 비전을 실현하는 창조론적 비전에 대해 설명한다. 그러나 한편으로 핵구드는 몰트만이 실천적 함의에 대해서 더 이상 강조하지 않는 것처럼 보인다고 언급도 한다.

61   앞의 책, 141. 자연은 흔히 인공(artificial)과 구별된 의미를 가진 것으로 설명된다. 부자연은 도덕적 의미를 내포한다. 비자연(Non-natural)은 철학적 개념에서 다루어진다. 초자연(Supernatural)은 자연의 연구 너머에 있는 것을 지시하는데, 주로 신학에서 사용된다. 자연은 또한 은총과 대조되는 의미로 사용된다.

노도 함께 일어난다. 햅구드는 이러한 분리적 시각을 경계하며 자연을 어떤 기원점에서 관찰하는 방식 혹은 인과율적 관점에서 관찰하는 시각보다 다양성 속의 일치라고 하는 관점에서 바라보는 시각이 중요하다고 강조한다. 다양한 요소들은 종합적으로 작용하며 자연에 대한 총체적 이해를 촉진시킬 수 있다.

이러한 관점에서 햅구드는 다윈주의가 자연을 보는 데 있어서 가지고 온 장점도 살펴봐야 한다고 주장한다.[62] 그에 따르면, 우리는 다윈주의에서 자연을 최종 산물이 아니라 과정으로 볼 수 있는 눈을 얻을 수 있다. 만일 하나님이 행하신 창조의 형식이 진화의 과정을 통해서 이루어졌다고 가정한다면, 시작의 기원점이 중요한 것이 아니라 창조의 특성을 드러내어 나가는 목적이 중요한 관점으로 부각되고 자연에서 발견되는 무질서와 고난은 세상을 만드는 과정을 위해 지불하는 값으로 이해할 수 있다. 햅구드에 따르면, 어떤 그리스도인들은 다윈주의 안에서 창조세계의 특성을 설명하는 데 적용할 수 있는 설명적 장점을 간과하기도 했다. 창조세계에서 나타나는 외면적 불완전성, 다양성, 풍부한 힘들이 다양한 각도에서 설명될 수 있기 때문이다. 이러한 설명을 통해 광범위한 전체 체계로서의 자연 세계가 의미 있는 것으로 이해될 수 있다.

따라서 햅구드는 자연과 과학에 대한 그리스도인의 시각은 보다 열린 시각으로 나아가야 한다고 주장한다. 그리스도인들의 시각에서 볼 때 여전히 해결되지 못하는 문제들, 우연, 무작위, 무자비한 경쟁, 비극과 타락의 공포 등은 단순히 타락한 세상의 일환이라는 도식으로만 설명될 수

---

62    앞의 책, 153. 최근 국내에서 연구된 진화에 대한 신학적 분석으로 다음 연구를 참조하라. 이경호, "화이트헤드주의 진화 신학 소고: 존 호트(John F. Haught)의 진화 신학", 「신학사상」 188집(2020. 봄), 355-387.

있는 것이 아니다. 하나님의 창조적 사랑이 전체 과정의 궁극적 지반이 된 다는 신념을 전제할 때, 현세에서 발견되는 고통과 죽음, 경쟁과 사멸은 다른 측면으로 이해될 수 있는 길을 얻는다. 햅구드는 역사 속에서 드러난 악의 흔적을 발견하는 오늘날에도 인간은 하나님의 약속을 기대하며 존 재를 향한 새로운 근거를 찾아나서고 있다는 사실에 주목한다. 그리고 다 윈주의와 나누는 대화 속에서 과정으로서의 자연을 직시하며 동시에 하 나님의 약속에 대한 시각을 견지해나갈 때, 우리는 자연을 향한 새로운 기 독교적 시각을 얻을 수 있다고 그는 주장한다. 고난과 약속, 응답과 새창 조라는 패턴이 기독교 안에서 새롭게 해석되고, 하나님을 창조의 취약성 (vulnerability)을 함께 나누는 분으로, 그리고 "낯선 나라로 떠나는 여행"에 계시는 분으로 이해하는 길을 얻게 된다는 것이다.[63] 세계에서 도피하지 않고 하나님을 희망으로 보면서 자연을 볼 수 있는 시각을 다윈주의로부 터 제공받을 수 있다고 그는 파악한다.

또한 햅구드는 교회가 섭리와 희망에 대한 믿음 안에서 이집트의 무 력함으로 돌아가서는 안 된다고 주장한다. 교회가 자신들의 도그마에 숨 어버리려고 한다면, 우선 안락하게 쉴 수는 있다. 그러나 예언자적 도전이 없다면 성장도 없다. 햅구드는 고통스런 각성 속에서 우리는 희망 속에서 의 한탄, 세상을 향한 하나님의 약속을 볼 수 있어야 한다고 주장한다. 진 화에 대한 신학적 해석은 현재 주어지는 고통이 궁극적 목적 가운데 이해 될 수 있다는 희망 가운데 이해될 수 있는 길을 제공한다. 그러나 여기서 하나님의 궁극적인 목적들의 의미 가운데 현재의 고난을 너무 쉽게 정당

---

63    Habgood, *The Concept of Nature*, 153. 햅구드는 자연과 생태에 대한 시각에 있어서 종종 몰트만으로부터 통찰을 얻고 있음을 밝히곤 한다. 앞의 책, 75.

화해버리는 신학적 위험을 일으켜서도 안 된다. 햅구드는 테야르 드 샤르댕(Th. de Chardin)이 삶을 위한 투쟁을 "암중모색"(groping)으로 이름 붙였던 사실을 상기시킨다.[64] 그러한 과정에서는 잃는 것도 있고, 얻는 것도 있으며, 거절도 있고 수용도 있다. 죽음도 있고 삶도 있다.

햅구드는 한편으로 이러한 세상의 모습은 창조주가 세상에 허용한 자율을 통해 설명될 수 있다고 파악한다. 이러한 자율에 대해 그는 성육신의 사건 속에서 암시된 하나님의 케노시스, 즉 자기-비움 그리고 자기-제한의 사건이 창조세계에 던져주는 맥락적 이해에서 파악될 수 있다고 주장한다. 하나님은 케노시스 속에서 그러나 궁극적 목적들의 성취를 주목하며 인도하는 하나님이시다. 이러한 측면에서 햅구드는 자연에 대한 기독교의 관점이 결국 "자연과 은총"이라는 주제에서 요약되어야 한다고 파악한다.[65] 여기서 섭리에 대한 믿음은 하나님의 가능성, 그리고 하나님에 의해 열린 큰 지평과 관련해서 이해되어야 한다. 햅구드에 따르면 하나님은 미래를 위한 가능성의 샘과 같은 분이시다. 그 안에는 예측 불가한 진보와 우발성, 무작위한 사건들이 만들어내는 과정의 연속이 있다. 자연의 과정에서나 정신적 과정에서나 이러한 일들은 동일하게 발생하며 그러한 의미에서 자연선택은 창조성을 보장하는 방법으로 어디에서나 일어나는 일로 볼 수 있다. 그러한 면에서 세상은 비극도 가질 수 있게 되지만, 그렇다고 구원의 여지가 상실되는 것은 아니다. 그러한 과정이 없다면 우발적 창조는 없다. 따라서 비극이 만들어내는 기회는 햅구드에 따르면 하나님이 창조를 창조적으로 되게 허락해주시는 수단이 될 수 있다. 적

---

64    앞의 책, 156.
65    앞의 책, 164.

합한 환경에 스스로 적응하도록 하는 기회와 선택은 주어져 있는 상태 속에서 사물에 내재된 가능성이 풀려날 수 있는 수단이 된다. 이러한 가능성의 방편 안에서 햅구드는 기회, 필요, 환경을 포괄하는 개념으로서의 환경(environment)의 중요성을 주장하고자 했다.[66] 즉 환경을 단순히 보존되어야 할 피조세계로만 이해하는 것이 아니라 보다 포괄적 이해를 요청하는 개념으로 이해하는 것 말이다.

환경에 대한 이러한 시각에서 햅구드는 하나님과 세계에 대한 단상을 정리해나간다. 전체적으로 볼 때 햅구드는 아리스토텔레스적 관점에 따라 하나님을 주어진 실존의 원천인 동시에, 적응과 변화를 위한 가능태의 기반이라는 측면에서 설명해나가고 있다. 여기서 하나님의 창조와 보존, 종말론적 관점을 모두 한데 묶을 수 있는 신학적 개념은 은총이다. 따라서 자연은 필연적으로 은총을 전제로 할 때만 다루어질 수 있다.[67] 여기서 햅구드는 아우구스티누스의 예를 따라 그리스도인들에게 부여된 은총의 수여자로서의 신에 대한 관념을 분명히 한다. 기독교에서 은총은 잘못되어가는 세상에 대한 신의 치유로 작용하며, 자연 그 자체에 내재적으로 속한 것만은 아니라고 설명한다. 자연 안에 있는 신의 은총을 인지하는 것은 세상을 새로운 빛으로 볼 수 있는 것을 의미하며, 새로운 단계의 참회와 희망의 길을 제시하는 것을 의미한다고 햅구드는 결론 내린다.[68]

---

66    앞의 책, 157.
67    앞의 책, 164. 햅구드는 이러한 가능태를 끌어낼 수 있는 신의 존재가 실재에 대한 기반으로서의 신의 개념을 상정하는 많은 세계 종교에도 유사하게 존재한다고 보고 있다. 그러한 면에서 햅구드는 어느 정도 신 중심의 다원주의적 입장에서 자연에 대한 관점을 보여주고 있다.
68    앞의 책, 169.

## III. 결론: 햅구드의 자연 관찰은 어떤 시사점을 주는가

지금까지 자연에 대한 관찰의 방식을 제시했던 햅구드의 논의를 따라가며 과학과 믿음이라는 주제에 대한 담론에서 얻을 수 있는 통찰이 무엇인지 함께 모색해보았다. 전체적으로 햅구드는 유기체적·목적론적 관점에서 자연을 관찰하며, 문화적 배경에서 이루어진 해석을 전제로 하지 않은 자연 관찰은 있을 수 없다는 시각을 전개한다. 추정컨대 햅구드가 제시하는 이러한 시각과 관심은 그가 신앙과 신학으로 전환한 배경이 물리학과 같은 분야가 아닌 생리학, 생물학의 분야였다는 사실을 염두에 둘 때 이해될 수 있을 것이다. 그러한 면에서 햅구드는 그에 대해 높은 평가를 부여했던 맥그래스의 사상적 변화와도 유사한 경로를 보여주는 측면이 있다.

오늘날 시점에서 햅구드가 진행했던 기포드 강연『자연의 개념』을 통해 살펴볼 수 있는 그의 자연관이 시사하는 바는 다음과 같이 요약할 수 있다. 우선 그의 자연관은 통전적·유기체적 관점에서 과학을 바라볼 수 있는 시각을 제공해준다.[69] 앞서 언급한 것처럼 그에게 있어서 모든 담론은 하나의 실재, 하나의 진리를 향해 나아간다. 이러한 진리관은 목적론적이면서 동시에 책임적 담론을 요구한다. 따라서 햅구드의 담론이 다분히 윤리적 논의를 염두에 두고 이루어졌다는 점은 충분히 이해할 수 있

---

69  한편, 오늘날과 같이 기계 문명의 발달이 동반되는 시기에는 관심의 시각은 자연을 넘어 인공 세계와 어떻게 대화를 수행해나갈 수 있을 것인가로 확장될 필요가 있을 것으로 보인다. 다음 연구를 참조하라. 권명수, "기계와의 친밀 관계에 대한 목회신학적 성찰",「신학사상」187집(2019. 겨울), 121-149. 또한 포스트휴머니즘과 같은 새로운 도전 속에서 과학과 신앙을 관찰하는 것도 중요한 과제로 부각되고 있다. 이러한 연구에 있어서 햅구드의 시각은 많은 통찰을 제공해준다. 다음 연구를 참조하라. 유경동, "포스트 코로나 시대의 신앙과 과학 그리고 라인홀드 니버의 기독교 현실주의",「신학사상」189집(2020. 여름), 111-137.

는 부분이다. 오늘날과 같이 과학주의적 시각이 점점 더 지배력을 얻어가는 시대에 햅구드의 고민은 고려할 만한 가치가 있다. 인간을 염두에 두는 과학, 상호 발전을 지향하는 과학이 방향으로 설정되어야 하기 때문이다. 또한 자연을 관찰함에 있어서 기원론적 시점보다 종말론적 측면에서 다양한 요소들이 종합을 이루는 시각을 강조했던 부분에서도 시사점을 얻을 수 있다. 본론에서 언급한 것처럼 햅구드는 종교적 근본주의도 과학주의도 지적 대화의 장에서 도움이 되지 않는다고 판단한다. 각자는 서로의 영역을 존중하면서 대화의 장으로 나아가 공공선에 이바지할 의무를 지닌다.

다른 한편으로 유기체적 자연관을 주장하는 햅구드의 담론은 다분히 중세가 받아들였던 아리스토텔레스의 형이상학, 자연과 은총의 개념을 계승하는 특성을 보여주기도 한다. 햅구드는 확실히 아리스토텔레스의 착상에서 많은 것을 받아들이고 있는 것처럼 보인다. 물론 그는 아리스토텔레스에 대해서 비판점을 형성하는 가운데 그의 시각을 평가하고 있기는 하다. 오늘날의 시각에서 볼 때, 아리스토텔레스의 재발견과 같은 측면을 보여주는 햅구드의 관점에 대해서 질문의 여지가 생길 수는 있다. 또한 햅구드의 방법론에 대해서는 그가 염두에 두는 "실재"(Reality)의 개념은 과연 무엇인가라고 물어볼 수 있을 것 같다. 그가 상정하고 있는 "실재" 개념에 대해서는 맥그래스 또한 별도의 설명을 제공하지 않고 있다. 그것은 과연 형이상학이나 대통합 이론이 추구하는 전체로서의 실재와 어느 정도로 어떻게 다른 것일까?[70]

---

70  그러한 면에서 그는 비슷한 시기에 활동을 하면서 물리학적 배경하에서 자신과 비슷한 작업을 벌여나갔던 폴킹혼의 방식과는 다소간 차이를 보여준다. 유기체적 사유를 강조하는 그의 사유가 폴킹혼과 같은 학자가 제시했던 비판적 실재론의 시각과는 다소 차이

이러한 질문을 뒤로 하고 우리가 햅구드로부터 배울 수 있는 한 가지 통찰은 그가 교회의 지도자로서 단순히 이러한 논의를 지적 차원의 수준에 국한해서 다루지 않았다는 점이다. 그는 항상 윤리적 측면을 고려했고, 교회의 책임성에 대해 다루고자 했다. 지적 세계의 담론에서 신학이 감당해야 할 책임의 문제를 고려할 때, 햅구드가 보여준 모습은 오늘날의 현장에서도 좋은 교사로 작용할 수 있을 것이다.

---

가 있는 것처럼 보인다. 그러나 큰 맥락에서 볼 때 진리를 추구하는 공동체를 강조했던 폴킹혼이나 햅구드에게서 공통점이 보이기도 한다.

# 참고문헌

권명수. "기계와의 친밀 관계에 대한 목회신학적 성찰." 「신학사상」 187집(2019. 겨울), 121-149.

김진. 『퓌지스와 존재사유』. 서울: 문예출판사, 2003.

아리스토텔레스/조대호 옮김. 『아리스토텔레스의 형이상학』. 서울: 문예출판사, 2022.

_____/이종훈 옮김. 『형이상학』. 서울: 동서문화사 2016.

이경호. "화이트헤드주의 진화 신학 소고: 존 호트(John F. Haught)의 진화 신학." 「신학사상」 188집(2020. 봄), 355-387.

유경동. "포스트 코로나 시대의 신앙과 과학 그리고 라인홀트 니버의 기독교 현실주의." 「신학사상」 189집(2020. 여름), 111-137.

임두원 역주. 『아리스토텔레스의 자연학 읽기』. 서울: Bookk, 2020.

하스마, 데보라 · 로렌 하스마/한국기독과학자회 옮김. 『오리진』. 서울: IVP, 2012.


Achtner, Wolfgang. *Physik, Mystik und Christentum*. Frankfurt(M): Peter Lang, 1990.

Barbour, Ian. *Nature, Human Nature and God*. Minneapolis, MN: Augsburg Fortress, 2002.

Brooke, John H. *Reconstructing Nature: The Engagement of Science and Religion*. Oxford: Oxford University Press, 1998.

Habgood, John. *Being A Person: Where Faith and Science Meet*. London: Hodder and Stoughton Ltd, 1998.

_____. "Can Science Survive Without Religion?" *RSA Journal* 139 (1991), 242-250.

_____. *The Concept of Nature*. London: Longman and Todd Ltd, 2002.

_____. *Confessions of a Conservative Liberal*. London: SPCK, 1988.

_____. *Making Sense*. London: SPCK 1993.

_____. *Religion and Science*. London: Mills & Boon, 1964.

_____. *A Working Faith: Essays and Addresses on Science, Medicine, and Ethics*. London: Darton Longman & Todd, 1980.

McGrath, Alister E. *Re-Imagining Nature: The Promise of a Christian Natural Theology*.

London: Willey Blackwell, 2017.

_____. *A Scientific Theology: Nature*. London: T & T Clark, 2002.

_____. *T. F. Torrance: An Intellectual Biography*. London: T & T Clark, 1999.

_____. "An Undivided Mind: John Habgood on Science and Religion." *Journal of Anglican Studies* 19 (2021), 68-83.

Welker, Michael, ed. *The Science and Religion Dialogue*. Frankfurt(M): Peter Lang, 2014.

Wilbourne, David. *Just John: The Authorized Biography of John Habgood, Archbischop of York, 1983-1995*. London: SPCK, 2020.

# 종교의 기원에 관한
# 진화인류학과 신학의
# 학제 간 연구 가능성 모색

### - 아구스틴 푸엔테스를 중심으로*

## 정대경

* 이 논문은 2022년 대한민국 교육부와 한국연구재단의 지원을 받아 수행된 연구(NRF-2022S1A5A8048925)로서 다음과 같이 출판되었다. 정대경, "종교의 기원에 관한 진화인류학과 신학의 학제 간 연구 가능성 모색", 「대학과 선교」 55권(2023), 247-281.

# I. 서론

19세기 포이어바흐, 프로이트, 마르크스 등을 필두로 시작됐던 인간의 종교적 행동에 관한 과학적 연구는 새로운 국면을 맞이하고 있다. 방법론적 엄밀성과 경험 데이터를 바탕으로 하는 진화학적 접근은 이전 세기의 다소 근거가 부족하고, 추상적이었던 주장과 달리 종교적 행동을 포함한 인간의 고차원적인 의식과 행위에 관한 자연주의적 설명을 발전시키고 있기 때문이다.[1] 이러한 상황에서 단순히 아직까지 밝혀지지 않은 인간의 신경생리학적인 과정과 의식 사이에 상관관계의 간극(gap)을 토대로 종교적 행동의 기원을 이원론적으로 설명하거나, 구체적인 근거 없이 단순히 환원될 수 없다고 동어 반복적으로 주장하는 것은 갈수록 설득력을 잃어갈 것이다. 따라서 종교의 기원 문제에 관한 과학적 연구에 신학자들 또한 적극적으로 참여하여 해당 연구가 지나치게 자연주의적으로 그리고 환원주의적으로 함몰되지 않도록 기여해야 한다. 왜냐하면 만약 신학이 증언해 온 초월적 실재와 의미가 단순히 신학자들과 그리스도인들만의 언어 게임이 아니라면, 인류의 진화 과정에서 발생한 종교의 기원에는 분명 환원되지 않는 초월적 요인도 결부되어 있을 것이기 때문이다.

이러한 맥락에서 본고는 종교의 기원 문제에 관한 진화학과 신학 사

---

1    해당 주제에 관한 개론적 이해를 위해서는 다음 자료들을 참조하라. Scott Atran and Ara Norenzayan, "Religion's Evolutionary Landscape: Counter-intuition, Commitment, Compassion, Communion," *Behavioral and Brain Sciences* 27 (2004), 730-770; Daniel C. Dennett, *Breaking the Spell: Religion as a Natural Phenomenon* (New York: Viking Penguin, 2006); David Sloan Wilson, "Testing Major Evolutionary Hypotheses about Religion with a Random Sample," *Human Nature* 16 (2005), 419-446.

이의 학제 간 연구 가능성을 모색해본다.[2] 구체적으로 진화인류학자 아구스틴 푸엔테스(Agustin Fuentes)의 연구를 중점적으로 살펴보면서 그가 제시하는 종교의 기원에 관한 진화인류학적 접근과 설명을 신학적으로 검토한다. 푸엔테스는 인류 진화 과정에서 발생한 관계성 및 사회성 그리고 고도의 인지 능력과 상상력이 융합되면서 세계와 존재에 대한 의미 생성과 표현 기제가 나타났고, 인류의 이 특성이 농경 문화의 시작과 어우러지면서 오늘날 우리가 아는 거대 종교들이 나타나기 시작했다고 지적한다. 물론 그 이전부터 체계적이지는 않지만 소규모 집단을 중심으로 한 종교적 행동의 흔적들도 나타나지만 말이다. 이런 맥락에서 푸엔테스는 진화인류학적 관점에서 인류의 진화 과정 가운데 초자연적인 혹은 기적적인 원인이나 과정 없이 종교 현상이 출현했다고 제안한다.

이러한 진화인류학적 설명은 신학적으로 수용 가능하다. 신학자 볼프하르트 판넨베르크는 하나님에 대한 자연적인 앎을 이야기하면서 특별계시가 아닌 자연계시의 맥락에서 하나님에 대한 혹은 초월적인 실재에 대한 앎의 가능성을 제시한다. 하나님에 대한 자연적인 앎은 아퀴나스와 루터와 초기 멜란히톤 등이 이야기해온, 모든 인간에게 주어져 있는 종

---

2   물론 이런 시도가 신학자들 사이에 없는 것은 아니었지만, 다소 기존 연구들은 종교의 기원 문제에 관한 진화학적 연구의 신학적 함의만을 검토하는 데 중점을 두었다. Helen de Cruz and Johan de Smedt, *A Natural History of Natural Theology: The Cognitive Science of Theology and Philosophy of Religion* (Cambridge: The MIT Press, 2015). 그럼에도 다음과 같은 종교의 기원에 관한 인지과학적 접근에 대한 소개와 신학적 함의, 비판 및 제안을 담은 좋은 논문도 있다. Sungho Lee, "The Cognitive Science of Religion: A Critical Evaluation for Theology," *HTS Teologiese Studies/Theological Studies* 77, no. 4 (2021), https://doi. org/10.4102/hts.v77i4.6675. 이성호는 해당 논문을 통해 종교에 관한 인지과학적 연구의 신학적 차원의 긍정적·비판적 평가와 더불어 건설적 대화를 위해 "자연의 신학" 방법론을 제시하고 있다는 점에서 본고가 추구하는 방향과 유사하다.

교적 심성의 근원이다. 판넨베르크는 이러한 앎이 감각 경험을 통해 현실화되기 시작하지만 선천적으로 주어져 있는 것이며, 타고난 양심과 삶의 탈-중심성, 무한성에 대한 직관의 형태로 폭로되고 경험된다고 주장한다. 다시 말해, 인간의 종교적 행동은 보편적으로 주어져 있는 하나님에 대한 자연적인 앎에 근거하고 있다는 것이다. 이러한 신학적 이해는 푸엔테스가 제시하는 진화인류학적인 설명과 양립이 가능하다.

　나아가 본고는 종교의 기원에 관한 진화인류학적 설명을 신학적으로 검토하는 것을 넘어 그 역의 방향, 곧 진화인류학이 종교의 기원에 관해 제기하는 신학의 주장과 질문에 긍정적으로 응답할 수 있을지도 살펴본다. 구체적으로, 신학은 종교의 출현과 관련하여 자연계시와 더불어 특별계시가 결부되어 있음을 지적하는데 본고는 진화인류학이 이를 수용할수 있을지를 검토하는 것이다. 본고는 적어도 푸엔테스의 진화인류학적 관점은 이를 수용할 수 있다고 주장한다. 왜냐하면 푸엔테스는 종교의 기원에 관해 진화인류학이 접근할 수 있는 과학적 방법의 한계를 명확히 하고, 과학이 다룰 수 없는 요인으로서의 종교적 경험, 곧 초월적 경험의 가능성을 열어 놓기 때문이다. 이러한 푸엔테스의 과학적 방법에 관한 경계 설정은 진화인류학과 신학의 학제 간 연구의 가능성을 긍정적으로 검토할 수 있도록 한다. 그러므로 푸엔테스의 연구를 중심으로 진화인류학과 신학 사이 학제 간 연구 가능성을 검토하는 본고의 시도는 구체적인 학제 간 연구 프로그램을 발전시키고, 종교의 기원 문제가 지나치게 환원주의적이고 자연주의적으로 소급되지 않고 통전적으로 검토될 수 있게 하는데 기여할 것이다. 이를 위해 먼저 진화인류학에서 제시하는 인류의 진화를 포괄적으로 소개하고 종교의 기원에 관한 진화인류학적 설명을 살펴볼 것이다. 그 후에 종교의 기원에 관한 진화인류학적 설명을 신학이 수용할 수 있는지를 검토하고 그 역의 방향, 곧 신학이 해당 주제에 관해 제시하는 질문과 주장에 진화인류학 또한 긍정적으로 응답할 수 있을지를 논할 것이다.

## II. 인류의 진화

### 1. 인류 "진화"의 메커니즘

아구스틴 푸엔테스는 진화 이론의 근대적 종합(the modern synthesis)의 한계를 지적하며 새롭게 제기된 확장된 진화 종합론(Extended Evolutionary Synthesis, EES)의 관점에서 인류의 진화를 다룬다. 진화론의 근대적 종합이란 찰스 다윈이 제시했던 자연선택과 함께 유전 변이를 진화의 또 다른 주요 요인으로 상정하고 이를 토대로 생명체의 진화를 설명하는 입장이다. 20세기 초 멘델 유전학 연구의 재발견과 20세기 중반 DNA 이중나선의 발견 등을 필두로 유전학이 발생하면서 진화에 관한 근대적 종합 관점은 학계의 지배적인 입장으로 자리매김해왔다. 하지만 이후 진화의 다른 주요 원인들로 환경과 생명체 스스로가 유전 정보의 발현과 표현 형질 결정에 미치는 영향 등이 주목되면서 기존 유전자 중심의 근대적 종합 이론을 비판하는 확장된 종합론이 제시되기 시작했는데,[3] 푸엔테스는 이를 따르고 있다.

---

3    Kevin N. Laland et al., "The Extended Evolutionary Synthesis: Its Structure, Assumptions, and Predictions," *Proceedings of the Royal Society of Biological Sciences* 282, no. 1813 (2015), 1-3.

푸엔테스는 다음과 같은 네 가지 차원의 유전, 곧 유전자 유전(genetic inheritance), 후성 유전(epigenetic inheritance), 행동 유전(behavioral inheritance), 상징 유전(symbolic inheritance)을 상정한다. 유전자 유전은 가장 잘 알려진 유전 방식으로서 말 그대로 DNA 분자가 담고 있는 정보가 유전자를 통해 다음 세대로 전달되는 것을 의미한다. 후성 유전은 생명체의 발달 과정에서 유발한 환경적 요인이 해당 생명체의 표현 형질 결정에 영향을 주는 것을 의미한다. 푸엔테스에 따르면, 예를 들어 "임신 기간 중 모체에 일정한 스트레스 요인이 가해지면 태아의 발달에 영향을 끼치고, 태아는 변형된 이 형질들을 다시 후대에 물려줄 수 있다."[4] 행동 유전은 생물학적 차원의 유전과 구분된 형태의 유전으로서 부모 세대의 행동과 기술이 자녀 세대로 유전되는 것인데, 대표적인 예로 침팬지 부모-자녀 세대 간 돌로 견과류를 깨뜨리는 행위나 막대기로 흰개미를 낚는 행위 등이 있다. 마지막으로, 상징 유전은 인간에게 고유한 문화 유전 방식으로 관념, 기호, 가치 체계 등이 사회적 교육과 문화를 통해 부모-자녀 세대 간 전이되는 것을 의미한다.[5] 인류는 앞선 형태들의 유전과 더불어 세 가지 층위(즉 개체, 친족, 집단)에서 작동하는 자연선택을 거치면서 진화해왔는데, 이때 각 층위에서 발생하는 생명체들 사이에 협력과 생태 지위 구성(niche construction)도 인류 진화 역사에 지대한 영향을 끼쳤다. 따라서 인류의 진화를 가능케 했던 원인들로 큰 틀에서 다음과 같은 세 가지, 곧 개체와 집단의 행위(즉, 개별적·집단적 행위), 생물학적 요인(즉, 유전 변이), 환경적 원인(즉, 물리적 비물리적 환경)이 제시될 수 있다. 이는 기존 근대적 종합 이론이 유전자와 자

---

4    아구스틴 푸엔테스/박혜원 옮김, 『크리에이티브: 무엇이 인간을 예외적 동물로 만들었는가』(서울: 추수밭, 2018), 20-21.
5    앞의 책.

연선택만으로 인류 진화의 역사를 설명해왔던 것을 넘어 진화하고 있는 개체와 집단의 행위, 비물리적 환경 등을 진화 과정의 원인들로 상정하면서 기존 진화 이론의 설명 방식을 확장한 것이다.[6] 종합해보면, 인류는 자연 환경 속에서 자신의 운명을 수동적으로 자연에 내맡긴 채 진화해온 것이 아니라 능동적으로 참여하면서 자신의 유전 형질과 행동 패턴, 자연 환경 등을 직·간접적으로 결정하면서 진화해왔다고 볼 수 있다.[7]

## 2. 인류 진화의 개략적 연대기

인류와 침팬지의 마지막 공통 조상(Last Common Ancestor, LCA)은 대략 1,100만 년-800만 년 전 아프리카 숲속에서 생활했다. 그들은 오늘날의 유인원 종류나 침팬지, 사람과 전혀 달랐고, 키는 120센티미터 전후로 나무 위와 땅 위를 오가며 생활했으나 포식자들을 피해 여전히 주로 나무 위에서 생활했다. 그들은 10명에서 30명가량의 소규모 집단 중심의 생활을 하며 과일, 어린 나뭇잎, 버섯 등을 채집하며 생활했던 것으로 보인다.[8] 900만 년-700만 년 전 사이 인류의 조상인 호미닌과 침팬지의 조상인 파닌이 갈라졌다. 이때 인류의 조상인 호미닌은 여타 영장류들과 구분되는 이족 보행을 시작한다. 이는 호미닌 화석에서 보이는 두개골과 척추 위쪽 끝 사이 각도와 골반, 하지의 모양 등을 통해 추정할 수 있다.[9] 구체적으로

---

6   Agustin Fuentes, "What Evolution, the Human Niche, and Imagination can Tell us about the Emergence of Religion," *Theology Today* 72.2(2015), 175; 푸엔테스, 『크리에이티브』, 23-26.

7   Laland et al., "The Extended Evolutionary Synthesis," 4.

8   푸엔테스, 『크리에이티브』, 48-49.

9   앞의 책, 50-51.

호미닌 화석의 대후두공(foramen magnum) 방향은 당시 호미닌이 이족 보행을 했음을 보여주는데, 왜냐하면 사족 보행을 하는 동물은 이 대후두공이 뒤 아래쪽을 향하지만 이족 보행을 하는 동물은 아래쪽 혹은 앞 아래쪽을 향하기 때문이다.[10] 이족 보행은 인류 진화에 있어 중요한 속성인데, 이는 두 손을 자유롭게 하여 도구 사용을 가능케 하고, 도구 사용은 역으로 인간 두뇌 용적 크기의 확대를 가능케 하기 때문이다.

현재까지 발견된 화석들을 토대로 진화인류학자들은 다음의 초창기 호미닌 네 종 중 한 종을 현생 인류의 조상으로 보고 있다. 사헬란트로푸스 차덴시스(Sahelanthropus tchadensis), 오로린 투게넨시스(Orrorin tugenensis), 아르디피테쿠스 카다바(Ardipithecus kaddaba), 아르디피테쿠스 라미두스(Ardipithecus ramidus). 차덴시스와 투게넨시스는 각각 중앙 아프리카와 케냐 중부를 중심으로 생활했던 것으로 보이고, 두 종은 모두 700만 년-600만 년 전 사이 존속했으며 이족 보행을 했던 것으로 보인다. 아르디피테쿠스 속의 카다바와 라미두스는 580만 년-440만 년 전 사이 존속했을 것으로 추정되며 중앙 아프리카를 중심으로 생활했던 것으로 보인다. 이들은 이족 보행뿐만 아니라 긴 팔과 긴 손가락을 가지고 도구를 사용했던 것으로 보이며 남녀의 골격이나 어금니 차이가 크지 않았던 것은 유기적인 남녀 바탕의 사회적 관계를 형성했을 것을 추정케 한다.[11] 하

---

10    사이언스올, "대후두공", "과학백과사전", https://www.scienceall.com/%eb%8c%80%ed
      %9b%84%eb%91%90%ea%b3%b5occipital-foramen/ (2022. 11. 30. 접속).

11    Denise F. Su, "The Earliest Hominins: *Sahelanthropus, Orrorin,* and *Ardipithecus,*" *Nature Education Knowledge* 4, no. 4 (2013), 11. 카다바 종으로 분류되는 고인류는 본래 라미두스 종으로 분류되었다가, 카다바가 라미두스보다 상대적으로 큰 윗 송곳니를 가지고 있는 특징 때문에 라미두스보다는 더욱 오래전에 존속했던 종으로 분리되어 분류되기 시작했다.

지만 그들은 여전히 현생 인류에 비해 몸집이 작았고, 두뇌 용적은 보통 영장류들과 비슷했을 것이다. 나아가 나무 위에서 주로 지냈을 것이며, 채식 위주의 식사를 했을 것이다.[12]

이후 인류는 370만 년-350만 년 전 사이에 출현한 오스트랄로피테쿠스 아파렌시스(Australopithecus afarensis), 케냔트로푸스 플라티오프스(Kenyanthropus platyops), 오스트랄로피테쿠스 데이레메다(Australopithecus deyiremeda) 등을 거쳐 300만 년 전 최초로 출현한 호모 속의 종에까지 이른다. 여기서 흥미로운 지점은 300만 년에서 200만 년 전 사이에 등장한 세 부류의 집단이다. 첫 번째 집단은 기존 집단들과는 달리 "입과 얼굴이 비교적 갸름한 집단"이었다.[13] 이들은 루시보다 현생 인류에 가까웠고, 나무가 아닌 땅에서 생활했으며 이 부류에 속한 대표적 종인 오스트랄로피테쿠스 아프리카누스(Australopithecus africanus)는 대략 300만 년에서 240만 년 전 사이에 생존했는데, 이들의 이족 보행은 같은 집단에 속하는 180만 년 전 등장한 오스트랄로피테쿠스 세디바(Australopithecus sediba)의 이족 보행과 차이를 보여준다. 이는 이 시기 전체 호미닌 종족의 진화 과정에서 많은 자연 실험이 전개되었고 이를 통해 다양한 생물학적 속성들과 행동들이 출현했고 채택되었음을 보여준다.[14]

두 번째 집단은 기존의 종들과 연속성을 지닌 집단인 파란트로푸스 속 종들(예를 들어, 파란트로푸스 로부스투스[Paranthropus robustus])이다. 약 250만 년에서 140만 년 전 사이에 살았던 이들은 이족 보행과 도구 사용

---

12    Agustin Fuentes, *Why We Believe: Evolution and the Human Way of Being* (New Haven: Yale University Press, 2019), 22-26.

13    푸엔테스, 『크리에이티브』, 62.

14    앞의 책, 64-65.

의 행태들을 가지고 있었을 뿐만 아니라 거대한 이와 저작근을 바탕으로 매우 단단하고 질긴 음식들을 처리하는 능력도 갖고 있었다.[15] 이러한 행동학적·생물학적 특징들은 해당 집단 내 종들이 당시 환경에 적응하는 데 이점을 가져다주기는 했으나 거시적인 관점에서 보면 해당 종들이 최종적으로 살아남는 데는 기여하지 못했던 것으로 보인다. 왜냐하면 당장에 주어진 환경 안에서 생존하기에 해당 생물학적·행동학적 특성만으로도 충분했고 이는 새로운 방향으로의 진화를 촉진하는 데는 크게 기여하지 못했기 때문이다.[16] 세 번째 집단은 250만 년-200만 년 전 사이에 등장한 호모 속 집단이다. 이들은 첫 번째 집단 내 종들로부터 적응 방산(adaptive radiation)을 통해 나왔을 것이다.[17] 적응 방산은 생존 압력 아래에 과도한 경쟁으로 인해 새로운 방식의 행동이나 생물학적 특성 등이 채택되면서 기존의 종이 다양한 여러 개의 종으로 분화되는 현상이다.[18]

적응 방산으로 인해 200만 년 전 호모 속 초기 종들은 남아프리카와 동아프리카에서 다른 지역들로 멀리 흩어지기 시작했고, 180만 년 전에는 중앙아시아(조지아의 드마니시 지역)와 동남아시아(인도네시아 자바섬) 등으로까지 퍼져나갔다.[19] 또한 이 기간 동안 호모 속 여러 종은 다양한 환경 속에서 생존을 모색하면서 상이한 신체적 특징과 행동 패턴, 도구 등을 가지기 시작한다.[20] 그럼에도 같은 호모 속으로 분류할 수 있도록 해주

---

15    Paul J. Constantino, "The 'Robust' Australopiths," *Nature Education Knowledge* 4, no. 1 (2013), 1.

16    푸엔테스, 『크리에이티브』, 63-64.

17    앞의 책, 42-43, 69.

18    Knud A. J nsson et al., "Ecological and Evolutionary Determinants for the Adaptive Radiation of the Madagascan Vangas," *PNAS* 109, no. 17 (2012), 66-20.

19    푸엔테스, 『크리에이티브』, 68.

20    앞의 책, 69.

는 공통 요소는 대략 150센티미터 정도의 키, 15명에서 25명 정도의 개체들로 구성된 집단 생활, 수렵-채집 활동, 간단한 석기와 막대기 등을 사용했다는 점이다. 200만 년에서 180만 년 전 사이에 생존했던 호모 속 초기 인류들은 앞서 언급한 파란트로푸스 속 종들보다 상대적으로 갸름한 턱과 입 구조를 갖고 있어서 단단한 동식물들을 섭취하지 못했던 이유로 상대적으로 강한 생존 압박에 노출되고 있었다. 하지만 이러한 환경적 압박(environmental constraint)은 장기적으로는 생물학적·행동학적 이점을 창출하는 요인이 되었는데, 왜냐하면 상대적으로 생존에 불리한 생물학적·행동학적 특징을 메우기 위해 뇌가 커지고, 정교한 도구를 사용하는 결과를 낳았기 때문이다.[21]

실제로 200만 년에서 50만 년 전 사이에 호모 속 초기 인류들의 두뇌 용적이 커졌고, 이는 긴 아동기와 돌봄, 사회적 협동과 비언어적 의사소통 및 육식 등으로 이어졌던 것으로 보인다.[22] 다시 말해 생존에 불리한 환경 조건은 적응 방산을 가능케 하는데, 이 과정에서 큰 열량을 요구하는 커진 두뇌를 유지하기 위해 육식 등이 시작되었고, 이와 더불어 상대적으로 길어진 아동기를 유지하기 위해 집단 내 개체들의 공동체적 분업(예를 들어, 육아와 집단 사냥)이 활성화되며, 이는 다시 비언어적 의사소통과 더욱 유기적인 사회적 관계의 발달을 가능케 한 것이다. 이러한 생물학적·문화적 진화를 통해 호모 속 초기 종들은 포식자들에게 파란트로푸스 속의 종들보다 취식하기 힘든 먹이로 인식되면서 파란트로푸스가 멸절되고, 호모 속의 종들이 생존하는 결과로 이어졌을 것이다. 그럼에도 최근 1만 년 전

---

21    앞의 책, 71.
22    앞의 책, 72-75, 100.

까지도 호모 속 전체 개체 수는 많지 않았다. 200만 년의 인류 역사 중 호모 속 전체 개체 수는 200만 명을 넘지 않았고, 최근 3만 년에서 2만 년 전까지 통틀어도 800만 명에 못 미쳤을 것이다.[23]

　이 시기에 존재했던 호모 속 내 인류 종들을 분류하는 데 진화학자들 사이 논쟁이 있지만, 대략 4개의 무리, 11개의 다른 종이 있었을 것으로 학자들은 본다.[24] 네 개의 무리는 생존했던 시기와 생물학적·행동학적 특성에 따라 다음과 같은 초기, 중기, 후기, 현재의 형태 등으로 나뉜다. 초기 형태의 인류는 호모 하빌리스(Homo habilis), 호모 루돌펜시스(Homo rudolfensis) 등의 종으로 230만 년에서 180만 년 사이 생존했고, 두뇌 용적은 600-650세제곱센티미터 정도로 현생 인류에는 못 미치지만 오스트랄로피테쿠스 등의 용적보다는 훨씬 커진 형태였다. 중기 형태의 인류는 호모 에렉투스(Homo erectus), 호모 에르가스테르(Homo ergaster), 호모 안테케소르(Homo antecessor) 등의 종으로, 예를 들어, 에렉투스는 180만 년-40만 년 전 사이에 아프리카 전역에 거주하면서 이족 보행을 하며 두뇌 용적은 750-1,000세제곱센티미터에 이르렀던 것으로 보인다.[25]

---

23　앞의 책, 76.

24　예를 들어, 버나드 우드와 마크 콜라드는 하빌리스와 루돌펜시스가 실상 호모 속보다는 오스트랄로피테쿠스 속에 가깝다고 주장하며 현재의 호모 속 규정의 기준을 바꾸든지 아니면 두 종을 호모 속이 아닌 종들로 규정해야 한다고 주장한다. Bernard Wood and Mark Collard, "The Human Genus," *Science* 284, no. 2 (1999), 66-68. 제프리 슈워츠와 이안 태터샐 또한 형태학적인 요소를 통해 보는가, 적응적 요소를 통해 보는가에 따라 발견된 화석의 속과 종 구분이 달라질 수 있음을 지적하면서 형태학적인 측면에서 보면 하빌리스와 에르가스테르로 분류된 화석들이 호모 속이 아닌 오스탈로피테쿠스 속에 가깝다고 지적한다. Jeffrey H. Schwartz and Ian Tattersall, "Defining the Genus Homo: Early Hominin Species were as Diverse as Other Mammals," *Science* 349, no. 6251 (2015), 931-932.

25　푸엔테스,『크리에이티브』, 76-77.

나아가 그들은 길어진 아동기를 갖기 시작했고 돌과 나무 바탕의 도구들을 사용했으며, 수렵 채집뿐만 아니라 사냥과 불을 사용하기 시작했던 것으로 보인다. 이러한 생물학적·행동학적 특징들은 이후 후기 형태의 인류인 호모 하이델베르겐시스(Homo heidelbergensis), 호모 플로레시엔시스(Homo floresiensis), 호모 네안데르탈렌시스(Homo neanderthalensis), 데니소바인(Denisovans) 등으로 이어졌다. 이 가운데 플로레시엔시스는 에렉투스로부터 종 분화(speciation)해서 100만 년에서 6만 년 전 사이에 생존하며, 작은 체구를 특징으로 동남아시아에 거주했던 것으로 보인다. 네안데르탈인은 40만 년에서 3만 년 전 사이에 북아프리카, 유럽, 중동 및 중앙유라시아 일부 지역에서 넓게 분포하며 생존했다. 이들은 현생 인류보다 몸과 뇌가 컸으며, 현생 인류와 상호 교접과 교류하면서 지내다가 멸절했던 것으로 보인다. 호모 에렉투스 이후 등장한 하이델베르겐시스, 네안데르탈렌시스, 데니소바인, 플로레시엔시스 등은 독자적인 진화 과정을 거치기 시작했고, 이 과정에서 현재 형태인 호모 사피엔스 사피엔스(Homo sapiens sapiens)인 우리 인류가 20만 년 전 출현했다. 현생 인류는 10만 년 전 유럽, 중앙아시아, 동아시아를 시작으로 6만 년 전부터는 동남아시아 섬들과 오세아니아 지역 등으로 넓게 퍼지기 시작했고, 2만 년 전 즈음 북극해가 얼었던 시점에는 아메리카 대륙으로까지 거주 영역을 넓히면서 현 인류의 조상으로 자리매김하게 되었다.[26]

---

26    앞의 책, 77-81.

## III. 인류의 진화 과정 안에서의 종교의 기원

### 1. 진화인류학에서의 종교와 그 기원의 의미

아구스틴 푸엔테스는 종교의 기원 문제를 다루면서 진화인류학이 다룰 수 있는 대상으로서 "종교의 기원"을 명확히 한다. 그는 종교 현상에 본질적인 인간의 "믿음"(belief)과 관련한 부분을 다음과 같이 둘로, 곧 "특정한 내용의 믿음, 곧 신앙을 갖는 것"(the having of faith – the specific content of belief)과 "무엇인가를 믿을 수 있는 능력과 기제 그 자체"(the capacity to have faith, which arises from our core ability to believe)로 구분한다. 두 가지 인간의 믿음 현상과 결부된 종교의 기원 문제에서 진화인류학이 다룰 수 있는 대상은 후자, 곧 "무엇인가를 믿을 수 있는 능력과 기제 그 자체"의 기원 문제다. 왜냐하면 전자는 인간의 의식 내용으로서 감각질(qualia)과 결부되어 있는 주관적 차원의 경험이기 때문이다. 데이비드 차머스가 잘 지적했듯이 자연과학은 인간의 신경생리적인 작용과 주관적인 감각 경험 사이의 상관성은 파악할 수 있지만 둘 사이의 인과 관계는 파악할 수 없다.[27] 이러한 맥락에서 푸엔테스는 진화인류학이 종교 현상과 결부된 인간의 근본적인 인식 기제의 기원 문제는 다룰 수 있지만 특정한 신념 체계 혹은 신앙 내용의 기원 문제는 다룰 수 없다고 지적하며 진화인류학의 경계를 명확히 한다.[28]

무엇인가를 믿을 수 있는 능력 혹은 기제와 더불어 진화인류학에서

---

27　David J. Chalmers, "The Puzzle of Conscious Experience," *Scientific American* 273, no. 6 (1995), 80-82.

28　Fuentes, *Why We Believe*, 11.

종교의 기원 문제를 다룰 때 논의하는 또 다른 인간 정신의 특질은 상상력이다. 푸엔테스가 이야기하는 상상력은 감각 경험을 통해 인지된 이미지, 느낌, 판단 등을 새롭게 조합해서 떠올리는 고차원적인 의식 능력을 의미한다. 이는 현재 상태를 인지하고, 판단하며, 미래를 예측하고, 무엇인가에 대해 희망하거나 혹은 새롭게 종합해 떠올릴 수 있는 능력을 의미한다.[29] 이러한 맥락에서 푸엔테스가 찾고자 하는 인류 진화 과정 안에서 종교의 발생은 "미래를 희망하고 현실을 소원하는" 인간의 의식 능력과 결부되어 있다.[30] 나아가 인간의 상상력은 경험 데이터들을 새롭게 조합하는 과정에서 직접적으로 감각 경험에 포착되지 않는 어떤 것, 직관에 반하는 어떤 것을 떠올리거나 창조해낼 수 있는 능력으로도 이해될 수 있다. 이를 토대로 본다면, 종교의 기원 문제를 다루는 또 다른 인류학자 캔다스 알코타와 리처드 소시스가 지적하듯이 인간의 종교적 심성은 초자연적 행위자, 반-직관적 개념(예를 들어, 말하는 짐승, 눈에 보이지 않는 정령) 등을 떠올리는 의식적 행위와 연관되어 있다.[31] 다시 말해, 인간이 감각적으로 경험되지 않는 어떤 것을 이미 주어져 있는 심상들을 새롭게 조합함으로써 창출해낼 수 있는 능력이 있을 때 종교가 출현했을 수 있다는 것이다.

인간의 상상력을 기반으로 종교가 출현했다고 해서 그것이 종교가 지시하는 초월적인 실재의 허구성을 드러내는 것은 아니다. 푸엔테스는 종교의 기원에 있어 또 다른 중요한 요인으로 초월적 경험(transcendent

---

29    앞의 책, 9; Agustin Fuentes, "How Humans and Apes are Different, and Why It Matters," *Journal of Anthropological Research* 74, no. 2 (2018), 163.

30    푸엔테스, 『크리에이티브』, 300.

31    Candace S. Alcorta and Richard Sosis, "Ritual, Emotion, and Sacred Symbols," *Human Nature* 16, no. 4 (2005), 323.

experience)을 강조한다. 초월적 경험은 감각 경험을 통해 포착되지 않으면서도 인간의 주관적 경험에 직접적으로 포착되는 심상을 제공한다. 앞서 이야기한 초자연적 행위자, 반직관적 개념 등은 인간이 상상력을 바탕으로 만들어낸 심상일 수도 있지만, 계시적 경험을 통해 제공받은 심상일 수도 있다. 푸엔테스는 이 지점을 진화인류학이 판단할 수 없다고 이야기하면서 종교의 기원을 가능케 한 중요한 요인으로서 계시적 경험을 상정한다.[32]

나아가 대부분의 종교는 존재의 의미와 삶의 방향에 관한 해석과 내러티브를 지니는데, 그렇게 본다면 인류 진화 역사 안에서 종교 현상은 초기 인류 가운데 사건에 대한 해석과 내러티브를 발생시킬 수 있는 조건이 갖추어졌을 때 시작된 것으로 볼 수 있다. 이와 더불어 해당 해석과 내러티브를 집단의 구성원들이 함께 공유하고, 이를 토대로 특정한 상징 체계를 만들며 의례를 수행하게 되면서 종교는 시작되었던 것으로 볼 수 있다.[33] 종합해보면, 푸엔테스에게 있어 종교는 무엇인가를 믿을 수 있는 기제를 바탕으로 계시적 경험과 상상력을 통해 주어진 심상을 믿고, 그를 토

---

32  Agustin Fuentes, "Hyper-Cooperation is Deep in our Evolutionary History and Individual Perception of Belief Matters," *Religion, Brain & Behavior* 5, no. 4 (2014), 287-288. 푸엔테스는 특정할 수는 없지만 인류의 정착 생활과 대규모 집단생활 이전부터 종교적 행동이 출현했을 수 있음을 이야기한다. 그는 그러한 맥락에서 노렌자얀 같은 학자가 강조하는 것처럼 대규모 집단생활을 위해 집단의 결속력을 강화시키는 방편으로 종교가 채택물적으로 등장했다기보다 그 이전부터 있었던 (대략 10만 년 전부터 확실하게는 2만 년 전부터) 인류의 종교적 행동이 대규모 집단생활과 더불어 강화되면서 오늘날의 거대 종교가 출현했을 것으로 보는 것이 합리적일 것이라고 제안한다. 그러한 맥락에서 종교의 출현을 가능케 했던 지배적인 요인 중 하나가 종교적 경험일 수 있다고 이야기하는 것이다. 앞의 논문.

33  Fuentes, "What Evolution, the Human Niche, and Imagination can Tell us about the Emergence of Religion," 170-173; 푸엔테스, 『크리에이티브』, 302-305.

대로 세계와 삶, 사건의 의미들을 파악하여 하나의 상징 체계를 세우며 의례를 통해 그것을 표현하는 것을 의미한다. 이러한 현상이 인류 진화 역사 안에서 발생하기 위해서는 큰 틀에서 계시적 경험을 해석하고, 시간, 상징, 의미, 내러티브 등을 산출할 수 있는 (1) 고도의 인지 능력과 상상력, 집단적 의례 혹은 의식을 수행하고, 종교적 행동을 교육하고 학습할 수 있는 (2) 사회성(관계성)이 가능한 상태여야 한다. 그러므로 진화인류학적 차원에서 종교의 기원을 다루는 일은 종교 현상을 가능케 하는 인지 능력과 상상력, 사회성 등을 보여주는 초기 인류의 흔적들을 찾아보는 것이다.

## 2. 종교의 기원에 관한 진화인류학적 설명

푸엔테스는 다음의 사건들 혹은 속성들의 발생이 인류에게 기초적인 인지 능력과 상상력, 사회성을 갖도록 하는 데 기여했고 나아가 고차원적인 인지 능력과 사회성을 바탕으로 한 종교가 발생하는 데 기여했을 것이라고 추론한다. 그 발생한 사건들 혹은 속성들은 이족 보행, 도구 제작 및 사용, 조직적 사냥 및 육식, 불의 사용, 커뮤니케이션 및 언어 사용, 공동 보육, 정착 생활 및 가축화 과정 등 이다.[34] 먼저 이족 보행은 잘 알려져 있는 320만 년 전 화석인 오스트랄로피테쿠스 아파렌시스(Australopithecus afarensis) 종의 루시에게도 발견된다. 이들은 앞서 소개한 같은 속 내 아프

---

34  다시 말해, 푸엔테스는 인류 진화 과정에서 갑자기 특정 시점에 종교현상이 출현한 것이 아니라 종교적 행동을 가능케 했던 일련의 구조가 생물학적이고 인지적인 차원에서 점진적으로 발생해왔고, 그것이 자연스럽게 후기에 발현되면서 종교적 행동이 시작됐을 것으로 제안한다. Agustin Fuentes, "Human Evolution, Niche Complexity, and the Emergence of a Distinctively Human Imagination," *Time and Mind* 7, no. 3 (2014), 253.

리카누스 종과 같이 두뇌 용적에 있어 당시 다른 초기 인류들과 크게 다를 바 없었지만 발자국 화석 등을 토대로 유추한 이들의 이족 보행 방식은 다른 종들에 비해 현생 인류의 걷는 방식에 더욱 가까웠다. 우리는 화석을 통해 그들이 직립 보행으로 주로 이동했다는 것과 하늘을 올려다보는 행위 또한 가능했음을 알 수 있다.[35]

직립 보행으로 인해 상대적으로 자유로워진 두 손은 도구의 제작과 사용이라는 자연스러운 행동으로 이어졌다. 도구의 사용은 사실 영장류뿐만 아니라 어느 정도의 지능을 가진 생명체라면 가능한 것이다. 중앙아프리카 구알루고(Goualougo) 지역 침팬지들은 막대기를 이용해 흰개미를 낚시하며, 야생 비버들은 나무를 가공해 (20-30미터) 작은 규모의 댐뿐만 아니라 (400미터에 이르는) 대규모의 댐을 만들어 자신들의 생존 공간과 환경(niche)을 확보한다.[36] 동물들이 보이는 이런 행동 양식은 특정 종 내 개체들이 고안해내는 행위가 아니라 해당 종 내 집단들이 보유하는 것으로서 사회적 관계를 통해 학습되고 세대 간 전이되는 행동이다.[37] 이는 세대 간 전승의 맥락에서 사회적 관계성을 전제로 한다. 180만 년 전 초기 인류도 5-10킬로그램 정도의 돌들을 고르고, 그것들을 대략 5-10킬로미터 정도 운반해서 다듬었다. 푸엔테스에 따르면, 사용할 돌을 고르고, 운반하며, 기초적인 석기를 제작하는 기술을 공유하는 것은 협동과 사회화 과정을 전제로 한다.[38]

---

35    앞의 책, 56.
36    앞의 책, 95; YTN 사이언스, "초대형 댐도 뚝딱…'야생의 목수' 비버", https://m.science. ytn.co.kr/program/view.php?mcd=0082&key=201808011159177160 (2022. 12. 2. 접속).
37    푸엔테스, 『크리에이티브』, 96.
38    앞의 책, 39. 인류학자 팀 잉골드는 기초적인 기술을 습득하는 과정을 문화적 과정 중 하

이 과정에서 필요한 사회적 협력과 소통은 당시 인류가 포식자들에 의해 피식(被食)되는 빈도수를 줄여주는 데 기여했고, 나아가 포식자들이 잡은 먹이들을 처리하고(scavenge) 취식할 수 있도록 하는 데 기여함으로써 육식으로의 식단 전환을 가져오는 데도 기여했을 것이다.[39] 구체적으로, 대략 200만 년 전부터 시작된 인류의 육식은 다른 동물들이 사냥하고 남긴 사체들을 취식하는 소극적 노획에서 시작해 육식 동물의 사냥 직후 사체를 강탈하는 적극적 노획을 거쳐 동물들을 직접 사냥하는 방식으로 전환되면서 더욱 활발해졌다. 이는 200만 년에서 100만 년 전 사이 호모 속 초기 인류들이 동아프리카, 남아프리카, 유라시아 등으로 진출하게 됐던 상황과도 연관이 있다. 새로운 거주 환경으로 인한 생태적 압박(예를 들어, 기후 변화)으로 인해 그들은 생존을 위해 다양한 식사를 하도록 이끌렸는데, 이 과정에서 점점 커지는 뇌와 몸을 지탱하는 데 필요한 영양상의 압박으로 점차 육식이 중요한 영양 공급의 방법이 되었을 것이다. 이를 토대로 초기 인류는 약 100만 년 전부터 의사소통이 필요한 조직적 사냥을 시작했고, 이 시기에 불을 사용하게 되면서 화식을 포함한 육식의 증대와 낮-밤 순환의 변화를 통한 공동체적 소통의 확장 등이 발생했던 것으로 보인다. 이러한 생활 양식의 변화는 인류 사이에 일어나는 협동과 사회화 과정을 시작하는 중요한 계기가 되었다.[40]

---

나로 규정하고 이런 문화적 과정 안에서 집단 내 개체가 사회화된다고 지적한다. 다시 말해, 하나의 개체는 단순히 생물학적 차원의 속성들로부터 결정되는 것이 아니라 집단이 가진 문화 안에서 체화됨으로써 그 집단의 개체로 사회화되기 때문에 한 개체의 정체성 형성에 있어서 문화적·비물리적 차원의 영향 또한 고려해야 한다는 것이다. Tim Ingold, "To Human' Is a Verb," in *Verbs, Bones, and Brains*, ed. A. Fuentes and A. Visala (Notre Dame: University of Notre Dame Press, 2017).

39   푸엔테스, 『크리에이티브』, 39.

40   앞의 책, 116-127, 129-131.

기초적인 사회성을 바탕으로 한 초기 인류의 행동(즉 기초적인 도구 제작과 이에 대한 학습, 조직적 사냥, 불의 사용)은 육식의 시작과 지속을 가능케 함으로써 유전 변이를 바탕으로 우연히 얻게 된 고열량의 에너지를 요구하는 커진 두뇌 용적을 지탱할 수 있는 조건이 되었을 것이다. 그 후 커진 두뇌는 역으로 더욱 정교한 사회적 상호작용을 가능케 하고, 더욱 정교한 도구를 제작하게 하는 등 인류에게 새로운 방식의 생물학적·문화적 진화를 가져왔다.[41] 이러한 방식의 과거 인류 진화의 재구성은 실제 실험 데이터 등을 통해 뒷받침된다. 스코틀랜드 세인트앤드루스 대학교와 미국 에모리 대학교 연구팀은 피실험자들을 섭외해 그들로 하여금 돌로 도구를 만드는 훈련 프로그램을 설계하고 진행하게 한 후 관찰했다. 이 과정에서 그들은 두뇌 활성화와 도구 제작 사이의 연관 관계를 밝히기 위해 뇌 주사 장치를 이용해 피실험자들의 뇌상태를 정밀 촬영한다. 실험 결과, 훈련 시간 및 도구 만드는 과제 수행과 관련된 뇌 연결 부위의 구조 변화가 목격되었다.[42]

---

41    앞의 책, 100. 초기 인류가 개체들 사이의 이기적 생존에 함몰된 것이 아니라 이타적 방식의 행위를 가지고 있었음을 보여주는 데이터들은 다음과 같다. 180만 년 전 조지아 드마니시 유적지의 유골, 150만 년 전 케냐 유적지의 유골, 53만 년 전 스페인의 시마 데 로스 우에소 유적지의 유골. 드마니시 유골 같은 경우는 치아 하나로 몇 년을 살다 죽은 성인 개체의 유골인데, 이는 같은 집단에 속해 있던 이들이 이 성인의 생존을 위해 치아 없이도 음식을 섭취할 수 있는 방식으로 도움을 주었다는 것을 보여준다. 케냐의 여성 유골 같은 경우는 비타민 A 과다 증상을 겪었던 흔적이 있다. 아마도 이 호모 속 개체는 해당 증상으로 인해 자신이 속한 집단의 생존에 한동안 기여할 수 없었을 것인데도 불구하고 한동안 같은 집단 내에서 생존했던 것으로 보이는 점은 해당 집단이 이 여성을 돌보았음을 보여준다. 마지막으로, 스페인의 어린아이 유골은 이 아이가 두개골 조기 유합증을 겪었음을 보여준다. 이 증상은 뇌 성장과 발달, 운동 등 다방면에서 이 아이의 생존을 불가능하게 만들었을 것이다. 그럼에도 이 아이가 자신이 속한 집단에서 장기간 존속한 것은 집단이 이 아이를 돌보고 있었음을 보여준다. 앞의 책, 153-155.

42    앞의 책, 100-101.

구체적으로 피실험자들의 후두엽 내 시각 피질에 기존과 다른 활성화 패턴이 형성됐다. 나아가 복잡한 행위의 계획과 고차원적인 인지, 언어 사용 등과 연관된 두정엽 내 상변연회(supramarginal gyrus)와 전두엽 내 우측 하전두회(inferior frontal gyrus)의 활성화가 증가한다는 사실도 밝혀냈다. 이러한 실험 결과는 도구 제작 과정에 참여하는 인간뿐만 아니라 이를 단순히 관찰하는 인간의 두뇌도 복잡해질 수 있는 가능성을 보여준다.[43] 푸엔테스는 이러한 결과들을 토대로 기초적인 도구의 제작과 육식의 시작, 관찰과 모방, 기초적인 사회적 의사소통 행위를 통해 200만 년에서 100만 년 전 사이에 두뇌의 복잡도가 증가했고, 언어 및 고차원적인 인지 행동이 가능하게 되었을 것이라고 추론한다.[44] 이를 뒷받침해주는 고인류학적 사건은 올도완 공작기(Oldowan industry)로부터 아슐리안 공작기(Acheulean industry)로의 전환이다.

올도완 공작기는 대략 300만 년에서 200만 년 전 사이 만들어진 도구들을 바탕으로 구성한 과거의 기간이다. 이 기간 대표적인 도구들은 찍개(chopper)와 날돌(cutter)로서, 현대 기술 문명의 관점에서는 상당히 조악

---

43　구체적인 논의는 다음을 참조하라. E. E. Hecht et al., "Acquisition of Paleolithic Toolmaking Abilities Involves Structural Remodeling to Inferior Frontoparietal Regions," *Brain Structure and Function* 220, no. 4 (2015), 2315-2331; T. J. H. Morgan et al., "Experimental Evidence for the Co-Evolution of Hominin Tool-Making Teaching and Language," *Nature Communications* 6, no. 6029 (2015), https://doi.org/10.1038/ncomms7029.

44　푸엔테스, 『크리에이티브』, 101. 이 과정에서 공동 보육은 필수적인 생존 전략으로 인류 공동체 안에 채택되었다. 상대적으로 커진 두뇌의 발달은 초기 인류 내 아이들의 성장 기간이 상대적으로 길어졌음을 보여준다. 이는 조직적 사냥 등 생산 활동에 참여하는 집단 내 개체와 아이들을 돌보는 집단 내 개체 사이 분업을 가져왔고, 이러한 방식의 분업과 협동은 조직적 사냥과 공동 보육이라는 사회적 관계 기반의 행위를 더욱 발전시키는 데 기여했을 것이다. 나아가 이러한 공동체적 상호작용은 다시금 두뇌의 복잡성을 증가시키는 방향으로 영향을 끼쳤다. 앞의 책, 141-145.

한 수준의 결과물이지만 초기 인류에게는 복잡한 사고 과정을 요구하는 것이었다. 왜냐하면 돌에 어떤 충격을 가해야 그들이 원하는 모양의 석기를 얻을 수 있는가를 예측하고 계산할 수 있어야 했기 때문이다.[45] 이후 인류는 150만 년 전부터 올도완 도구와 다른 모습의 도구들을 만들기 시작한다. 아슐리안 공작기는 보통 전기인 90만 년에서 70만 년 전 사이, 후기인 70만 년에서 25만 년 전 사이로 구분된다. 이 시기부터 기존 올도완 도구들과는 다른 더욱 정교한 형태의 주먹 도끼 등이 발견된다. 대략 50만 년 전부터는 실용성과 무관한 대칭성을 보여주는 도구들이 등장하는데, 이는 인류가 단순히 실용적인 목적으로 도구를 만드는 것이 아니라 미적인 감각을 표현하는 방식으로 도구를 만들기 시작했음을 어느 정도 보여주는 것이다.[46]

그뿐만 아니라 40만 년에서 20만 년 전 사이에는 당시 인류 집단들이 사용하는 도구가 더욱 다양해지고, 환경의 특성에 따라 지역적·구조적 특성을 반영한 도구들이 만들어지기 시작한다. 구체적으로 큰 사냥감을 대상으로 하는 지역에서는 그에 상응하는 도구들이 만들어졌고, 도구의 재료들이 다양하게 사용되기 시작했으며, 기존 도구들을 이어 붙인 새로운 도구들이 제작되기 시작했다.[47] 이와 더불어 인간의 형상을 한 돌,[48]

---

45    앞의 책, 97-98.
46    Fuentes, *Why We Believe*, 42; 푸엔테스, 『크리에이티브』, 102-106.
47    Fuentes, *Why We Believe*, 42-44.
48    대표적인 인간의 형상을 한 돌들은 이스라엘 골란 고원에서 발견된 "베레카트 람의 비너스"(the Venus of the Berekhat Ram)와 모로코 내 탄탄 지역에서 발견된 "탄탄 조각상"(the Tan-Tan figurine)이다. 베레카트 람 비너스는 대략 28만 년에서 25만 년 전에 제작된 것이고, 탄탄 조각상은 그보다 오래된 50만 년에서 30만 년 전 사이 중기 아슐리안 석기 시대에 제작된 것이다. 비록 초기에는 인간의 상징적인 행동(symbolic behavior)이 생각했던 것보다 일찍 시작됐을지 모른다는 함의를 가진 조각상들의 발견으로 인해

조개껍질이나 뼈 등에 새겨진 문양들,[49] 염료와 풀 같은 것으로 사용했던 미네랄, 장신구나 몸을 칠하는 데 썼던 염료들이 다량으로 발견된 것은 이 시기에 인류가 의미를 생성하고 이를 표현하며 전달하는 방식의 행동을 보이기 시작했음을 알려준다.[50] 20만 년에서 8만 년 전 사이에 타조알 껍질, 장신구, 오커, 안료 등을 통한 자신과 세계에 대한 인류의 의미 생성과 표현이 더욱 정교해지다가[51] 7만년 전부터 등장하는 동굴 벽화와 4만 년 전부터 등장하는 조각상은 인류의 의미 생성 기제가 더욱 발전했음을 잘 보여준다.[52] 이 가운데 특별히 흥미로운 데이터는 3만 년에서 1만 8천 년 전 사이 동, 서, 남유럽에서 발견되는 비너스 상(Venus Figurine)이다. 다양한 지역에서 발견되는 이 조각상은 당시 인류가 해당 조각상을 가지고 유사한 의미를 표현하고자 했었음을 알려준다. 물론 그들이 그 조각품을 통해 실제로 어떤 의미를 표현하고 전달하려고 했는지는 알 수 없지만, 적어도 그들 사이에 보편적으로 통용되던 일종의 의미 체계가 있었다는 점은 알 수 있다.

---

논쟁이 있었으나, 지금은 대체적으로 해당 조각상들이 당시 인류의 의도적인 제작물이라는 것과 그들에게도 상징적인 사고와 표현이 가능했음을 뒷받침해주는 자료로 인식된다. Francesco d'Errico and April Nowell, "A New Look at the Berekhat Ram Figurine: Implications for the Origins of Symbolism," *Cambridge Archaeological Journal* 10, no. 1 (2000), 123-167; Robert G. Bednarik, "A Figurine from the African Acheulian," *Current Anthropology* 44, no. 3 (2003), 405-413.

49   Fuentes, *Why We Believe*, 126.
50   앞의 책.
51   앞의 책, 49, 115.
52   앞의 책, 121-123. 대표적인 동굴 벽화는 스페인 북부 알타미라 동굴에서 발견된 동굴 벽화, 프랑스 남부 라스코 동굴에서 발견된 벽화 등이 있다. 자세한 내용은 다음을 참조하라. Arlette Leroi-Gourhan, "The Archaeology of Lascaux Cave," *Scientific American* 246, no. 6 (1982), 104-113; Andre Leroi-Gourhan, *The Dawn of European Art: An Introduction to Paleolithic Cave Painting* (New York: Cambridge University Press, 1982).

이렇듯 과거 인류는 생존했던 환경적 특성에 따라 상이하고 다양한 도구들을 만들어 사용하기도 했지만, 어느 시점에 와서는 생존이나 실용적 목적을 벗어난 도구와 조각 등을 만들고 이를 통해 일종의 의미 체계를 생성하고 공유하기 시작했다. 푸엔테스는 이러한 현상이 당시 인류 집단들 사이에 증가한 상호작용을 통해 가능해졌을 것이라고 주장한다.[53] 다시 말해, 인간의 사회적 상호작용이 한 집단 내 개체들 사이의 상호작용을 넘어 집단 간 상호작용으로 확장됐다는 것이다. 이 과정에서 인간의 의미 생성 기제는 상상력을 바탕으로 죽음과 같은 사건을 다루기 시작한다. 이를 뒷받침해주는 진화학적 데이터들은 다음과 같은데, 대략 40만 년 전 스페인 아타푸에르카(Atapuerca) 지역 시마 데 로스 우에소스(Sima de Los Huesos) 동굴 내 구덩이에 초기 인류는 28구의 시체들을 안치했다. 그뿐만 아니라 33만 년에서 23만 년 전 어간 존속했던 호모 날레디 종은 지면으로부터 약 30미터가량 내려가는 지하 동굴을 만들고 그곳에 131구의 시신을 안치했다.[54] 이러한 흔적들은 상당히 초기부터 인류가 죽음이라는 현상을 일상적인 활동으로부터 구분하고 어떤 형태로든 기념하기 시작했음을 알려준다.

이후 인류는 시신을 거주 공간 내 매장하기 시작하면서 어떤 형태로든 그 의미를 표현하고자 했던 것으로 보인다. 15만 년에서 5만 년 전 사이 크로아티아, 이스라엘, 프랑스, 이라크 지역 매장지들은 당시 인류가

---

53  Fuentes, *Why We Believe*, 101.

54  Eudald Carbonell and Marina Mosquera, "The Emergence of a Symbolic Bahaviour: the Sepulchral Pit of Sima de los Huesos, Sierra de Atapuerca, Burgos, Spain," *Comptes Rendus Palevol* 5, no. 1-2 (2006), 155-160; Lee R. Berger et al., "Homo naledi, a New Species of the Genus Homo from the Dinaledi Chamber, South Africa," *eLife* 4 (2015), https://doi.org/10.7554/eLife.09560.

가지 모양의 뿔, 조개껍데기, 돌 등을 시신 위에 올려놓았음을 보여주는 데, 이는 그들이 죽음에 대해 어떤 의미를 전달하고자 했었음을 드러낸다.[55] 나아가 앞서 지적했듯이 7만 년부터 4만 년 전 사이에는 의미들을 전달하는 동굴 벽화와 조각상이 만들어지기 시작했고, 3만 년에서 2만 년 전 사이에는 이러한 현상이 보편적으로 나타나기 시작했다. 이 과정에서 인류는 집단 내 더욱 복잡한 사회 구조와 삶의 양식들을 만들어내면서 정착 생활과 가축화를 시작하고 상징을 사용하면서 일종의 의식을 수행하는 행태들을 보이기 시작한다.[56] 구체적으로 정착 생활이 본격적으로 시작된 1만 4천 년에서 8천 년 전부터는 일종의 의례와 연관된 물건들이 발견되는 것으로 보아 종교 의식 혹은 종교 현상이 존재했다는 추정을 가능케 한다. 푸엔테스는 다음과 같이 주장한다.

오늘날 튀르키예 지역에 위치한 차탈회위크(Catalhoyuk) 같은 초기 정착촌 유적지(약 9,000년 전에서 8,000년 전)에서는 상징적 용도가 확실해 보이는 공간들이 발견됐는데, 황소 머리와 조각품, 예술 작품 같은 것들이 사당이나 제단이라고 불리던 곳에 모여 있었다. 이 유물들은 당시 사람들이 초자연적이거나 초월적인 존재를 분명히 인정했음을 보여주는데, 일정한 의례 기능에 사용되었다는 상당한 증거도 존재한다. 하지만 이런 사당들 대부분이 생

---

55   푸엔테스, 『크리에이티브』, 311-312.
56   Fuentes, *Why We Believe*, 116. 대략 1만 7천 년부터 5천 년 전 사이 지중해 동쪽 레반트 지역의 해안선을 따라 대략 1,200킬로미터 부근에는 참나무, 올리브, 피스타치오, 과일, 가젤 및 들소, 야생돼지 등 동식물 자원이 풍부했고, 실제로 이 지역에는 1만 8천 년부터 1만2천 년 전 사이에 사용된 돌그릇, 공잇돌 등의 흔적을 통해 여러 집단이 세대에 걸쳐 정착해왔음을 알 수 있다. 푸엔테스는 약 1만 년 전 인류 공동체는 대략 300-500명 규모의 집단을 형성해 정착 생활을 했을 것으로 추정한다. 푸엔테스, 『크리에이티브』, 161-162.

활 공간 안에 들어가 있고, 고고학적 증거에 따라 일상적이고 세속적인 활동들이 이런 사당 안팎에서 계속 이어졌다는 사실이 증명된다.[57]

이후 인류는 집단마다 특징적이고 개별적인 아이템과 도구들, 장례 방법과 큰 구조물, 인간 신체에 대한 표현들을 더욱 다양화하기 시작했고, 이 과정을 거치면서 8천 년에서 5천 년전 부터는 우리가 아는 종교가 등장하기 시작한다.[58]

## IV. 종교의 기원에 관한 진화인류학과 신학의 학제 간 연구 가능성

### 1. 자연 과정을 통해 종교가 출현했다는 진화인류학적 설명은 신학적으로 수용 가능한가?(진화인류학 → 신학)

푸엔테스의 연구를 중심으로 살펴본 종교의 기원에 관한 진화인류학적 설명은 몇 가지 신학적 숙고와 판단을 요청한다. 가장 먼저 살펴봐야 하는 지점은 종교가 진화 과정 안에서 초자연적인 혹은 기적적인 원인이나 과정 없이 출현했다는 것이다. 이러한 진화인류학적 설명은 신학적 차원에서 충분히 수용 가능해 보인다. 볼프하르트 판넨베르크는 "하나님에 대한 인간의 '자연적인 앎'"을 다루면서 인간에게 주어져 있는 "타고난 하나님 인식"(*cognitio innata*)를 이야기한다. 하나님은 본래부터 혹은 자연으로부

---

57   Fuentes, *Why We Believe*, 311-312.
58   앞의 책, 116.

터(von Natur aus) 모든 인간에게 알려져 있다. 구체적으로, 판넨베르크가 이야기하는 "타고난 하나님 인식"은 다음과 같이 규정해볼 수 있다. 이는 세계와 자기에 대한 경험 이전에 주어져 있는 선천적인 앎이고, 타고난 양심으로서의 앎이며, 삶의 탈-중심성에 기반한 앎인 동시에 무한성에 대한 암묵적 앎이다.[59]

하나님에 대한 자연적인 앎은 경험을 통해 개념화되거나 주제화되지 않은 선천적인 앎으로서 아리스토텔레스의 감각론을 거쳐 아퀴나스의 신학적 사유 안에서도 강조되는 것이다. 하나님에 대한 자연적인 앎은 감각 경험을 통해 인지된 세계 내 존재들을 통해 혼란 속에 있지만(*sub quadam confusione*) 감각 경험의 주체에게 주어진다.[60] 루터와 초기 멜란히톤은 이렇게 주어져 있는 하나님에 대한 자연적인 앎이 타락한 이성을 통해 왜곡되어 현실화됨으로써 우상숭배의 형태인 타종교들이 나타나는 것이라고 지적한다.[61] 나아가 스토아 학파로부터 아벨라르두스를 거쳐 루터에 이르기까지 인간의 타고난 도덕적 양심은 칸트가 이야기한 실천적 이성 차원의 행위적 앎뿐만 아니라 인지적 차원의 앎까지 포괄하는 것으로 이해되어왔고, 이 앎은 곧 도덕적 양심의 근원인 하나님에 대한 자연적 앎으로 이해되어왔다.[62] 마지막으로, 판넨베르크는 인간이 지니고 있는 근원적인 탈-중심성으로부터 암묵적인 무한성의 이념에 대한 앎을 도출해낸다. 다시 말해, 인간은 삶의 유한성에 직면해 자기의식과 실존의 기반이 자기 안

---

59    볼프하르트 판넨베르크/신준호·안희철 옮김, 『조직신학』 1권(서울: 새물결플러스, 2017), 188-204.
60    앞의 책, 189.
61    앞의 책, 190-191.
62    앞의 책, 193-194.

에 있지 않고 자기 밖에 있음을 직관적으로 파악하고 있으며, 이러한 직관적 앎 안에는 모든 의식과 실존의 기반으로서의 무한자인 하나님에 대한 이념도 들어 있다고 지적하는 것이다.[63]

판넨베르크가 제공하는 하나님에 대한 자연적인 앎에 대한 통찰을 종합해보면, 이는 세계 안에서 모든 인간에게 주어져 있는 것으로서 감각 경험을 통해 시작되는 것이고 도덕적인 차원을 지니는 것뿐만 아니라 인간의 유한성을 폭로하는 것이고, 실존과 의식의 기반으로서의 무한자를 드러내는 것이다. 여기서 우리는 앞서 살펴본 진화인류학의 종교의 기원에 관한 설명에 상응하는 부분들을 발견할 수 있다. 먼저 푸엔테스는 종교 현상이 초기 인류의 세계와 인간 자신에 대한 감각적 경험과 의미 표현에 수반한다고 지적했다. 인간의 형상을 한 돌로부터 라스코 동굴 벽화 등을 통해 발견되는 초기 인류의 사건과 존재에 대한 경험과 인식, 그에 관한 의미론적 차원의 표현 등은 종교 현상에 필수적인 초월적 차원에 대한 인식과 표현을 위한 기반이 되고 있다. 물론 초기 인류의 의미 생성과 표현 그 자체를 종교적 차원의 의미 생성과 표현으로 볼 수는 없겠지만, 세계와 존재에 대한 감각 경험과 그것으로부터 시작된 의미 생성과 표현 안에는 궁극적 실재인 하나님에 대한 자연적인 앎이 암묵적으로 깃들어 있었던 것으로 볼 수도 있다. 왜냐하면 이러한 방식의 자연적인 앎이 인간의 의식에 주어져 있어야 루터와 초기 멜란히톤이 지적하듯 이후 이성적 반성 안에서 초월적 차원에 대한 앎 등이 현실화될 수 있기 때문이다.

나아가 하나님에 대한 자연적인 앎은 도덕적 차원 혹은 이타적 차원도 지니고 있는데, 앞서 살펴본 인류 진화 과정에서 발달되는 사회적 관계

---

63    앞의 책, 196-201.

와 이를 바탕으로 한 연민과 공동 보육 등은 그것 자체로 인류의 이타적 공동체성이 발전하는 양상으로 파악될 수 있다. 물론 E. O. 윌슨이 지적하듯 인류의 이타성의 발전은 집단 선택의 맥락에서 생존에 대한 압력으로 인해 발생한 것일 수 있다.[64] 설령 진화적 압박에 의한 상황에서 자신이 속한 집단 전체의 생존이나 개체 혹은 자신의 유전자적 생존을 위해 채택된 행위로 이타적 행위와 성향이 출현했다 하더라도 그러한 방식의 이타적 성향과 행동 역시 하나님에 대한 암묵적 앎을 기반으로 하고 있다고 주장할 수는 있다. 왜냐하면 판넨베르크가 지적하듯 하나님에 대한 자연적인 앎은 그것을 지니고 있는 인간의 주제화된 의식이나 개념을 바탕으로 한 앎이 아닌 비주제화되고, 직관적으로 파악되어 반성적 사유 없이는 자신이 지니고 있다고도 파악될 수 없는 암묵적인 것이기 때문이다. 만약 그렇다면, 인류가 180만 년 전부터 보여주기 시작한 집단 내 다른 개체들을 향한 이타적 성향과 행위는 하나님에 대한 자연적인 앎에서 실현되고 있는 것으로 볼 수 있을 것이다.

마지막으로 하나님에 대한 자연적인 앎은 인간 실존의 유한성과 탈-중심성, 무한자에 대한 의존성을 직관적으로 아는 것이다. 앞서 살펴본 바대로 푸엔테스는 적어도 1만 4천 년 전부터 혹은 그보다 오래된 2만 년 전부터 뚜렷한 종교적 의식의 흔적들이 보편적으로 발견되고, 산발적이긴 하지만 호모 속 개체들 사이의 종교적 사고나 행위는 그보다 훨씬 전인 50만 년에서 30만 년 전 사이에서 시작된 것으로도 볼 수 있다고 주장한다.[65] 또한 이 시기는 앞서 지적했듯이 초기 인류의 매장 풍습이 나타난

---

64 이타성과 도덕성의 기원에 관한 집단선택의 맥락은 다음을 참조하라. E. O. Wilson, *The Social Conquest of Earth* (New York: W. W. Norton & Company, 2012), 174-175.

65 푸엔테스, 『크리에이티브』, 308.

**232** 신학과 과학의 만남 3

시기이기도 하다. 물론 40만 년 전 스페인과 33만 년 전 남아프리카에 살았던 초기 인류가 종교적 신념을 바탕으로 매장 풍습을 수행했는지는 알수 없지만, 적어도 그들이 죽음이라는 사건을 유의미한 사건으로 받아들이고 이를 기념하기 시작했다는 것은 인간 실존의 유한성에 대한 기초적인 파악으로 볼 수 있을 것이다.

판넨베르크는 유한성에 대한 인간의 자각이 무한성에 대한 암묵적 앎과 연결되어 있다고 지적한다. 왜냐하면 데카르트가 지적하듯 무한성의 이념은 유한한 것들을 파악할 때 제약하는 조건으로서 작용하기 때문이다. 다시 말해, "오직 무한성의 제한을 통해서만 어떤 유한한 것이 생각"될 수 있다.[66] 물론 판넨베르크가 강조하듯 무한성에 대한 직관이 그 자체로 하나님에 대한 의식인 것은 아니다. 그럼에도 유한한 것이 무한한 것에 의존하고 있다고 암묵적으로 파악하는 것은 인간 삶의 탈-중심성을 폭로하는 것이고, 인간 삶의 탈-중심성은 그것 자체로 인간과 세계를 둘러싼 모든 것의 기반에 대한 앎으로 이끌어갈 수 있다는 점에서 앞서 이야기해온 인간 실존과 의식의 궁극적 기반으로서의 하나님에 대한 자연적인 앎 혹은 비주제화된 하나님 의식으로 넘어갈 수 있는 계기를 마련해준다. 이렇게 본다면, 초기 인류가 보여준 죽음에 대한 인식과 매장 풍습은 그것 자체로 인류가 자기 유한성을 파악해가기 시작했다는 것과 그에 상응하는 실존 기반으로서의 하나님에 대한 암묵적 의식, 자연적인 앎, 비주제화된 하나님 개념을 지니기 시작했다는 것으로 이해할 수 있다.

---

66    판넨베르크, 『조직신학』 1권, 197.

## 2. 계시적 경험을 종교를 가능케 하는 근본 원인으로 상정하는 신학적 설명을 진화 인류학은 수용할 수 있는가?(진화인류학 ← 신학)

지금까지는 진화인류학이 신학에 던지는 질문, 곧 종교 현상이 자연 과정 (혹은 진화 과정)을 통해 기적적인 요인 혹은 초자연적인 요인 없이도 발생 했을 수 있다는 질문에 대해 신학이 진화인류학의 과학적 연구를 수용하 면서 긍정적으로 응답할 가능성에 대해 살펴봤다. 본고의 남은 부분에서 는 그 역으로의 과정, 곧 신학이 진화인류학에 던질 수 있는 질문과 이에 대해 진화인류학이 신학의 주장을 수용하면서 긍정적으로 응답할 수 있 는지를 살펴보고자 한다. 신학적 차원에서 본다면 종교의 출현은 하나님 에 대한 자연적인 앎뿐만 아니라 특수한 형태의 계시적 경험에서 기인한 다. 보편적으로 인정되는 웨슬리의 사변형에 따라 신적인 것을 파악하게 하는 자료들은 보통 성서와 전통, 경험과 이성으로 상정되지만, 본고가 다 루는 범위는 특수 종교로서의 기독교가 태동하기 이전에 출현한 인류의 종교 현상이므로 사변형 중에서 경험과 이성만이 상정될 수 있을 것이다. 이성을 바탕으로 한 계시적 경험은 앞서 언급한 암묵적으로 주어져 있는 무한자의 이념을 발견하고, 이를 합리적으로 논증할 때 발생한다. 아우구 스티누스, 안셀무스, 아퀴나스, 파스칼 등은 이러한 이해를 바탕으로 종교 가 인간의 이성적 본성에서 기인하고 있다고 보았다.[67] 하지만 칸트 이후 순수 이성의 한계가 규정되면서부터 이성과 경험 사이의 관계가 전복되 고 이성적 사유와 논증으로부터 계시적 경험이 도출되는 것이 아니라, 계

---

67    Jeffrey Schloss, "Introduction: Evolutionary Theories of Religion," in *The Believing Primate: Scientific, Philosophical, and Theological Reflections on the Origin of Religion*, ed. Jeffrey Schloss and Michael J. Murray (New York: Oxford University Press, 2009), 2.

시적 경험으로부터 계시적 의미를 발견, 도출 혹은 구성하는 것으로서 이성의 역할은 재편된다. 다시 말해 계시적 경험 안에서 상징이 주어지고, 이성은 이 상징의 의미를 반성적 사유 안에서 해석해내고 구성해냄으로써 종교적 의미가 산출된 후 종교가 출현한 것이다.[68]

　인류 진화 과정 안에서 종교가 출현할 당시 이성과 경험이 조금 전에 지적한 두 가지 방법 중 어느 쪽으로 작용했는지 알 수 없지만, 적어도 신학이 이를 바탕으로 진화인류학에 제시하는 것은 계시적 앎을 일으키는 이성과 경험이 종교의 출현에 반드시 작동했어야 한다는 점이다. 이는 종교의 기원에 관한 진화인류학 연구에 일종의 한계를 설정해주는데, 곧 종교의 출현을 집단 선택의 맥락으로 단순 환원시킬 수 없다는 점이다. 이러한 신학의 경계 설정과 문제 제기는 푸엔테스의 연구를 바탕으로 하는 진화인류학에 의해서는 긍정적으로 수용될 수 있다. 왜냐하면 푸엔테스는 자연과학의 한계를 인정하면서 인간에 대한 비환원적(non-reductive) 이해를 바탕으로 종교의 기원 문제를 다루기 때문이다.

　구체적으로, 앞서도 지적했듯이 푸엔테스는 종교의 기원 문제를 다룰 때 진화학이 "무엇인가를 믿을 수 있는 능력과 기제 그 자체"의 발생은 다룰 수 있지만 "특정한 내용의 믿음이나 신앙의 내용"의 기원은 규명할 수 없다고 주장한다. 다시 말해 "특정한 내용의 믿음, 곧 신앙을 갖는 것"은 진화인류학이 다룰 수 없는 영역, 곧 경계 문제(Demarcation Problem)이므로 여기부터는 자연과학이 다룰 수 없고 신학이 다룰 수 있다고 과학의 한계를 인정하는 것이다. 이를 토대로 푸엔테스는 종교의 기원 문제에 대

---

68　Frantisek Stech, "Narrative Theology, Revelation, and the Road towards a Theological Media Theory," *Theology Today* 75, no. 4 (2019), 426-428.

한 지배적인 진화적 접근인 채택물적 입장과 부산물적 입장에 대해 두 입장 모두 일정 부분 종교의 기원 문제를 환원주의적으로 다루거나 기능주의적으로 다루면서 종교 현상의 본질 중 하나인 각 종교의 구체적인 신념의 내용들, 그리고 그것을 가능케 한 요인으로서의 계시적 경험을 간과한다고 비판한다.[69]

푸엔테스는 인간의 신경내분비계(neuroendocrine system)를 다루면서 인간과 같이 사회적 관계를 형성하고 살아가는 존재의 생리학적 과정(예를 들어, 개체의 생식, 대사, 수면, 섭취와 소화, 에너지 소비, 혈압)은 물리적인 요인에 의해서만 영향받는 것이 아니라 동료와의 관계, 사회적 상호작용, 문화 등의 비물리적인 요인에 의해서도 영향받을 수 있음을 지적한다. 예를 들어, 어떤 환경적·사회적 배경에서 자랐는가에 따라 같은 음식에 대해 상이한 반응을 보이기도 하고, 같은 온도의 물이나 날씨에 대해 춥다고 느끼거나, 덥다고 느끼는 상이한 반응을 보이기도 한다. 이렇듯 푸엔테스는 인간의 신경 체계를 이해하기 위해서는 정신적 차원을 포함할 수밖에 없기 때문에 인간의 신경내분비계는 정신신경내분비계(psychoneuroendocrine system)로 분류해야 한다고 역설한다.[70]

종교의 기원과 관련되어 푸엔테스가 강조하는 인간의 정신적 차원의 구체적인 사례는 심적 표상(mental representation)이다. 그는 심적 표상을 다

---

69  Fuentes, *Why We Believe*, 117, 120. 채택물적 입장은 종교 현상이 집단 선택의 맥락에서 종교적 행동을 특징적으로 가진 집단들의 결속력과 협력을 높이고, 그렇게 집단 사이 경쟁에서 우위를 점할 수 있게 했기 때문에 채택되었다는 입장이다. 반면 부산물적 입장은 인간이 지닌 고차원적 의식이 진화 과정에서 생존에 유리함을 주기 때문에 채택되었으나, 고차원적 의식으로부터 필연적이지 않은 종교적 사유와 행동이 부차적으로 함께 출현했다고 보는 입장이다. 보다 구체적인 논의는 다음을 참조하라. Schloss, "Introduction," 1-25.

70  Fuentes, *Why We Believe*, 89.

음과 같이 규정한다. "심적 표상은 외부 조건을 재현하는 일종의 내부적이고 인지적인 기호다. 여기서 외부 조건은 반드시 실제적으로 경험된 어떤 것일 필요는 없다. 인간의 정신은 감각에 현재에는 혹은 지금까지 한 번도 포착되지 않았던 어떤 것의 감각적 느낌을 창출해내는 데 상징적 표상(symbolic representation)을 사용하기도 한다."[71] 그는 인지과학자 페테르 가르덴포르스(Peter Gärdenfors)의 구분을 따라 심적 표상을 신호적 표상(cued representation)과 원격 표상(detached representation)으로 구분한다. 전자는 과거에 이미 경험했던 무엇인가가 일종의 이미지, 개념 등으로 남아 있는 것이다. 예를 들면, 과거에 있었던 사과에 대한 경험은 일종의 이미지 혹은 개념(예를 들어, 상큼함, 달콤함, 사과)의 형태로 의식에 저장되고, 경우와 상황에 따라 의식에 재현된다. 반면 원격 표상은 과거나 현재 세계와 물체, 존재에 대한 실제적 경험으로부터 촉발되어 주어지는 종류의 심적 표상이 아닌 표상이다. 예를 들면, 신호적 표상들을 창의적으로 조합해서 산출해 낼 수 있는 새로운 종류의 표상인 "12개의 발과 날개가 달린 문어"와 같은 것이 원격 표상일 수 있다.

푸엔테스는 원격 표상이 종교적 신념에 관한 인지 행위와 연관되어 있음을 지적하면서 이러한 표상은 기존의 이미지들과 개념들을 창의적으로 새롭게 조합하는 상상력, 현재 주어지고 있는 외부 환경으로부터의 영향들을 차단하는 능력과 결부되어 있다고 지적한다.[72] 인간은 상상력과 원격 표상 능력을 바탕으로 자기 자신의 미래적 상황이나 죽음 이후의 세계를 표상할 수 있고, 이를 의식적으로 경험하고 의지하면서 종교적 인지가

---

71    앞의 책, 93.
72    앞의 책, 94.

출현했을 수 있다. 그러나 이러한 푸엔테스의 이해는 종교를 인간의 소망 충족의 결과물로 봤던 포이어바흐 등의 입장과는 구분된다. 왜냐하면 앞서도 지적했듯 푸엔테스는 종교적 차원에 관한 원격 표상이 단순히 인간의 상상을 통해 만들어진 의식적 인공물일 가능성뿐만 아니라 초월적 경험 혹은 계시적 경험을 통해 의식적 차원에서 직접적으로 산출될 가능성도 상정하기 때문이다.[73] 이렇게 본다면 종교의 기원 문제를 대하는 푸엔테스의 비환원적 태도는 해당 문제를 신학과 과학이 공동으로 상정하고 이를 이해하기 위한 학제 간 연구를 수행할 가능성을 열어준다.

## V. 결론

지금까지 본고는 종교의 기원 문제에 관한 진화인류학과 신학 사이의 학제 간 연구 가능성을 모색해보았다. 그 결론은 적어도 푸엔테스의 진화인류학적 관점에서 제시하는 종교의 기원에 관한 설명과 신학에서 이야기하는 종교의 기원과 결부된 계시 이해는 양립 가능하다는 것이다. 푸엔테스는 종교의 기원 문제에 관해 진화인류학이 접근할 수 있는 경계를 명확히 함으로써 인류 진화 과정에서 종교가 출현하는 데 있어 신학이 제기할 수 있는 특별계시, 곧 계시적 경험 혹은 종교적 경험의 가능성을 상정한다. 나아가 신학 또한 기적적인 요인이나 초자연적인 요인 없이 인류의 진화 과정에서 종교가 출현했을 수 있다는 진화인류학의 설명을 수용할 수 있다. 이러한 맥락에서 신학과 진화인류학은 종교의 기원 문제에 관한 학

---

73    앞의 책, 138.

제 간 연구 프로그램을 구성하여 해당 문제를 깊이 있게 다룰 수 있을 것이다. 따라서 갈수록 발전하는 종교의 기원에 관한 진화학적 설명을 신학이 적극적으로 수용하면서도 동시에 해당 접근이 환원주의적으로 소급되지 않도록 기여하는 학제 간 연구가 개발되어야 할 것이다.

# 참고문헌

판넨베르크, 볼프하르트/신준호·안희철 옮김. 『조직신학』 1권. 서울: 새물결플러스, 2017.

푸엔테스, 아구스틴/박혜원 옮김. 『크리에이티브: 무엇이 인간을 예외적 동물로 만들었는가』. 서울: 추수밭, 2018.

사이언스올. "대후두공." "과학백과사전." https://www.scienceall.com/%eb%8c%80%ed%9b%84%eb%91%90%ea%b3%b5occipital-foramen/. (2022. 11. 30. 접속).

YTN 사이언스. "초대형 댐도 뚝딱…'야생의 목수' 비버." https://m.science.ytn.co.kr/program/view.php?mcd=0082&key=201808011159177160. (2022. 12. 2. 접속).

Alcorta, Candace S. and Richard Sosis. "Ritual, Emotion, and Sacred Symbols." *Human Nature* 16, no. 4 (2005), 323-359.

Bednarik, Robert G. "A Figurine from the African Acheulian." *Current Anthropology* 44, no. 3 (2003), 405-413.

Berger, Lee R. et al. "Homo naledi, a New Species of the Genus Homo from the Dinaledi Chamber, South Africa." *eLife* 4 (2015). https://doi.org/10.7554/eLife.09560.

Carbonell, Eudald, and Marina Mosquera. "The Emergence of a Symbolic Bahaviour: the Sepulchral Pit of Sima de los Huesos, Sierra de Atapuerca, Burgos, Spain." *Comptes Rendus Palevol* 5, no. 1-2 (2006), 51-2, 155-160.

Chalmers, David J. "The Puzzle of Conscious Experience." *Scientific American* 273, no. 6 (1995), 80-86.

Constantino, Paul J. "The 'Robust' Australopiths." *Nature Education Knowledge* 4, no. 1 (2013), 1.

d'Errico, Francesco, and April Nowell. "A New Look at the Berekhat Ram Figurine: Implications for the Origins of Symbolism." *Cambridge Archaeological Journal* 10, no. 1 (2000), 123-167.

Fuentes, Agustin. "How Humans and Apes are Different, and Why It Matters." *Journal of Anthropological Research* 74, no. 2 (2018), 151-167.

_____. "Human Evolution, Niche Complexity, and the Emergence of a Distinctively Human Imagination." *Time and Mind* 7 no. 3 (2014), 241-257.

_____. "Hyper-Cooperation is Deep in our Evolutionary History and Individual Perception of Belief Matters." *Religion, Brain & Behavior* 5, no. 4(2014), 284-290.

_____. "What Evolution, the Human Niche, and Imagination can Tell us about the Emergence of Religion." *Theology Today* 72, no. 2 (2015), 170-181.

_____. *Why We Believe: Evolution and the Human Way of Being.* New Haven: Yale University Press, 2019.

Ingold, Tim. "'To Human' Is a Verb." In *Verbs, Bones, and Brains*, edited by Agustin Fuentes and Aku Visala, 71-87. Notre Dame: University of Notre Dame Press, 2017.

J nsson, Knud A., et al. "Ecological and Evolutionary Determinants for the Adaptive Radiation of the Madagascan Vangas." *PNAS* 109, no. 17 (2012), 6620-6625.

Laland, Kevin N., et al. "The Extended Evolutionary Synthesis: Its Structure, Assumptions, and Predictions." *Proceedings of the Royal Society of Biological Sciences* 282, no. 1813 (2015). https://pubmed.ncbi.nlm.nih.gov/26246559/.

Schloss, Jeffrey. "Introduction: Evolutionary Theories of Religion." In *The Believing Primate: Scientific, Philosophical, and Theological Reflections on the Origin of Religion*, edited by Jeffrey Schloss and Michael J. Murray, 1-25. New York: Oxford University Press, 2009.

Schwartz, Jeffrey H. and Ian Tattersall. "Defining the Genus Homo: Early Hominin Species were as Diverse as Other Mammals." *Science* 349, no. 6251 (2015), 931-932.

Stech, Frantisek. "Narrative Theology, Revelation, and the Road towards a Theological Media Theory." *Theology Today* 75, no. 4 (2019), 420-433.

Su, Denise F. "The Earliest Hominins: Sahelanthropus, Orrorin, and Ardipithecus." *Nature Education Knowledge* 4, no. 4 (2013), 11.

Wood, Bernard, and Mark Collard. "The Human Genus." *Science* 284, no. 2 (1999), 65-71.

# 새라 코클리의
# 관상적 자연신학 연구 *

최유진

* 이 논문은 2019년 7월 1일부터 2022년 6월 30일까지 대한민
국 교육부와 한국연구재단의 지원을 받아 수행된 연구(NRF
2019S1A5A2A03034618)로서 최근 출판된 다음 논문 내용을 가
져오면서 일부 수정한 것이다. 최유진, "새라 코클리의 관상적 자
연신학 연구",「한국기독교신학논총」127집(2023. 01), 89-127.

# I. 서론

자연은 과학의 연구 대상이기도 하지만 신앙인들에게는 창조주 하나님의 자취를 찾아가는 신앙고백의 자리이기도 하다. 그러나 근대 이후 급격한 과학의 발달과 이성에 대한 신뢰로 신학은 자연을 설명하는 책무를 과학에 넘겨준 것처럼 보인다. 이런 맥락에서 영국의 성공회 신학자 새라 코클리(Sarah Coakley)는 포스트모던 시대, 특히 진화론에 익숙한 세대들에게 기독교를 변증하는 과제의 중요성을 환기시킨다.[1] 그녀는 리처드 도킨스(Clinton Richard Dawkins)로 대표되는 진화론이 유전자 환원론, 무작위성, 무목적성이라는 전제를 숨기고 있다고 평가하면서 자연계에서 광범위하게 관찰되는 협력 현상의 진화를 추적하여 "희생 행위의 초월적 힘"의 가능성을 타진한다. 그녀가 진화론에 대해 이러한 연구를 수행한 것은 다윈 이후 세대를 위해 기독교 변증을 시도하며 자신의 자연신학을 전개하기 위함이다.

그녀의 자연신학에는 두 가지 독특한 점이 발견된다. 하나는 관상적 관점에서 수행된다는 점이다. 그녀는 토마스 아퀴나스(Thomas Aquinas)와 윌리엄 페일리(William Paley)의 자연의 증거들을 통해 신 존재를 증명하고자 하는 자연신학도 아니고 신학적 전제를 명확히 앞세우며 자연을 신학적 관점에서 해석하는 자연의 신학도 아니며, 세계를 하나님의 피조물로

---

1    Sarah Coakley, *Sacrifice Regained: Evolution, Cooperation and God*, Gifford Lectures Video (2012), 2강(Cooperation, *alias* Altruism: Game Theory and Evolution Reconsidered), 3분 이후(비디오 강연이기 때문에 시간을 표시했음). https://www.giffordlectures.org/lectures/sacrifice-regained-evolution-cooperation-and-god (2022. 7. 30. 접속). 다음 각주부터는 지면상의 이유로 웹사이트는 생략한다.

보고 의미를 통합하기 위해서는 인식 주체의 도덕적·지적·영적 변화가 필요하다는 점을 강조하는 관상적 관점에서 자연신학을 수행하고 있다. 두 번째 독특한 점은 지금까지 국내에 소개된 진화론과 대화하는 신학자들, 곧 존 호트와 이안 바버, 위르겐 몰트만 등은 범재신론의 신론을 제안하지만 코클리는 고전적 유신론을 고수하고 있다는 것이다.[2]

이런 맥락에서 코클리의 독특한 자연신학을 소개하는 것은 한국 신학계에 좋은 공헌이 될 것이다. 이에 이 글은 코클리의 자연신학을 탐구하기 위해서 2012년 수행한 그녀의 기포드 강좌와 2016년 보일 강좌를 중심으로 그녀가 연구한 협력의 진화를 탐구할 것이다. 이를 위해 우선 이기적 유전자로 대별되는 진화론의 전제가 무작위적이고 유전자 환원적임을 확인하고, 유전자 수준 이외의 다양한 수준에서 협력의 진화를 탐구할 필요가 있다는 점을 살펴볼 것이다. 또한 협력의 진화를 탐구하다 보면 과학의 영역에서는 설명할 수 없는 초정상, 초협력 현상이 발견된다는 것과 이 현상은 다시 우리를 진화의 목적과 방향성에 대한 질문, 그리고 신에 대한 질문으로 인도한다는 것을 기술한 후, 이런 자연 현상을 제대로 보기 위해서는 인식론의 주체가 관상적 실천을 통해 정화되고, 신께 정향되어야 하는 것을 골자로 하는 그녀의 관상적 자연신학을 기술할 것이다. 마지막으로 코클리의 자연신학을 평가할 것이다.

---

2    이경호, "화이트헤드주의 진화 신학 소고: 존 호트(John F. Haught)의 진화 신학", 「신학사상」 188집(2020), 355-387; 이정배, "메시아적 종말론과 진화론-몰트만의 자연신학 연구", 「組織神學論叢」 12집(2005), 117-146. 이안 바버의 자연신학에 대한 국내 논문은 아직 없으나 그의 책이 번역, 소개되었다. 이언 바버/이철우 옮김, 『과학이 종교를 만날 때』(서울: 김영사, 2002).

## II. 협력 현상으로 진화를 들여다보기

### 1. 절대적 전제들을 확인해보기

코클리는 기독교가 과학과 대화할 때 두 가지 거짓된 길을 조심해야 하는데 하나는 기독교 전통과 과학의 유사성에 주목하여 과학이 발견한 새로운 경향에 적응하려는 입장(순진한 상관관계 입장)이고, 다른 하나는 사실과 가치를 구분하여 신학을 가치의 영역으로 배치하는 입장이라고 말한다. 그녀는 이 두 입장이 모두 과학이 가진 근본적인 형이상학적 가정을 점검하는 철학적 과제를 수행하지 못함으로써 과학의 전제에 직면하여 도전하는 것에 실패한다고 주장한다.[3] 그 결과 진정한 대화로 나아가는 일이 어려워진다는 것이다. 진정한 대화를 위해 신학자는 자신의 신념을 저버리지 않으면서도 과학의 전제를 점검해야 한다. 이때 승리주의에 취한 적대적이고 논쟁적인 자세가 아니라 기독교적인 사랑의 해석학에 기초하여 그 대화에 자신을 개방해야 한다.

코클리는 R. G. 콜링우드의 "절대적 전제들"(absolute presuppositions)이란 개념을 들며 자신의 메타 윤리적이고 목적론적인 질문을 해명하고자 한다.[4] 콜링우드는 절대적 전제들을 상대적 전제들(relative presuppositions)과 비교하여 설명한다. 상대적 전제들이란 "예"와 "아니오"로 대답할 수

---

3   Coakley, *Sacrifice Regained*, 6강(Reconceiving Natural Theology: Meaning, Sacrifice and God), 4분 이후.

4   Sarah Coakley, "Natural Theology in a Changed Key? Evolution, Cooperation and the God Question," 2016 The Boyle Lecture (St Mary-le-Bow, Cheapside, London, February 3, 2016), 7.

있는 명제들(propositions)인 데 반해, 절대적 전제들이란 질문을 일으키지만 예와 아니오로 답변할 수 없는 명제들이다.[5] 그녀는 이론가들이 완전히 공개되지 않고 무의식적으로 가정되어 묻혀 있는 "절대적 전제들"에 연루되어 있다고 주장하면서 이러한 절대적 전제들을 제대로 들여다보는 것이 의미 만들기의 교착 상태에 빠져 있는 진화생물학과의 대화에서 필요하다고 보았다.[6] 그녀는 중립적이고 보편 타당할 것 같은 과학의 한 분과인 진화생물학에도 이러한 전제들이 있으며 진화론 하면 떠올리는 유전자 환원론적 진화론이 숨기고 있는 윤리적이고 형이상학적인 전제를 면밀히 살펴보아야 한다고 주장한다.

## 2. 유전자가 아니라 전체 진화 과정을 고려하기

코클리는 수리생물학자 마틴 노왁(Martin A. Nowak) 팀의 3년간의 진화역학 프로그램에 참여한다. 노왁은 협력이 돌연변이와 선택과 함께 진화의 원인이 된다고 주장한다. 그는 협력 현상에 대한 여러 진화론자의 이론을 수리적으로 증명해내며 협력이 진화적으로 안정된 상태에 도달할 수 있는 다섯 가지 특별한 조건을 혈연 선택(비용과 이익을 따져서 수혜자와의 유전자 관계가 더 높아야 협력), 직접 상호성(상대방이 행한 대로 갚아주는 맞대응), 간접 상호성(평판에 따라 대응 전략이 바뀜), 공간 선택(협력하는 개체가 많은 공간에서 협력이 발생), 집단 선택(협력자가 많은 개체군이 그렇지 않은 개체군보

---

5    John E. Llewelyn, "Collingwood's Doctrine of Absolute Presuppositions," *The Philosophical Quarterly* 11, no. 42(1961), 49.
6    Coakley, "Natural Theology in a Changed Key?," 7, 15.

다 생존에 유리)으로 정리한다.[7] 그러나 심리학자 마이클 토마셀로(Michael Tomasello)는 노왁의 연구가 인지적·사회적으로 복잡한 유기체의 협력 현상을 설명하는 데는 불충분하다고 비판한다. 그 이유는 노왁이 "개체"를 자기 유전자를 후대에 전하기 위해 끊임없이 경쟁하는 "비사회적인 단자"(asocial monad)로 개념화하는 오류를 범하고 있기 때문이라는 것이다.[8] 토마셀로는 복잡한 유기체는 다른 개체들과의 다양한 사회적 관계와 상호 의존에 매여 있기 때문에 그들이 맺는 관계와 상호 의존은 그들의 적합도에 중요하다고 주장한다. 따라서 유전자 수준으로 선택과 적응을 설명하는 것은 불충분하며 일차원적인 설명이 된다.

코클리 역시 혈연 선택을 정리해서 주장한 윌리엄 해밀턴(William Donald Hamilton)의 포괄적합도는 친족과 관련된 적응도를 수리화할 때 개체의 사회적 환경이 주는 위해와 혜택을 고려하지 않았다고 평한다. 그 결과 해밀턴은 환경 요인의 변화가 새로운 형태의 협력 가능성을 가져올 수 있다는 점을 고려하지 않았고 유전자 결정론으로 해석될 수 있는 여지를 주었다. 코클리는 해밀턴 이후 유전자 이외의 다양한 선택 원인을 추적하는 유의미한 연구가 있었다고 전한다. 선택 이론을 다수준 선택 이론으로 대체하는 것은 마치 스포트라이트를 끄고 무대를 밝히는 것과 같다고 밝힌다.[9] 코클리에 따르면 외르시 서트마리 (Eörs Szathmáry)와 존 메이너드 스

---

7    마틴 노왁의 연구 결과에 대해서는 최유진, "희생이란 가치는 여전히 유효한가? 빅 히스토리 관점에서 조망한 새라 코클리의 기포드 강좌", 「한국조직신학논총」 61집(2021), 242-245을 보라.

8    마이클 토마셀로/유강은 옮김, 『도덕의 기원: 영장류학자가 밝히는 도덕의 탄생과 진화』 (서울: 이데아, 2018), 38.

9    Coakley, *Sacrifice Regained*, 4강(Ethics, Cooperation and the Gender Wars: Prospects for a New Asceticism), 3분 이후에서 언급된 소버(Elliott Sober)와 윌슨(David Sloan Wilson)의 말.

미스(John Maynard Smith)는 개별적으로 복제하는 분자에서 염색체로, 원핵 생물에서 진핵 생물로, 무성 생식에서 성생식으로, 단세포 유기체에서 다세포 유기체로, 개인에서 사회 집단으로 전환하는 진화 전환의 각 순간은 진화적으로 안정적인 협력의 단계가 요청된다고 주장한다.[10]

토마셀로도 자연계에서 전인간(pre-human) 수준에서 발견되는 협력 현상이 의도성이 있는 도덕성으로 진화되었다는 점을 설명하면서 다수준 선택 이론을 채택한다.[11] 그에 의하면, 협력 현상은 세 가지 수준으로 진화적으로 선택되는데 우선, 유전자 수준에서 작동하는 혈연 선택이 있는데 이는 주로 부모-자녀의 관계나 친족 관계 속에서 생겨나는 공감 능력에 기반한다. 도덕의 필수 조건인 타인의 안녕에 대한 관심은 부모가 자녀를 돌보는 혈연 선택에서 비롯된다는 것이다.[12] 둘째는 사회적 집단 수준에서 작동하는 집단 선택이다. 협력은 개체 수준에서 비용이 많이 드는 불리한 행동이지만 집단의 관점에서는 유리할 수 있기 때문에 협력이 진화할 수 있었다는 것이다. 즉 배신자들은 초기에 잘 혼합된 개체군에서는 이기지만, 전체 인구의 평균 적응도를 감소시키는 비용을 치르며 결과적으로 잘

---

10    Coakley, *Sacrifice Regained*, 5강(Teleology Reviewed: A New Ethico-Teleological Argument for God's Existence), 25분 이후. 메이너드 스미스는 동물들이 죽음에 이르기까지 싸우지 않는 이유가 진화론적 안정 전략(ESS, evolutionary stable strategy)을 취하기 때문이라고 밝힌다. 게임 이론의 죄수의 딜레마에서 협력하는 쪽을 비둘기로, 배신하는 쪽을 매로 상정해본다면, 매는 비둘기를 가볍게 이기지만, 다른 매와의 싸움에서는 피투성이가 될 수 있다. 협력자 격인 비둘기는 비둘기를 만나면 행운이지만 매를 만나면 살아남을 수 없다. 그러나 이 게임을 여러 번 반복하면서 비둘기의 장점이 드러나고 배신자(보복자) 매를 만나면 매로 변신하는 비둘기 전략이 매우 성공적인 전략임이 밝혀진다는 것이다. 그러니까 상대방이 나에게 하는 그대로 갚아주는 맞대응 전략(Tit-for-tat)이 최고 전략임이 밝혀진 것이다. 매트 리들리/신좌섭 옮김, 『이타적 유전자』(서울: 사이언스북스, 2001), 89.

11    토마셀로, 『도덕의 기원』, 32-37.

12    앞의 책, 14.

협력하는 개체군과의 경쟁에서는 지게 된다는 것이다. 이런 협력 현상의 경쟁력은 이미 다윈이 언급하기도 했다.[13] 셋째는 상호주의와 호혜성이 작동하는 유기체 수준이 있다. 코클리도 예를 들었지만 일벌이 여왕벌을 위해 자살하는 협력 현상은 유전자 수준에서 설명할 수 있는 것이 아니라 꿀벌 집단을 하나의 유기적 전체로 간주해야 한다는 것이다.[14]

토마셀로는 혈연 선택에서 발생한 공감의 능력이 진화하여 도덕이 발전되는 경위를 두 단계로 설명한다. 첫 번째 단계는 수십만 년 전에 일어난 생태 환경의 변화로 인류가 파트너와 함께 먹거리를 구하면서 공감을 파트너에게 확대한 단계다. 그가 "자연적인 2인칭 도덕"이라고 부른 도덕은 나와 우리가 함께 추구하는 공동 지향성을 위해 나를 우리에 종속시키는 협력적 합리성을 발생시켰다고 보았다.[15] 토마셀로는 두 번째 단계에서 집단 성원은 15만 년 전 인구의 변화로 더 큰 수준의 집단 지향성을 추구하고 집단과 자신을 동일시하며 자신의 역할을 감당하는 "문화적이고 집단의식적인 객관적 도덕"을 갖게 되었다고 주장한다.[16] 그는 이런 도덕의 진화를 설명하면서 공감을 특징으로 하는 2인칭 도덕이나 공정을 특징으로 하는 객관적 도덕이나 둘 다 상호 의존이라는 관점에서 설명할 수 있다고 보았다. 상호 의존은 호혜성과 상호 교환으로는 설명하지 못했던 이타성을 좀 더 안정적으로 설명해낸다고 본 것이다. 집단 성원들은 서로에

---

13　Coakley, *Sacrifice Regained*, 2강, 34분 이후에서 다윈의 『인간의 후예』 한 구절을 인용한다. "언제나 서로를 돕고 공동의 이익을 위해 희생할 준비가 되어 있는…많은 구성원을 포함한 부족인 다른 부족에 승리할 것이라는 사실은 의심할 여지가 없습니다. 그리고 이것이 자연선택입니다."

14　앞의 강의, 45분 이후.

15　토마셀로, 『도덕의 기원』, 20.

16　앞의 책, 21.

게 긴밀하게 의존해 있기 때문에 얌체 짓을 하지 못하고 수혜자에게 투자하고 있다는 것이다. 이타성은 "자연선택을 개별화하는 힘에 맞서는 현실성 없는 성취가 아니라 다른 이들과 상호 의존해서 살아가는 모든 존재의 사회적 삶의 필수적인 일부분"이다.[17]

## 3. 초협력, 초정상

토마셀로처럼 도덕의 발달을 추적해나간다면 도덕이란 상호 의존 관계 속에서 서로에게 투자하는 것으로 설명할 수 있을 것이다. 그렇다면 우리의 희생 행동도 결국 투자의 일환인가? 코클리는 협력 현상을 관찰하다 보면 피할 수 없는 윤리적 질문에 맞닥뜨리게 되는데 이 협력은 무엇을 위함이냐는 질문이다.[18] 노왁과는 달리 코클리는 협력 행위에서 인간이 지닌 의도성의 특징을 어떻게 설명할 것인지, 이 의도적인 수준의 협력 행위는 어느 시점에서 창발 또는 발생하는 것인지를 알고 싶어 했다.[19] 그녀는 같은 협력 현상이지만 이타성을 한 개체가 다른 개체에 대한 선의나 사랑에 의해 동기가 부여된, 어떻게 보면 비용이 많이 드는 협력의 한 형태로 간주한다. 부상당한 동료 돌고래를 돌보는 돌고래나 싸움에서 진 동료에게 팔을 두름으로 공감적 위로를 보여주는 침팬지와 같은 예에서 보듯이 우리는 전인간 단계에서 정서적 공감과 초보적인 의도성의 형태를 갖춘 인간의 이타적 능력을 예기하는 행동들을 관찰할 수 있다.[20] 토마셀로에 의

---

17    앞의 책, 45.
18    Coakley, *Sacrifice Regained*, 2강, 56분 이후.
19    앞의 강의, 14분 이후.
20    Coakley, *Sacrifice Regained*, 3강(Ethics, Cooperation and Human Motivation: Assessing

하면 이 또한 투자의 일종이라고 할 수 있겠지만 이것이 이타성을 기술하는 최종 진술이라고 생각하는 것이 전체 세계와 인간을 해명하는 데 충분한 설명일까?

코클리는 자연에서 발견되는 이런 이타성이 언제 덕이 되는지를 추적하면서 뉴욕 지하철역에서 간질 발작으로 기차 선로로 떨어진 사람을 위해 선로로 뛰어들어 떨어진 사람을 살린 웨슬리 오트리(Wesley Autry)의 예를 든다. 오트리의 행동은 자신의 어린 딸들을 플랫폼에 그대로 둔 채 포괄적합도가 떨어지는 일면식도 없는 사람들을 살렸다는 의미에서 유전자 수준으로 설명될 수 없다. 그의 행동은 대뇌 변연계에서 진화적으로 물려받은 것을 초과하는 과잉 협력을 보여주는 것이다.[21] 이외에도 그녀는 알제리 내전을 배경으로 하는 영화 "인간과 신"(Des Hommes et Des Dieux)에 등장하는 티베린 수도원의 수사들의 예를 든다. 그들은 반군들의 공격을 앞두고 도망가지 않고 수도원에 남는다. 이슬람 신도들로 구성된 마을 사람들을 차마 저버리지 못했기 때문이다. 그들은 혈연으로 연결되어 있지 않을 뿐 아니라 심지어 종교도 같지 않은 사람들을 위해 함께 있음을 선택했고, 그 선택으로 죽음을 당한 것이다. 그녀는 이 같은 초협력 현상들은 진화생물학인 자연과학으로는 규명할 수 없고, 이 연구는 우리를 메타 윤리적이고 목적론적인 질문으로 인도한다고 주장한다. 인간의 자유로운 의도는 동물과 연속되어 있으나 그것을 넘어서 있다는 것이다.[22]

코클리는 철학자이며 수학자인 알렉산더 프루스(Alexander Pruss)가 규범적 사실(normative facts)을 비규범적 사실(non-normative facts)로 환원할

the Project of Evolutionary Ethics), 16분 이후.
21      앞의 강의, 21분 이후.
22      Coakley, *Sacrifice Regained*, 5강, 7분 이후.

수 없다고 한 주장에 주목한다. 프루스는 근대 과학은 규범적 사실, 즉 사물들이 어떻게 존재 또는 기능해야만 하는가에 대한 주장, 예를 들어 "우리는 다른 사람들에게 타당한 이유 없이 위해를 가해서는 안 된다"와 같은 주장을 비규범적 사실들, 예를 들어 "사물들이 어떻게 세계 안에 실제로 존재하는가", "2 + 2 = 4", "전자들은 회전하고 전하를 가지고 있다"로 환원하여 설명하는 데 전문화되었다고 설명한다.[23] 이러한 경향은 사실들을 규범적 관점으로 설명했던 초기 아리스토텔레스적 과학으로부터의 일탈이다.[24]

프루스는 근대 과학은 설명되는 사실의 범위와 받아들일 만한 설명들의 범위를 제한시켰다고 보았다.[25] 이 제한이 반드시 부정적인 것은 아니었고 과학의 전문화라는 좋은 결과도 가져왔다. 따라서 예를 들어 생물학자들은 생물학적 현상에 대한 생물학적 설명을 찾지만, 이것이 모든 생물학적 현상은 반드시 생물학적 설명을 해야 함을 의미하지는 않는다. 오히려 그 생물학자는 탐구 범위를 제한하여 자신의 과제에 집중하여 연구를 좀 더 손쉽게 할 수 있는 방법을 찾은 것이다. 이처럼 과학은 비규범적 현상들에 대한 비규범적 설명들을 찾는다. 그러나 과학자는 규범적인 현상이 없다는 불합리한 논제를 믿을 필요도, 비규범적 현상에 대한 설명들

---

23  Alexander Pruss, "Altruism, Normalcy, and God," in *Evolution, Games, and God: The Principle of Cooperation*, ed. Martin A. Nowak and Sarah Coakley (Cambridge, MA: Harvard University Press, 2013), 329.

24  앞의 책, 329-330. "따라서 내가 날카로운 앞니를 가지고 있는 이유에 대한 아리스토텔레스의 설명은 날카로운 앞니를 가진 내 종의 일원에게는 정상적(normal)이라는 규범적 사실을 포함할 것이다. 그리고 이 규범적 사실은 이번에는 이러한 이들의 기능에 관한 좀 더 규범적인 사실에 대해 말함으로써 설명될 수 있을 것이다. 앞니는 베어서 끊는 것을 위한 것이고 절단은 이의 날카로움에 의해 촉진된다."

25  앞의 책, 330.

에서 규범적 사실들이 나타날 수 없다는 논제를 믿을 필요도 없다는 것이다. 프루스는 과학자들이 모든 사실을 비규범적 사실로 환원시켜 설명할 수 없다는 점을 인정해야 한다고 주장한다. 예들 들어 과학적 설명이 다룰 수 있는 범위는 "협력이 인간에게 왜 정상적이거나 적합한지"가 아니라 "인간은 협력을 향한 경향을 가진다"라는 것이다.[26] 그렇기 때문에 프루스는 과학자가 협력을 설명한 후에도 철학자나 신학자에게 남겨진 일이 있을 것이고, 이것은 신 존재에 대한 증거를 제공할 수 있음을 의미한다고 주장한다.

따라서 프루스는 급진적인 도덕적 이타성은 단순히 옛 사실에서 파생되지 않는 새로운 환원 불가능한 사실을 생성할 수 있는 원인이 필요하고 하나님이 그런 원인이 되실 것이라고 제안한다.[27] 이것은 과학이 할 수 있는 설명의 영역을 넘어선다.[28] 우리의 이타적 활동은 그것으로부터 어떤 유익도 얻지 않고 우리를 무에서 창조하시는 관대한 하나님 행동의 이미지다. 그 이미지는 본성이 세 위격의 상호 자기 증여이고 우리를 살리기 위해 죽으신 예수 그리스도의 이미지에 반영되어 있다.[29] 코클리는 이 논증은 윌리엄 페일리가 수행한 논증 방식이나 오늘날 지적 설계자들이 주장한 빈틈의 신 논증과는 다르다고 덧붙인다. 지적 설계자들은 설계자를 상정함으로써 현재 과학이 설명할 수 없는 어떤 것에 대해 설명을 제공하지만 프루스가 말하는 논증은 과학 그 자체로는 결코 가능한 설명을 할 수

---

26    앞의 책, 331.
27    앞의 책, 338; Coakly, "Natural Theology in a Changed Key?," 15.
28    Pruss, "Altruism, Normalcy, and God," 340.
29    앞의 책, 341.

없는 사실에 대해 설명하기 때문이다.[30]

코클리는 티베린 수도원의 수사들이 행한 두려움 없는 이타성은 적응의 이익을 위해 협력 행위를 한 것이 아니고 그들의 행동들은 유전자 수준에서는 설명할 수 없는 경지에 있다고 보았다. 그녀에 따르면, 그 행동들은 영적으로 접근해야 알 수 있다.[31] 코클리는 이러한 이타적인 과잉을 초월적인 기독교적 힘에 의해서 육체적 죽음 너머의 희망에 대한 믿음에 의해서만 동기를 부여받고 유지되는 초정상적인 윤리적 표현으로 간주한다.[32] 그렇다면 그녀는 이러한 문화적 진화가 단순한 스팬드럴(부산물)이 아니라 협력적 은혜의 결과로 해석될 가능성이 있음을 제안한 것이다. 이와 같이 협력 현상의 진화는 진화의 목적과 신에 대한 질문으로 인도한다.

## III. 코클리의 관상적 자연신학

### 1. 진화의 목적과 방향성

코클리는 다윈이 목적론에 대해 애매모호한 견해를 가지고 있었다고 전한다. 실제로 다윈은 페일리의 신학에 많은 영향을 받았으나 자연의 진화 현상을 관찰하며 페일리의 외재적이고 개입주의적인 목적 개념에 의구심을 가졌던 것으로 분석되고 있다.[33] 그러나 현재 활동하는 진화생물학

---

30    Coakley, "Natural Theology in a Changed Key?," 15.
31    앞의 글.
32    Coakley, *Sacrifice Regained*, 5강, 11분 이후.
33    앞의 강의, 13분 이후; 페일리 신학은 다윈에게 영향을 끼쳤으나 다윈은 페일리의 설계

자 중에는 진화의 방향성을 인정하는 흐름도 있다. 에른스트 마이어(Ernst Walter Mayr)는 목표를 지향하는 활동에 대한 사례들이 자연에 풍부하게 존재한다는 점을 인정한다. "목표를 지향하는 과정들의 등장이야말로 어쩌면 생물계가 가진 가장 두드러진 특징일지도 모른다."[34] 프란시스 아얄라도 생물학이 제시하는 설명의 궁극적 원천인 자연선택은 재생산의 효율을 늘리려는 목표를 지향한다는 의미에서 그 자체를 목적론적 과정으로 본다고 주장한다. 유기체 안에 존재하는 목적론적 기제들은 그 자체가 목적론적인데, 자연선택이 재생산의 효율을 늘리려는 목표를 지향하기 때문에 목표를 지향하는 기관들을 만들어내고 이에 필요한 과정들을 만들어내기 때문이라는 것이다.[35]

---

와 목적 개념을 인정하게 되면 이 세계에 존재하는 고통과 암울한 면을 설명할 수 없다는 면에서 페일리가 간주하는 목적 개념을 받아들일 수 없었던 것 같다. 신재식은 다윈의 세상이 페일리의 "자연신학의 '장밋빛 안경'을 통해 바라본 '기쁜 존재'로 가득한 '행복한 세상'은 아니었다"고 기술하고 있다. 신재식, 『예수와 다윈의 동행』(서울: 사이언스북스, 2013), 229. "무수히 많은 세계를 창조한 신이, 한 행성의 땅과 물에서 날마다 아웅다웅 살아가는 수많은 꼬물거리는 기생충들과 무수한 (끈적거리는) 벌레들 각각을 창조했다고 말하는 것은 신의 위엄을 깎아내리는 일이다. 비록 한탄스러운 일이기는 하나, 우리는 어떤 동물(기생성 벌)은 다른 동물의 창자와 살에 알을 낳도록 창조되었으며, 또 어떤 생물들은 잔인한 성질을 갖도록 창조되었으며…해마다 수많은 알과 꽃가루가 그냥 버려지기 위해 창조되었다는 사실에 놀랄 필요가 없다. 우리는 죽음, 굶주림, 약탈, 자연의 은밀한 전쟁으로부터 우리가 생각할 수 있는 최고의 선, 더 고등한 동물의 창조가 일어났다는 사실을 알 수 있다." 에이드리언 데스먼드·제임스 무어, 『다윈 평전』, 357, 신재식, 앞의 책, 231에서 재인용. 신재식, "다윈 진화론의 자연신학 비판과 다윈 이후 진화론적 유신론 연구: 기독교 신학의 신-담론 변화를 중심으로", 「한국기독교신학논총」 46집(2006), 102-103을 참조하라.

34  Ernst Mayr, *Toward a New Philosophy of Biology: Observations of an Evolutionist* (Cambridge, MA: Harvard University Press, 1988), 44-45, 알리스터 맥그래스/박규태 옮김, 『정교하게 조율된 우주: 과학과 신학의 하나님 탐구』(서울: IVP, 2014), 395에서 재인용.

35  맥그래스, 『정교하게 조율된 우주』, 390.

코클리는 다윈 이후 시대에 페일리 식의 목적 개념을 피하면서도 목적 개념을 포기하지 않기 위해 토마스 아퀴나스에 기대고 있는 진 포터(Jean Porter)의 설명을 사용한다.[36] 포터는 스콜라적 자연법 개념에서 중요한 인간 본성의 도덕적 의미를 긍정한다. 이때 그는 도덕적 성찰과 실천을 위한 핵심적인 이성의 중요성을 부인하지 않으면서도 자연의 전 이성적 차원들을 포함한다는 점에서 자연법이 신학적으로 유용하다고 보았다. 이러한 점은 성서적인 교리적 접근을 유지하면서도 성서 외의 다른 관점들에도 개방할 수 있는 신학적 접근을 가능케 하기 때문이다.[37]

> 그러므로 그[이성적 피조물] 안에는 영원한 이성에 대한 참여가 있으며 이
> 를 통해 정당한 행위와 목적을 향한 자연스러운 성향이 있다. 이성적 피조
> 물에 의한 영원한 법에 대한 이러한 참여는 자연법으로 불린다(*ST* I-II,
> 91.2).[38]

포터는 스콜라 신학에서 보이는 표현, 예를 들어 통치하는 것, 지시하는 것 등과 같은 말을 창조 질서에 개입하는 별개의 유사 기적적인 개입으로 해석할 것이 아니라 자연 질서 안에 내재된 이해 가능성을 분석하는 것으

---

36    Jean Porter, *Nature as Reason: A Thomistic Theory of the Natural Law* (Grand Rapids, MI: Eerdmans, 2005), 99.

37    앞의 책, 45.

38    앞의 책, 48. 토마스 아퀴나스는 이러한 점에서 아리스토텔레스적 목적 개념에 기대고 있는데 이 목적 개념은 생물을 하나님이 설계한 인공물로 간주하고 그들에게 부여한 외적인 목적에 봉사(예를 들어 인간을 위해 봉사)해야 한다는 페일리 식의 목적 개념에서 진일보하여 생물 자체의 안녕과 번성을 위한 목적을 제시하기 때문에 진화론과 양립할 수 있다.

로 해석해야 한다고 보았다.[39] 그럼에도 스콜라주의자들은 보편자들에 대한 개념이나 종들(species)이 세계의 실제적인 성격과 부합한다고 전제하는 실재론을 견지하기 때문에 진화론과 긴장 관계에 있다고 덧붙인다. 이런 긴장에도 불구하고 포터는 실재론에서 제안하는 자연의 목적은 전체 진화 과정에 드러난 (페일리 식의) 목적론이 아니라 피조물의 종류에 적합한 삶의 형식, 즉 그 존재의 내재적인 원리들에 따라 번성하는 것을 의미하는 장점이 있어서 실재론적 목적 개념을 채택한다.

포터는 진화 생물학자인 에른스트 마이어의 다음과 같은 주장을 인용하며 실재론적 목적 개념과 진화가 양립할 수 있음을 강변한다.

> 공통의 속성과 본질은 두 개의 완전히 다른 것들이다. 확실히 모든 본질은 공통의 속성들을 특징으로 하지만 집단이 공유하는 공통의 속성들은 본질을 가질 필요가 없다. 본질의 탁월한 특징은 그것의 영속성, 그것의 불역성이다. 그와는 반대로 생물학적 집단이 공통으로 소유하는 속성은 변이 가능할 수 있고 진화적 변화를 위한 경향을 가진다.[40]

다시 말해 개념이 불변한다는 것은 그 개념을 사례화하는 실체들(entities)이 불변한다는 점을 의미하지 않는다. 이런 포터의 관점은 우리가 스콜라주의적 목적 개념을 부정하지 않아도 될 가능성을 발견하게 해준다.[41] 또한 포터가 전제하는 목적 개념은 진화 과정이 "위로부터" 지시되고 있다는 것, 다시 말하면 하나님에 의해 또는 어떤 다른 외재적 작인에 의해 이

---

39    앞의 책, 88.
40    Ernst Mayr, *New Philosophy of Biology*, 345, 앞의 책, 91에서 재인용.
41    Porter, *Nature as Reason*, 91.

과정이 "위로부터" 지시되고 있음을 의미할 필요도 없다고 주장한다. 오히려 이것은 생물에 반영된 질서가 지시된다는 점과 이해 가능한 방식으로 작용하는 생물 자체에 내재적인 인과적 힘을 반영한다는 점을 의미한다.[42]

포터는 토마스 아퀴나스의 형상인 개념을 도입해서 이러한 생물 자체의 내재적인 인과적 힘이 발현되는 과정을 유전자 수준으로만 분석할 수 없다고 주장한다. 이때 그는 리처드 르원틴(Richard Lewontin)을 인용하는데, 그는 유전자 스스로는 개개의 생물 안의 그것들의 표현을 결정하지 않는다고 주장한다. 안정된 방식으로 표현형을 바꾸는 진화의 과정은 무작위의 변화를 통해서가 아니라 유전자형 안에 이미 존재하고 있는 가능성의 표현과 발달을 통해 발생하는 것으로 이해되어야 한다는 것이다.[43] 여기서 주의해서 볼 점은 포터가 주장하는 형상인은 르원틴이 반대하는 발달적 결정주의를 의미하는 것이 아니라는 점이다.[44] 개개 생물의 발달은 유전자 암호로 완전하게 결정된 프로그램된 계획의 전개라는 사실을 수반하지 않는다.[45] 그와는 반대로 유전자형에 의한 표현형의 불완전한 결정(underdetermination)은 생물학적 설명의 형상인의 타당성을 뒷받침한다.[46] 그것은 생물의 종류에 대한 소거할 수 없는 지시를 포함해야 한다는 것, 우리는 "전체 유기체의 원리", 즉 특정한 종류의 하나의 생물로서 그것의

---

42    앞의 책, 93.

43    앞의 책, 92, 95.

44    앞의 책, 95.

45    앞의 책, 95-96.

46    맥그래스는 낮은 차원의 데이터를 사용해 고차원의 이론들을 변호하려는 자연신학의 연역적 접근법들의 난점을 "불완전한 결정"(underdetermination, 확실하게 결정할 수 없음)이라는 용어로 피할 수 있다고 설명한다. 맥그래스, 『정교하게 조율된 우주』, 102.

본성을 표현하는 이해 가능하고 목표 지향적인 작용의 관점으로 이해되는 형상인을 의미 있게 말할 수 있음을 의미한다.[47]

## 2. 무로부터의 창조와 삼위일체 하나님

코클리는 선하시고 섭리하시는 하나님과 창조된 과정 사이의 관계를 생각할 때 다음의 세 가지 문제가 제기된다고 보았다.[48] 첫째, 인간 이전 차원의 창조 및 발달과 하나님의 섭리 사이의 관계를 어떻게 이해해야 하는지에 대한 것이다. 둘째, 하나님의 섭리가 인간의 자유와 창조성의 특별한 영역과 어떻게 관련될 수 있는지에 대한 것이다. 셋째 악의 문제에 대한 것이다. 이것은 만일 하나님이 전능하시고, 전지하시며, 전적으로 자비하신 분이라면 인간 이전 차원의 영역과 인간의 영역에서 왜 그렇게 파괴와 고통과 악이 발생하는지에 관한 질문이다. 그리고 코클리는 우발성과 무작위성을 강조하는 근대 진화 이론이 이 세 가지 문제를 강화시킨다고 보았다. 다시 말하면 그녀는 이 세 가지 문제를 해결함으로써 다윈 이후 시대에 신 존재에 대한 변증을 하고자 한다.

코클리는 첫 번째 문제에 대해서는 하나님은 자연선택이 펼쳐지는 이 세계 안에서 다른 조연 선수로 진화 과정과 경쟁하는 분이 아니라고 단언한다. 하나님은 진화 과정의 동일한 시간의 제약을 받는 층위에 있는 개입자가 아니라는 것이다. 그분은 자신 없이는 진화가 있을 수 없는 그런

---

47    Porter, *Nature as Reason*, 98.

48    Sarah Coakley, "God and Evolution; A New Solution," *Harvard Divinity Bulletin* (Spring/ Summer 2007), 온라인 자료, 3.

분(that-without-which-there-would-be-no-evolution-at-all)이시다.[49] 하나님은 우발성 또는 무작위성이라는 전체 과정의 비시간적(atemporal) 뒷받침자이며 유지자시다. 아우구스티누스의 말을 빌리자면 하나님은 그 자체보다 그 내적인 작용에 더 가까운 분이시다.

진화론과 대화하는 많은 신학자가 범재신론의 틀에서 하나님이 피조물의 자유를 위해 자신을 제한하시거나 세계와 함께 변화하신다고 기술한다. 예를 들어 존 호트(John Haught)는 진화론에 가장 적합한 유신론 형식은 범재신론의 특성을 띠는 과정 사상과 테야르 드 샤르댕(Pierre Teilhard de Chardin)의 융합 형식일 것이라고 주장한다고 기술한다. 이러한 유신론은 신의 강압이나 닫힌 계획이 아니라 신적 사랑의 유혹을 통해서 우주는 자기 창조적이고 자기 조직적일 수 있다는 것이다.[50] 위르겐 몰트만(Jürgen Moltmann) 또한 유대교와의 대화에서 배워온 "하나님의 침춤" 사상으로 창조를 위해 자신을 제한한 하나님을 다루며 범재신론 틀에서 자신의 신학을 전개한다.[51] 이안 바버(Ian G. Barbour)도 창조와 진화를 통합적으로 관계 맺기 위해 범재신론을 제안하는 과정 사상을 소개하고 있다.[52] 그러나 코클리는 하나님의 내재성을 강조하기 위해 하나님의 초월성을 철회하는 방식을 택하지 않으며 고전적 유신론을 고수한다. 그녀는 하나님의 초월성을 약화시키지 않으면서도 내재성을 확보하려는 시도에서 포터의 의견을 수용한다.

---

49    앞의 논문, 5.
50    존 호트/박만 옮김, 『다윈 이후의 하느님: 진화의 신학』(고양: 한국기독교연구소, 2011), 73, 77, 96; Porter, *Nature as Reason*, 83. 각주 35.
51    위르겐 몰트만/김균진 옮김, 『창조 안에 계신 하나님: 생태학적 창조론』(서울: 대한기독교서회, 2017), 241.
52    이언 바버/이철우 옮김, 『과학이 종교를 만날 때』(서울: 김영사, 2002), 199-202.

포터는 과정신학적 관점, 테야르 드 샤르댕의 진화 철학 등의 접근 방식들이 생물 철학과 목적론을 연결시키려고 하지만 전통적인 스콜라 신학의 관점이 지지하는 "하나님의 초월"과 그 하나님이 이 세계의 "유일한 창조자"라는 지위를 약화시키고 있다고 평한다. "진화 철학의 하나님은 거의 필연적으로 내재적인 분이고 그래서 전통적인 기독교 신앙의 초월적인 하나님이 아니다."[53] 그러나 포터는 무로부터의 창조를 강조하는 스콜라 신학의 접근이 세계의 이차 원인을 배제하는 것은 아니라고 주장하면서 진화론과 양립할 수 있다는 사실을 강조한다. 포터는 어린 시절 하나님이 나를 만드셨다는 사실을 배웠을 때 우리는 부모님이 그 과정에서 아무것도 하지 않았다고 생각하지 않았을 것이라고 말한다. 즉 그는 창조 교리를 옹호한다고 해서 최초의 창조가 창조 시간의 과정 속에서 벌어지는 다음 발전을 위한 원리들과 가능성들을 포함한다는 사실을 배제하지는 않는다고 설명한다.[54]

코클리에 의하면 하나님은 진화 과정 "안에" 그리고 그 과정 "없이도" 존재하신다. 이것을 삼위일체적으로 말하자면 성령 하나님은 성부 안의 피조물의 원천으로 회귀하도록 피조물을 영속적으로 초청하고 유혹하는 분이지만, 성육신한 성자의 온전하고─그리고 고통스러운─함의 없이 그렇게 하지 않는다.[55] 그녀는 전 문화적(pre-cultural) 진화의 우발성을 이런 식으로 이해할 수 있다면 우리는 진화 과정을 하나님과 동떨어져 있는 "이신론적으로" 상정할 필요가 없다고 주장한다. 오히려 그 반대로 그녀는 하나님이 창조 과정의 모든 인과적 연결에 (신적인 상실이나 철회가 아니라

---

53    Porter, *Nature as Reason*, 83.
54    앞의 책, 84-85.
55    Coakley, "God and Evolution," 5-6.

넘쳐흐르는 유출로) "자신을 비워/케노시스의 방식으로"(kenotically) 스며드는 분이지만, "무작위"의 혼란을 일으키지 않고 그렇게 하신다고 생각한다.[56]

코클리는 이와 같이 하나님의 섭리란 기적이나 외적으로 부가된 것이 아니라 존재의 창조 질서의 유지를 뒷받침하는 비밀이라고 주장한다. 그리고 그녀는 우리가 게임 이론이라는 수학적 접근의 도움으로 진화 과정이 특정한 패턴들 안에서 일어난다는 점을 알게 되었음을 언급한다. 우리가 인식론적으로 이런 규칙성의 패턴을 그려볼 수 있다면 성육신의 정신 안에 자기비움(케노시스)의 형식으로 자기은폐적일지라도 초월적이고 (내재적인) 신적 섭리의 존재를 존재론적으로 상정하는 것은 불합리하지 않아 보인다고 코클리는 주장한다.[57]

다음으로 진화적 우발성 또는 자유는 기적적인 신적 인도와 양립될 수 있는가에 대한 문제에 대답하기 위해 코클리는 체스 챔피언이 여덟 살 아이와 치르는 경기의 비유를 제시한다.[58] 챔피언이 아이와 경기할 때 아이의 모든 수는 챔피언에게 이미 익숙한 것들이다. 그는 이에 대응을 잘 할 수밖에 없다. 이와 같이 모든 규칙을 만드신 하나님은 시간에 구애됨 없이 무엇이 일어날지를 알고 계신다. 그러나 그분이 무엇이 일어날지를 안다고 해서 그분이 일어나는 것에 대한 직접적인 원인은 아니다. 왜냐하면 이 모델에서 우발적인 변이들과 선택들은 이차적 인과 수준에서 일어나기 때문이다. 코클리는 이 모델에 의해서 신적 섭리와 미결정된 (indeterministic) 자유의 진화를 포함한 인간의 문화 진화 문제를 해결하고

---

56    앞의 논문, 6.
57    앞의 논문.
58    앞의 논문, 7.

자 한다. 근대는 하나님이 단순한 하나의 항목(item), 곧 시간적인 우주 자체 안에 있는 (크지만) 단순한 하나의 항목이라는 사실을 가정하는 오류를 범했다고 코클리는 본다.[59] 여기서의 문제는 하나님을 인간과 같은 우주의 한 "항목"으로서 인간과 경쟁하며 인간의 자율성을 신적 행위에 의해 제한시키는 분으로 잘못 생각한 것이다. 오히려 참된 인간의 자유는 겟세마네 동산에서 보여주신 예수 그리스도처럼 하나님의 은혜로운 뜻과 행위에 항복(submission)하는 것인데 말이다.[60] 코클리는 하나님을 "이신론적"이 아니라 "삼위일체적"이고 "성육신적"으로 생각해야 한다고 제안한다.

이와 같은 삼위일체적인 자연신학적 접근은 알리스터 맥그래스(Alister E. McGrath)도 피력한 바 있다. 그는 고전적 자연신학은 자연에서 관찰한 것으로부터 하나님을 연역하는 것에 반해 삼위일체적인 자연신학적 접근은 삼위일체적 세계관을 통해 "자연계"와 "인간의 이성과 경험"과 "문화 전반에서 관찰되는 것들"과 더 큰 경험적 적합성을 확인하는 것이라고 보았다.[61] 이러한 설명은 맥그래스의 전작에서 고전적 자연신학(natural theology)과는 구분되는 자신의 자연신학을 자연의 신학(theology of nature)이라고 정의한 것에서 더 구체화한 것이다. 맥그래스의 초기 자연신학 개념이었던 "자연의 신학"은 이안 바버, 존 폴킹혼, 위르겐 몰트만, 볼프하르트 판넨베르크 등도 사용했던 개념이다. "이 새로운 형태의 자연신학[자연의 신학]은 신 존재 '증명들'에 대하여 말하는 것이 아니라, 현재 일어나고 있는 일에 대한 통찰력 있는 설명으로서 유신론적 신앙을 제시해주는 보다 겸허한 역할에 만족하고 있다는 점에서 예전의 자연신학, 즉

---

59    앞의 논문, 7-8.
60    앞의 논문, 8.
61    맥그래스, 『정교하게 조율된 우주』, 134.

안셀무스와 토마스 아퀴나스의 자연신학과 궤를 달리한다."[62] 맥그래스는 자연의 신학을 "자연에 대한 세속적이거나 자연주의적 설명과는 대조되는 기독교 신앙의 핵심적인 가정들을 반영한다"고 정의하고 있다.[63] 이안 바버 역시 다음과 같이 설명하고 있다. "오늘날 자연신학자들은 과학으로부터 논의를 시작하지만, 자연의 신학자들은 과학이 아닌 종교적 경험과 역사적 계시를 바탕으로 한 종교적 전통으로부터 논의를 시작한다."[64]

이러한 맥그래스의 시도는 에버하르트 윙엘(Eberhard Jüngel)과 하우어워스(Stanley Hauerwas)의 질문과 씨름한 결과다. 윙엘과 하우어워스는 고전적인 자연신학의 접근이 자연을 통해 삼위일체 하나님을 찾는 것에서 그 정점과 완성을 보는 것이지만 삼위일체적 관점에서 하나님을 바라보는 시각은 우리가 자연신학이 하는 모든 것을 깊이 있게 다시 생각하게 강제한다고 주장한다.[65] 맥그래스는 이런 문제의식으로 고전적 자연신학의 탐구 결과로 이신론과 유신론이 도출될 수 있음을 지적하고, 기독교가 말하는 하나님 교리는 이런 일반적인(generic) 신 관념이 아니라 삼위일체 하나님이어야 한다는 점을 주장한다. 코클리 역시 맥그래스의 자연신학처럼 자신의 신학적 전제를 제거하지 않고 연루시켜 자연을 관찰하는 점이 같지만, 그녀의 관심은 여기서 한 발짝 더 나아가 자연을 보는 눈이 변화되어야 진짜 자연을 볼 수 있다고 주장한 점이다. 이 주제는 다음 절에서 더 자세히 다루겠다.

마지막으로 코클리는 하나님과 창조 과정에 관한 문제 제기 중 마지

---

62    존 폴킹혼/이정배 옮김, 『과학시대의 신론』(서울: 동명사, 1998), 11.
63    알리스터 맥그래스/김기철 옮김, 『신학이란 무엇인가』(서울: 복있는사람, 2020), 328.
64    바버, 『과학이 종교를 만날 때』, 65.
65    맥그래스, 『정교하게 조율된 우주』, 153.

막 문제인 악과 고통의 문제를 기독론적으로 받아들여야 한다고 주장한다. 무시간적인 신의 관점에서 볼 때 성자의 고뇌와 낭비처럼 보이는 죽음이 있었던 것처럼 하나님의 창조에는 가장 깊은 고뇌와 상실 및 명백한 낭비가 있을 수 있다는 것이다.[66] 따라서 죽음은 선의 부재이고, 부활의 서곡이기 때문에 부정적으로만 볼 수 없다.

"만일 하나님이 영속적으로 우리를 지지하고, 우리를 사랑하시며, 창조 과정의 모든 은밀한 균열과 이음새에 자기 자신을 부으시고, 성령의 매혹(유혹)으로 인간의 의지를 성육신의 함의, 즉 구속을 위한 신음(groanings; 롬 8장)에 더욱 깊이 참여하도록 초청하시는 분임을 의미한다면, 하나님은 지속적으로 '개입하는' 분이다."[67] "하나님은 항상 개입하는 분이지만 우리는 그분이 그렇게 하시는 것을 베일이 '얇아'졌을 때와 신적 섭리의 의지와 진화의 또는 인간의 '협력' 사이의 정렬이 순간적으로 완전해질 때만 볼 수 있다."[68] 코클리는 이 완전하게 보이는 순간을 전체 삼위일체적 진화 과정의 완성인 그리스도의 부활로 보았고, 이것은 자연적이고 과학적인 관점에서 설명할 수 없는 기적이라고 주장한다.


## IV. 관상적인 "봄"과 은혜가 필요한 인식 주체

코클리는 유전자 수준으로 축소 설명되던 협력 현상을 다수준 선택으로 설명한다. 또한 그녀는 전 인간 수준에서 고등 포유류와 인간의 수준까지

---

66    Coakley, "God and Evolution," 8-9.
67    앞의 논문, 9-10.
68    앞의 논문, 10.

자연의 전 영역에 걸쳐 발견되는 협력 현상은 우리에게 진화의 목적 또는 그 방향성에 대해 묻게 한다고 보았다. 이런 의미에서 코클리는 토마스 아퀴나스의 자연신학을 참조한다. 그녀는 자연에 대한 관찰은 하나님에 관한 질문으로 인도한다고 주장하며 자연신학을 영성의 영역과 연관시킨다. 그녀는 자연신학 영역에서 필요한 것은 고대의 영적 관상 전통을 되찾는 것이라고 말한다.[69] 그녀에 의하면 플라톤주의와 신플라톤주의 철학에 그 뿌리를 두고 있는 이 전통은 초기 기독교에서 영적 실천의 형식으로 전수되었고, 이 실천은 과학적·철학적·신학적 추론을 보완해주었다.[70]

그녀는 특히 3세기 알렉산드리아의 신학자인 오리게네스의 영적 실천의 금욕적 3단계 형식에 주목한다.[71] 첫째는 에티케(*ethike*)라는 예비 단계인데 관상하는 사람의 도덕적 감수성이 다음 단계를 준비하고 미리 예민해지며 정화되는 단계다. 두 번째 단계는 자연신학과 연관된 피시케(*physike*) 단계다. 이 단계는 전체로서의 세계와 그 세계의 독특한 패턴화에 주목하고 그것 안의 그리고 그것을 위한 하나님의 목적을 직관하고자 하는 관상적 태도로 인내하는 배움의 단계다. 그리고 이 단계가 코클리의 자연신학과 깊이 연루되어 있다. 마지막은 관상, 즉 에놉티케(*enoptike*) 단계

---

69    Coakley, "Natural Theology in a Changed Key?," 19.
70    그녀는 자신의 조직신학이 "오늘날의 삼위일체적 욕망의 존재론"을 위한 원천임을 주장한다. 이 욕망의 존재론이란 하나님의 삼위일체적 본성의 비전을 인간 욕망들의 근원과 목표로 보는 것이다. 삼위일체적 욕망의 존재론이란 성부 하나님이 성령 안에서 그리고 성령을 통하여 약하고 잘못 인도된 인간의 욕망들을 어떻게 불러일으키고, 점진적으로 훈계하며, 정화시켜서 때로는 고통스러운 성장의 단계를 통해 자신의 아들의 닮음으로 버리게 되는지를 보여준다." 그녀는 이러한 욕망에 대한 삼위일체적 신학이 형이상학과 윤리학을 수렴시킨다고 본다. Sarah Coakley, *God, Sexuality, and the Self: An Essay 'On the Trinity'*(New York, NY, Cambridge University Press, 2013), 6, 최유진, "새라 코클리의 수행성 개념에 관한 연구", 「한국조직신학논총」 57집(2019), 249에서 재인용.
71    Coakley, "Natural Theology in a Changed Key?," 19-20.

로서 관상하는 사람이 하나님과의 연합을 목표로 하는 단계다.

그녀는 진화적 협력을 논하는 맥락에서 이 오래된 신비 전통인 오리게네스 신학이 자신의 자연신학에 중요한 이유를 다음과 같이 기술한다. 첫째, 오리게네스는 앞서 설명한 세 단계를 통해 인식하는 주체를 위한 윤리적 정화뿐만 아니라 감각적이고 지적인 변화를 제안한다. 이 "봄", 즉 전체 세계에 퍼져 있는 신적인 것을 보는 것을 배우는 것은 인식하는 주체 안의 심오한 변화, 즉 미묘하지만 도덕적이고 지적이며 정서적인 새로운 통합을 포함하는 "영적인 알아차림"(sensation)의 행위다.[72] 이 새로운 "봄"이 중요한 이유는 현실적 통찰 안의 깊이, 즉 현실 자체에 새로운 깊이가 침투하는 것을 의미하기 때문이다. 이것은 오리게네스가 기독교와 철학 전통을 엮어 만든 관상적 실천과 지적 탐구의 조화다. 그녀는 피시케의 관상적 직관이라는 실천, 다시 말하면 전체로서의 세계 또는 전체로서의 진화를 보는 것이 자연신학의 중요한 특성이 된다고 보았다. 이 자연신학은 코클리가 언급한 오늘날 사용 가능한 자연신학의 대안들이 피해야 할 덫을 피할 수 있도록 도움을 준다. 이 관상적 통합은 그 자체로 신 존재에 대한 주장을 당연시하지 않는다. 오히려 그것은 전체 세계를 관찰한 후 제기되는 마지막 질문인 인격적인 힘(신)에 대한 주장에 대해 인간의 인지적이고 정서적이며 도덕적인 풍부한 반응을 탐구할 수 있게 한다.

둘째, 이 접근법이 중요한 이유는 코클리 자신의 관상적 자연신학이 칸트가 평생 씨름했는데도 해결하지 못했던 문제에 대한 대안을 제시하기 때문이다.[73] 칸트는 신 존재에 대한 물음, 목적이나 질서에 대한 물음

---

72    앞의 책, 20.
73    앞의 책, 21.

은 순수 이성의 영역 밖이고, 실천 이성으로 요청해야만 한다고 주장했다. 코클리에 의하면 칸트가 자신의 연구를 시작했던 초기에는 물리적 영역이 신적 영역과 연결될 수 있다고 간주하고 목적이나 질서를 자연 전체에 직접 귀속시킬 수 있는 길을 찾았으나(물리신학적 접근) 결과적으로는 찾지 못했다. 왜냐하면 칸트는 질서 짓기와 목적을 인간 주체라는 영역을 위해 따로 떼어놓았기 때문이다. 따라서 코클리는 칸트가 "순수 이성과 관련된 과학적이고 객관적으로 고려되는 세계"와 "실천 이성과 관련된 전체로서 간주되는 세계, 즉 마치 신에게 지정된 세계"를 분리했다고 보았다. 그녀는 칸트가 "세계를 통합된 하나로 인지하는 것"과 "세계의 일부만을 다룰 수 있는 과학적 탐구"로 구분한 일이 옳았다고 주장한다. 그러나 칸트는 영적 전통인 관상적 전통이 다리 놓고자 하는 세계 그 자체와 인간 의 지적 주체 사이의 틈도 벌려놓았다고 보았다. 관상적 전통의 대안적 지식 형식이 칸트의 비판 사고에 의해 부인된 것이다. 그러나 코클리는 칸트의 첫 번째, 세 번째 비판에서는 이러한 지식의 대안 가능성이 여전히 엿보인다고 보았다.

코클리에 의하면 앞서 언급했듯이 진화적 협력에 대한 탐구가 우리를 윤리적·형이상학적 질문들과의 대면으로 인도하고, 이러한 질문들은 다시 전체로서의 진화의 의미로 이끌리게 하여 우리에게 덜 익숙한 영역으로 진입하게 한다. 이 영역은 진화 과학도 아니고 과학 철학도 아닌 영적 직관 또는 "영적 감각"의 영역으로, 처음에는 어떤 것이 있다는 것에 놀라는 법을 배우고 그다음에는 신적 의미, 즉 통일성이 탈은폐되는 놀라운 가능성에 경이로워하는 법을 배우는 영역이다.[74]

---

[74]    앞의 책, 21-22.

코클리는 이러한 자연신학을 관상적 "자연신학" 즉 피시케라고 부른다. 이러한 자연신학은 신 존재에 대한 추론적이거나 귀납적인 주장을 제공하지는 않지만 진화적 전체가 신적 의미와 목적의 통합으로 가득 차 있다는 것에 대한 변화된 지적 인식을 포함한 신학을 제공한다고 주장한다. 그녀는 자신이 주장하는 자연신학이 해밀턴의 법칙처럼 모든 의미를 유전자적 물리주의에 기반하여 획일적인 의미(unitary meaning)로 환원하는 "자연적 무신학"(natural a-theology)과 진지하게 지적으로 경쟁할 수 있다고 주장한다.[75]

그녀는 이런 자신의 자연신학이 경험적 증거들에 기반한 "신 존재 증명"도 아니고, 교리적 내용을 우선하는 단순한 "자연의 신학"도 아니라고 말한다.[76] 오히려 그것은 전체 진화 과정에서 관찰되는 협력 현상의 스펙트럼을 성찰함으로써 독특한 지적·영적 응답을 가능케 하는 접근법이다. 다시 말하면 이 신학은 수학적 규칙성을 넘어서서 협력 안에 암호화되어 있는 윤리적·목적론적 질문들과 씨름하기 위한 질문들을 통합시킨다. 이런 통합은 세계를 하나님의 것으로 보는 과정이고, 이때 인식 주체에게는 냉정한 인식도 필요하지만 그만큼 욕망과 감정의 변화가 필요하다. 코클리는 이러한 개인적인 변화의 과정이 인식론적 회피나 신앙주의가 아니라 세상에서 하나님을 볼 수 있는 영적인 감각과 금욕적인 능력을 긍정하는 것이라고 주장한다.[77] 초기 기독교에는 이러한 영적 감각을 인정하는 지적 전통이 있었으나, 영적 엘리트주의의 경향이 있다는 이유와 계몽주

---

75  앞의 책, 22.
76  앞의 책, 22-23.
77  Coakley, *Sacrifice Regained*, 6강, 35분 이후; Coakley, "Natural Theology in a Changed Key?," 23.

의 인식론에 걸림돌이 될 것 같아 그러한 영적 감각을 계몽주의자들이 채택하지 않았다. 그러나 코클리는 이런 영적 감각을 긍정하는 지적 전통이 성인들의 초정상성에 대한 진정성을 식별하는 데 적합하다고 주장한다. 그것은 엘리트에게만 특별히 부여된 능력이 아니라 태어날 때부터 우리에게 주어진 것이고 이것은 은혜를 통해 더 민감해진다. 코클리는 우리의 능력을 변화시켜 우리 주변의 것을 신적인 것으로 보고 응답하는 능력을 깊어지게 하는 것이 바로 진리로 향하는 여정이라고 제안하며, 이것이 계몽주의의 인식론을 넘어선 더 넓은 의미의 인식론적 기획이라고 주장한다.[78]

이와 같은 코클리의 자연신학은 신아리스토텔레스적 토미즘이라는 체계에서 구성된다. 그 체계는 자연과 은혜 두 가지를 다 포함하고 있는데, 자연이 은혜의 도움으로 완성되는 구조다. 이 구조는 종합이나 통합이 아니라 하나의 학문이라는 선율의 연주가 끝나면 곧바로 다른 학문의 선율이 연주되어 결국 조화로운 화음을 들을 수 있게 되는 대위법의 형식을 띤다. 자연이 은혜로 대체되지 않고 은혜를 통해 완성되어 더 풍부한 음악이 연주되는 것이다.[79] 창조주 하나님과 구원주 예수 그리스도, 보혜사 성령의 삼위일체적 사역이 자연의 완성을 견인한다. 앞서 언급했듯이 성자들의 황홀경적인 또는 초과적인 이타성은 단순한 문화의 진화로 설명되지 않고 초월적인 은혜의 영역이 완성한 표현으로 간주할 수 있다. 초정상성이 은혜의 범주에 대한 신학적 성찰의 수단이 된다면 (전 인간과 인간 수준을 모두 포함하는) 전체로서의 진화의 세계 안에서 작동하는 은혜의 작용에

---

78    Coakley, *Sacrifice Regained*, 6강, 43분 이후.
79    Coakley, *God, Sexuality, and the Self*, 35. 그녀는 대위법과 함께 "협공 작전"이란 말도 사용한다, 36, 88-89. 최유진, "희생이란 가치는 여전히 유효한가?", 231에서 재인용.

대한 더 깊고 더 넓은 인식에 대한 베일이 벗겨질 수 있을 것이다.[80]

## V. 결론

지금까지 우리는 코클리가 수리생물학적 분석을 도입하여 수행한 "이기적 유전자"로 대별되는 무목적적이고 유전자 수준으로 환원되는 진화론이 아니라 협력으로 진화되는 진화 역사를 살펴보았다. 이 협력 현상을 추적하면서 전 인간 수준의 협력 현상이 어떻게 고등 포유류, 특히 인간의 도덕성으로 발전되었는지도 살펴보았다. 코클리는 이런 협력 현상 중에 뉴욕주의 오트리와 티베린 수사들의 초협력적 행동들을 과학의 차원에서 설명할 수 없음을 밝히고, 이런 현상들은 우리를 메타 윤리적이고 목적론적인 질문으로 인도한다고 주장한다. 그리고 그녀는 이런 메타 윤리적이고 형이상학적인 질문이 신에 대한 물음을 피해갈 수 없음을 강조한다. 이런 맥락에서 코클리는 신 존재 증명과 자연의 신학을 넘어서 영적인 영역을 포함한 관상적 자연신학을 펼친다. 그녀의 관상적 자연신학이 말하는 하나님은 그분 없이는 진화가 있을 수 없는 분, 진화의 창조자이시며 유지자이신 기독교 신학 전통에서 말하는 삼위일체 하나님이시다. 삼위일체 하나님은 우리를 우리의 원천인 성부 하나님께 초청하고 인도하는 성령하나님이시고, 성육신적인 고통(물질적이고 구체적인 수준의 고통)을 동반하여 우리를 인도하시는 성자 하나님이시다. 코클리는 우리가 세계를 삼위일체 하나님의 피조세계로 올바로 보기 위해서는 우리의 욕망을 하나님

---

80    Coakley, "Natural Theology in a Changed Key?," 14.

께 복종시켜, 도덕적이고 정서적이며 영적인 인식으로 새롭게 변화될 필요가 있다고 제안한다.

코클리의 자연신학은 아무도 가보지 않은 길을 냈다고 해도 과언이 아니다. 그러나 이 새로운 길 안내에 다양한 질문이 제기되는 것도 사실이다. 코클리가 2012년 기포드 강좌, 2016년 보일 강좌를 수행할 때 했던 고민은 어떻게 포스트모던 시대, 다윈 이후 세대에게 기독교를 변증할 수 있는지에 관한 것이었다. 그 결과 그녀는 자신의 자연신학을 구체적으로 전개했다. 그러나 지금 바이러스와의 공존을 고민해야 하는 팬데믹을 겪고 있는 우리에게도 인간과 유기체의 관점으로는 포획되지 않는 자연과 실재에 대한 고민은 여전히 유의미하다고 볼 수 있다. 특히 포스트모던 시대에 "실재"에 대한 상대주의적 관점과 반토대주의적 관점이 득세할 때도 그녀는 여전히 토마스 아퀴나스의 실재론을 붙들고 있었다는 사실이 흥미롭다. 나는 팬데믹 이후 대안적인 존재론으로 떠오르고 있는 신물질주의, 객체 지향의 존재론과의 대화에서 그녀의 자연신학이 재평가받아야 한다고 생각한다.[81] 그러나 코클리의 자연신학의 결론이 자연을 하나님의 피조물로 알아차리는 새로운 "봄"(관상적 "봄")을 지향하며 다시 인간의 내면으로 귀착하는 것을 추구하는 것이라면, 나는 그녀가 토미즘으로 확보하고 있는 실재론, 즉 객관적으로 존재하는 자연이라는 실재는 여전히 추구될 수 있는가, 추구될 수 있다고 하더라도 그 강조점은 여전히 인간에게 있는 것이 아닌가라는 질문이 제기될 수 있다고 생각한다.

코클리의 보일 강좌에 대해 논찬한 더럼 대학교 신학과 윤리학 교수

---

81    박일준, "생태와 생명으로부터 존재와 사물로의 전회", 전현식·김은혜 외, 『생태사물신학: 팬데믹 이후 급변하는 생태신학』(서울: 대한기독교서회, 2022), 192.

인 크리스토퍼 인솔(Christopher Insole)은 코클리가 유전자 환원론을 비판하고, 목적론과 신, 영성적인 영역으로 너무 빨리 도약했다고 비판한다.[82] 유전자 환원론의 실패가 곧 영성의 필요를 말하는 것은 아니라는 것이다. 인솔은 유전자 수준의 이기성이 너무나 미시적 수준에서 일어나는 현상이기 때문에 윤리학, 심리학, 정치학에 직접적으로 적용할 수 없다고 기술한다. 코클리도 다수준 선택에서 언급했지만 미시 세계에서의 유전자의 장구한 움직임은 꼭 우리가 신학이나 영적인 부분으로 건너뛰지 않더라도 자연 세계의 다양한 협력 현상을 설명할 수 있다는 것이다.

또한 코클리의 자연신학은 진화론과 대화하고 있음에도 같은 대화에 임하는 동시대의 다수의 신학자가 범재신론을 주장하는 것과는 달리 여전히 고전적 유신론을 고수한다. 초월이 내재에 사라지는 것을 방지하여 하나님의 자유를 확보하고, 하나님과 피조물을 같은 층위에 있는 경쟁자로 보지 않기 위한 의도는 그녀의 강점이다. 그러나 미국의 연합신학대학원(Graduate Theological Union)의 신학과 포스트콜로니얼 문화 분과의 교수인 수잔 에이브러햄(Susan Abraham)은 포스트콜로니얼 입장에서 코클리의 신론을 비판한다.[83] 그녀는 코클리가 고전적 유신론을 복원해내면서 일상의 세속적(mudane) 맥락에서 어떻게 신학이 윤리적으로 기능하는지에 대한 성찰을 간과했다고 비판한다. 에이브러햄은 우리가 진정으로 초월적인 존재가 되기 위해서는 자본과 구미의 관점으로 추상화된 타자를 구체

---

82    Christopher Insole, "Response to the Boyle Lecture delivered by Sarah Coakley," 2016 The Boyle Lecture, 29.

83    Susan Abraham, "The Pterodactyle in the Margins: Detranscendentalizing Postcolonial Theology," in *Planetary Loves: Spivak, Postcoloniality, and Theology*, ed. Stephen D. Moore and Mayra Rivera (New York, NY, Fordham Universisty Press, 2011), 87.

적인 지역의 구체적인 사람으로 대하는 것이 필요하다고 보았다. 이를 위해서 초월성은 "탈초월화" 즉 "세속적 초월"(mundane transcendence)의 관점으로 재고되어야 한다는 것이다.[84] 에이브러햄의 이런 관점은 물질-정신 이원론을 넘어서려는 최근의 신물질주의와 객체 지향적 사고와 맥을 같이하는 것 같다. 이것은 초월과 내재는 함께한다, 내재적인 것이 진정 초월적인 것이고, 그 역도 같다고 말하는 것으로는 부족하며 이 신학의 물질적 효과를 기입해야 한다는 의미다. 코클리가 말하는 초월적이며 내재적인 하나님은 물질과 정신의 이분법을 넘어서서 자기 조직화하는 지구 시스템에서 구체적으로 어떻게 사유될 수 있을까? 혹시 지구를 떠나 초월로 도피하는 또는 인간 내면으로 도피하는 윤리적 결정을 강제하는 것이 아닐까?

진화생물학적 입장에서 코클리의 자연신학을 비판한 인솔과 포스트콜로니얼 입장에서 코클리의 고전적 유신론의 윤리적 결핍을 비판한 에이브러햄의 주장은 모두 설득력이 있다. 그러나 나는 코클리의 독특한 관상적 자연신학은 생물진화론적 관점도 아니고, 상아탑의 관점도 아닌 자신이 사제로 부름 받은 사목의 자리를 염두에 두고 신학을 수행한 결과라는 점을 환기하고 싶다. 그녀는 신학과 종교 철학 분과가 과학 분과와 대화하여 기독교를 변증하는 과제를 부여받은 시대적 사명을 뼈아프게 성찰한다.[85] 학자로서뿐만 아니라 사제로서 사목 활동을 지원하며, 교단의 신학위원회 등에서도 활발하게 중요한 역할을 감당했던 코클리의 관심은 자신들의 믿음을 영적으로, 지적으로 깊어지도록 무언가를 찾기 위해

---

84    앞의 책, 93, 95.
85    Coakley, *Sacrifice Regained*, 2강, 3분 이후.

엘리 대성당(Ely Cathedral)에 와서 방랑하는 구도자들을 향해 또는 과학이 기독교를 무력화하는지에 대한 궁금증을 가지고 신앙에 자신의 발을 반쯤 걸친 사람들(half-believers)을 향해, 지적이고 도덕적으로 신뢰를 잃은 듯 보이는 교회에서 진화와 신학에 대해 흥미로운 질문을 제기하는 우리 자녀들의 세대를 향해 있다.[86] 그녀의 시도는 여러 가지 개인적이고 시대적인 한계에도 불구하고, 점점 교세를 잃어가는 포스트모던한 유럽 교회의 한복판에서 초월을 잃은 이성의 시대에 계시를 통해 완성을 이루고자 하는 그녀의 신학적 씨름의 맥락에서 이해되어야 한다는 점을 덧붙이고 싶다.

---

86    Coakley, *Sacrifice Regained*, 6강, 11분 이후.

# 참고문헌

리틀리, 매트/신좌섭 옮김. 『이타적 유전자』. 서울: 사이언스북스, 2001.

맥그래스, 알리스터/김기철 옮김. 『신학이란 무엇인가』. 서울: 복있는 사람, 2020.

_____/ 박규태 옮김. 『정교하게 조율된 우주: 과학과 신학의 하나님 탐구』. 서울: IVP, 2014.

몰트만, 위르겐/김균진 옮김. 『창조 안에 계신 하나님: 생태학적 창조론』. 서울: 대한기독교서회, 2017.

바버, 이언/이철우 옮김. 『과학이 종교를 만날 때』. 서울: 김영사, 2002.

박일준. "생태와 생명으로부터 존재와 사물로의 전회." 전현식 · 김은혜 외. 『생태사물신학: 팬데믹 이후 급변하는 생태신학』, 181-205. 서울: 대한기독교서회, 2022.

신재식. 『예수와 다윈의 동행』. 서울: 사이언스북스, 2013.

_____. "다윈 진화론의 자연신학 비판과 다윈 이후 진화론적 유신론 연구: 기독교 신학의 신-담론 변화를 중심으로." 「한국기독교신학논총」 46집(2006), 89-120.

이경호. "화이트헤드주의 진화 신학 소고: 존 호트(John F. Haught)의 진화 신학." 「신학사상」 188집(2020), 355-387.

이정배. "메시아적 종말론과 진화론-몰트만의 자연신학 연구." 「組織神學論叢」 12집(2005), 117-146.

최유진. "희생이란 가치는 여전히 유효한가? 빅히스토리 관점에서 조망한 새라 코클리의 기포드 강좌." 「한국조직신학논총」 61집(2021), 223-260.

_____. "새라 코클리의 수행성 개념에 관한 연구." 「한국조직신학논총」 57집(2019), 247-286.

토마셀로, 마이클/유강은 옮김. 『도덕의 기원: 영장류학자가 밝히는 도덕의 탄생과 진화』. 서울: 이데아, 2018.

폴킹혼, 존/이정배 옮김. 『과학시대의 신론』. 서울: 동명사, 1998.

호트, 존/박만 옮김. 『다윈 이후의 하느님: 진화의 신학』. 고양: 한국기독교연구소, 2011.

Abraham, Susan. "The Pterodactyle in the Margins: Detranscendentalizing Postcolonial Theology." In *Planetary Loves: Spivak, Postcoloniality, and Theology*, edited by Stephen D. Moore and Mayra Rivera, 79-101. New York, NY: Fordham University Press, 2011.

Coakley, Sarah. "God and Evolution: A New Solution." *Harvard Divinity Bulletin* (Spring/Summer 2007). 온라인 버전.

_____. *God, Sexuality, and the Self: An Essay 'On the Trinity.'* New York, NY: Cambridge University Press, 2013.

_____. "Natural Theology in a Changed Key? Evolution, Cooperation and the God Question." 2016 The Boyle Lecture. St Mary-le-Bow, Cheapside, London. February 3 2016, 5-23.

_____. *Sacrifice Regained: Evolution, Cooperation and God.* Gifford Lectures Video (2012). https://www.giffordlectures.org/lectures/sacrifice-regained-evolution-cooperation-and-god. (2022.7.30. 접속).

Insole, Christopher. "Response to the Boyle Lecture Delivered by Sarah Coakley," 2016 The Boyle Lecture, St Mary-le-Bow, Cheapside, London. February 3, 2016, 25-32.

Llewelyn, John E. "Collingwood's Doctrine of Absolute Presuppositions." *The Philosophical Quarterly* 11, no. 42 (1961), 49-60.

Porter, Jean. *Nature as Reason: A Thomistic Theory of the Natural Law.* Grand Rapids, MI: Eerdmans, 2005.

Pruss, Alexander. "Altruism, Normalcy, and God." In *Evolution, Games, and God: The Principle of Cooperation*, edited by Martin A. Nowak and Sarah Coakley, 329-342. Cambridge, MA: Harvard University Press, 2013.

# 필자 소개 (가나다순)

## 박형국

서울대학교(B.A.), 장로회신학대학교 신학대학원/대학원(M.Div./Th.M.), 에모리 대학교(Th.M.), 그리고 드루 대학교 신학대학원(M.Phil./Ph.D.)에서 종교학과 철학과 신학을 공부하고 현재 한일장신대학교 조직신학 교수로 재직하고 있다. 『바르트와 해체 시대』 외 다수의 저서와 논문을 저술했다.

## 백충현

서울대학교(B.A.), 장로회신학대학교 신학대학원(M.Div.), 프린스턴 신학교(Th.M.), 예일 대학교 신학대학원(S.T.M.), 버클리 연합신학대학원(Ph.D.)에서 철학과 신학을 공부하고 현재 장로회신학대학교 조직신학 교수로 재직하고 있다. 『내재적 삼위일체와 경륜적 삼위일체』, 『삼위일체신학의 핵심과 확장』을 비롯하여 다수의 저서와 국내외 학술지 논문들이 있다.

## 안윤기

서울대학교에서 철학(B.A./M.A.)을, 장로회신학대학교에서 신학(M.Div.)을 공부하고, 독일 튀빙엔 대학교에서 철학 박사 학위(Ph.D.)를 취득한 후, 장로회신학대학교에서 교수로 재직하고 있다. "자기의식 문제와 지성적 직관", "근대 미학과 경건주의" 등의 논문이 있다.

## 윤철호

장로회신학대학교(Th.B./M.Div.), 프린스턴 신학교(Th.M.), 노스웨스턴 대학교(Ph.D.)에서 신학을 공부하고 30년간 장로회신학대학교 조직신학 교수로 재직했으며 지금은 명예교수다. *A Compendium of Christian Theology* 등 13권의 저서와 7권의 역서, 그리고 국내외 전문 학술지에 발표된 100여 편의 논문이 있다.

## 이관표

연세대학교(B.Th./M.A./Ph.D. in theology), 장로회신학대학교(M.Div.), 독일 드레스덴 대학교(Dr.phil. in Philosophie)에서 철학과 신학을 공부하고, 협성대학교 초빙교수(2016-2017), 인천대학교 강의객원교수(2017)를 역임했으며, 현재 한세대학교 사회복지학과/교양학부 부교수다. 『현대의 철학적 신학』, 『하이데거와 부정성의 신학』을 저술했으며, 전문학술지에 30여 편의 논문을 발표했다.

## 이상은

단국대학교(B.A.), 장로회신학대학교(M.Div./Th.M.), 하이델베르크 대학교(Dr.Theol.)에서 신학을 공부하고 현재 서울장신대학교 조직신학 교수로 재직하고 있다. 『계몽주의 이후 독일 개신교 개관』 등 10권의 저역서(공저 및 공역 포함)를 출간했으며, 40여 편의 논문을 발표했다.

## 정대경

장로회신학대학교(Th.B.), 샌프란시스코 신학대학원(M.Div.), 버클리 연합신학대학원(Ph.D.)에서 조직신학, 신학과 과학을 공부하고, 숭실대학교 교수 및 교목으로 재직하고 있다. "Re-Enchanting the Human" 등 국내외 전문 학술지에 발표된 10여 편의 논문이 있다.

## 최유진

장로회신학대학교(B.A./M.Div./Th.M.), 프린스턴 신학대학원(Th.M.), 게렛 신학대학원(Ph.D.)에서 신학을 공부하고 현재 호남신학대학교 조직신학 조교수로 재직하고 있다. 『혐오와 여성신학』(공저)과 다수의 논문이 있다.

## 편집자 소개

**윤철호**

장로회신학대학교(Th.B./M.Div.), 프린스턴 신학교(Th.M.), 노스웨스턴 대학교(Ph.D.)에서 신학을 공부하고 30년간 장로회신학대학교 조직신학 교수로 재직했으며 지금은 명예교수다. *A Compendium of Christian Theology* 등 13권의 저서와 7권의 역서, 그리고 국내외 전문 학술지에 발표한 100여 편의 논문이 있다.

**김효석**

서울대학교(B.S.)에서 전기공학을, 장로회신학대학교(M.Div.), 하버드 대학교(M.T.S.), 클레어몬트 대학원(Ph.D.)에서 신학과 종교철학을 공부하고 현재 한남대학교 인성플러스센터 조교수로 재직하고 있다. 저서로는 *D. Z. Phillips on Religious Language, Religious Truth, and God*(Mohr Siebeck, 2022), 편집한 책으로는 『신학과 과학의 만남』 1, 2(공동책임편집)가 있고, 여러 편의 학술논문을 발표했다.

# 신학과 과학의 만남 3
## 21세기 기독교 자연신학

**Copyright ©** 장신대 연구지원처·윤철호 외 7인 **2023**

**1쇄 발행** 2023년 12월 26일

**지은이** 박형국 백충현 안윤기 윤철호 이관표 이상은 정대경 최유진
**펴낸이** 김요한
**펴낸곳** 새물결플러스

**편 집** 왕희광 정인철 노재현 이형일 나유영 노동래
**디자인** 황진주 김은경
**마케팅** 박성민
**총 무** 김명화 이성순
**영 상** 최정호 곽상원
**아카데미** 차상희

**홈페이지** www.holywaveplus.com
**이메일** hwpbooks@hwpbooks.com
**출판등록** 2008년 8월 21일 제2008-24호
**주 소** (우) 04114 서울특별시 마포구 신촌로28가길 29
**전 화** 02) 2652-3161
**팩 스** 02) 2652-3191

**ISBN** 979-11-6129-267-0 03230

책값은 뒤표지에 있습니다.